CODE-MANUEL

DU

JURÉ D'ASSISES

COULOMMIERS. — IMP. TYP. ALBERT PONSOT.

CODE-MANUEL

DU

JURÉ D'ASSISES

PAR

CONSTANT FENET

Ancien Sous-Préfet
Avocat à la Cour de Paris

> ... Être juré n'est pas un droit, mais
> l'exercice d'une haute et difficile fonc-
> tion; la condition sine qua non pour
> en être investi est d'être réellement
> capable de la bien remplir.
>
> DECAZES.

PARIS

A. COTILLON ET Cⁱᵉ, LIBRAIRES-ÉDITEURS

24, RUE SOUFFLOT.

Tous droits réservés.

CODE-MANUEL

DU

JURÉ D'ASSISES

PAR

CONSTANT FENET

Ancien Sous-Préfet
Avocat à la Cour de Paris

... Être juré n'est pas un droit, mais
l'exercice d'une haute et difficile fonction ; la condition sine quâ non pour
en être investi est d'être réellement
capable de la bien remplir.

DEFACRE.

PARIS

A. COTILLON ET Cⁱᵉ, LIBRAIRES-ÉDITEURS

24, RUE SOUFFLOT.

Tous droits réservés.

HISTORIQUE DU JURY

Et d'abord, qu'est-ce que le Jury ?

« C'est le jugement par le pays de tous les accusés de crimes et des prévenus de certains délits, les délits de presse et les délits politiques. C'est le jugement de la conscience publique, ayant pour organe des hommes moraux, éclairés, pris dans des conditions si diverses qu'ils soient présumés libres de ces préventions, de ces préjugés, de ces partis pris qui sont inséparables de toute réunion de personnes appartenant à une même classe, ayant vécu dans le même milieu, c'est-à-dire de la même vie, ou qui sont choisis sous une préoccupation exclusive ou seulement prépondérante. » (1)

L'utilité du Jury, en matière criminelle, a été

____

(1) Cette définition a été donnée, à l'Assemblée nationale, le 15 novembre 1872, par M. Bertauld, professeur de droit à la Faculté de Caen et député du Calvados.

reconnue de tout temps par les hommes les plus considérables et les plus autorisés.

« Frein pour le crime, sécurité pour l'innocence, garantie pour la société entière, tels sont, » — a écrit Henrion de Pansey (1) — « les avantages de la procédure par jurés. »

Un ancien conseiller au parlement de Paris, Adrien Duport, membre de l'Assemblée constituante, disait déjà, en 1790, que « sans jurés, il n'y a pas de liberté dans un pays (2). »

Et deux ans plus tard, en parlant du pouvoir judiciaire *avec la procédure par jurés*, Louis XVI ajoutait : « C'est le véritable lien des institutions sociales : sans lui, aucun citoyen ne pourrait compter sur la libre jouissance de ses premiers droits, sur la propriété de sa personne et de ses biens (3) ».

La magistrature de profession n'a pas paru offrir les mêmes avantages.

Voici, sur ce point délicat, la propre opinion d'un magistrat au tribunal criminel de Paris, après le 18 brumaire de Bonaparte.

« L'homme n'est pas né pour exercer cons-

---

(1) Premier président à la Cour de cassation, en 1828.

(2) Séance du 22 mars 1790, où Adrien Duport, l'un des auteurs du jury dans la législation française, présenta un travail remarquable sur l'organisation du pouvoir judiciaire.

(3) *Moniteur* du 26 janvier 1792, proclamation du roi aux Français, concernant l'exécution de la loi sur le jury.

tamment des rigueurs envers ses semblables : celui qui passe sa vie à remplir de si pénibles fonctions, éprouve une espèce d'altération morale ; l'indulgence, la sensibilité et les plus douces affections de la nature s'effacent successivement de son âme; le spectacle journalier des forfaits et des crimes, l'habitude de punir *déshumanisent*, pour ainsi dire, son caractère, le rendent inflexible, cruel, impitoyable, et par conséquent dangereux à l'innocence elle-même (1). »

Voltaire s'était écrié, bien auparavant :

« Il faut donc qu'il y ait des hommes que leur profession rende cruels et qui goûtent une affreuse satisfaction à faire périr leurs semblables dans les tourments (2) ! »

Dans la séance du 6 avril 1790, l'infortuné Thouret (3), réclamant l'institution du Jury, développait ainsi la pensée de Voltaire :

---

(1) Bourguignon-Dumolard, 1er *Mémoire sur le jury*, p. 4.

(2) 2e *Mémoire sur le procès criminel de Montbailli*, roué et brûlé vif à Saint-Omer, en 1770, pour prétendu parricide : et sa femme condamnée à être brûlée vive, tous deux reconnus innocents à la suite de la révision du procès par un nouveau Conseil d'Artois établi à Arras, sur la demande de Voltaire. La femme de Montbailli dont la grossesse avait retardé l'exécution du premier arrêt, fut sauvée.

(3) Constituant condamné à mort en 1794, par le tribunal révolutionnaire, comme complice d'un complot dantoniste. Il soumit le 22 décembre 1789 un projet d'organisation judiciaire, et traita la question du jury les 6 avril 1790, 11 et 13 janvier 1791.

« Ce droit fatal de vie et de mort, si terrible entre les mains des juges, qui, mettant en commun l'intérêt de leur autorité, y mettent peut-être aussi leurs passions particulières ; ce droit, dis-je, donne aux juges une influence qu'il est nécessaire de restreindre. Voyez le jeune magistrat, il tremble d'abord quand il doit statuer sur le sort d'un homme ; mais s'il vient à obtenir au palais le nom de grand-criminaliste, il trouve à peine une légère différence entre l'accusé et le coupable. L'habitude devient une routine ; la sévérité, insensibilité. »

Le Jury est l'image de l'équité ; sa mission consiste uniquement à déterminer ce qui est bien et ce qui est mal d'après les lois morales de la conscience, sans qu'il ait à se préoccuper des lois civiles.

M. Bertauld a expliqué, en ces termes, à l'Assemblée nationale, pourquoi la magistrature de profession ne pourrait pas être considérée comme l'organe de la conscience publique :

« C'est que des magistrats de profession obéissent à des règles, à des idées préconçues, systématiques ; c'est qu'ils croient trop facilement à la culpabilité, à la répression de laquelle ils sont appelés quotidiennement à pourvoir. — Les jurés doivent sortir incessamment de la société pour y rentrer et s'y retremper ; les jurés doivent refléter non pas l'esprit judiciaire, mais l'esprit de tout le monde (1). »

Montesquieu (2) estimait que la puissance de juger ne doit pas être donnée à un sénat permanent, mais exercée par des personnes tirées du corps du peuple, dans certains temps de l'année, de la manière prescrite par la loi, pour former un tribunal qui ne dure qu'autant que la nécessité le requiert.

De cette façon, faisait-il observer, la puissance de juger, si terrible parmi les hommes, n'étant attachée ni à un certain état, ni à une certaine profession, devient, pour ainsi dire, invisible et nulle. On n'a point continuellement des juges devant les yeux ; et l'on craint la magistrature, et non pas les magistrats.

« Il faut, poursuivait Montesquieu, que dans les grandes accusations, le criminel, concurremment avec la loi, se choisisse des juges ; ou, du moins, qu'il en puisse récuser un si grand nombre que ceux qui restent soient censés être de son choix. »

« Il faut même que les juges soient de la condition de l'accusé, ou ses pairs, pour qu'il ne puisse pas se mettre dans l'esprit qu'il soit tombé entre

---

(1) *Officiel* du 16 novembre 1872.
(2) Célèbre juriste né à la Brède (Gascogne) 1689, mort à Paris 1755.

les mains des gens portés à lui faire violence (1). »

Nous allons voir que le législateur s'est inspiré des deux dernières propositions ci-dessus.

L'institution du Jury se trouve intimement liée avec le régime politique ; il s'en suit qu'elle a été seulement le privilége des peuples libres et qu'elle a été inconnue, dénaturée et détruite, partout où l'on a plus ou moins souffert le despotisme.

C'est à la révolution de 1789 que nous devons l'institution du Jury en France.

L'Angleterre jouissait de la procédure par jurés depuis longtemps.

Plein d'enthousiasme pour cette juridiction précieuse, dont nos voisins d'Outre-Manche lui offraient l'admirable spectacle, l'auteur de l'*Esprit des Lois* en avait fait le plus grand éloge ; témoin les simples lignes suivantes :

« Les jurés décident si l'accusé est coupable ou non du fait qui a été porté devant eux, et s'il est déclaré coupable, le juge prononce la peine que la loi inflige pour ce fait ; et pour cela, il ne faut que des yeux (2). »

L'Assemblée Nationale ne fut pas moins éprise de la procédure criminelle telle qu'elle se pratiquait en Angleterre.

Dès le 17 août 1789, le représentant Bergasse

____

(1) *Esprit des lois*, liv. XI, chap. VI.
(2) Montesquieu, liv. VI, chap. III.

proposait, au nom du Comité de constitution, la réorganisation de la justice et l'établissement du Jury d'après le système anglais (1).

Un décret du 30 avril 1790 déclara le Jury institué et chargea deux comités de l'Assemblée nationale de présenter, dans le plus court délai possible, un projet de loi sur la procédure par jurés.

Le 16 août 1790, parut un autre décret rappelant que la procédure par jurés aurait lieu en matière criminelle.

La Constitution du 3 septembre 1791 consacra de nouveau l'institution du Jury.

Outre les grands principes que tout le monde devrait connaître et ne jamais oublier (2), l'œuvre de

---

(1) *Moniteur* du 19 août 1789.

(2) *Déclaration des droits de l'homme et du citoyen :*
« Les représentants du peuple constitués en assemblée nationale, considérant que l'ignorance, l'oubli ou le mépris des droits de l'homme sont les seules causes des malheurs publics et de la corruption des gouvernements, ont résolu d'exposer, dans une déclaration solennelle, les droits naturels, inaliénables et sacrés de l'homme, afin que cette déclaration, constamment présente à tous les membres du corps social, leur rappelle sans cesse leurs droits et leurs devoirs, afin que les actes du pouvoir législatif et ceux du pouvoir exécutif, pouvant être à chaque instant comparés avec le but de toute institution politique, en soient plus respectés, afin que les réclamations des citoyens, fondées désormais sur des principes simples et incontestables tournent toujours au maintien de la Constitution et au bonheur de tous.

« En conséquence, l'Assemblée nationale reconnaît et déclare, en présence et sous les auspices de l'Être suprême, les droits suivant de l'homme et du citoyen.

nos pères contient les bases fondamentales sur lesquelles repose l'institution du Jury.

Aux termes de l'art. 9, (chap. v *du Pouvoir judiciaire*), nul citoyen ne pouvait, en matière cri-

---

» 1. — Les hommes naissent et demeurent libres et égaux en droits; les distinctions sociales ne peuvent être fondées que sur l'utilité commune.

» 2. — Le but de toute association politique est la conservation des droits naturels et imprescriptibles de l'homme : ces droits sont la liberté, la propriété, la sûreté et la résistance à l'oppression.

» 3. — Le droit de toute souveraineté réside essentiellement dans la nation; nul corps, nul individu ne peut exercer aucune autorité qui n'en émane expressément.

» 4. — La liberté consiste à faire tout ce qui ne nuit pas à autrui. Ainsi l'exercice des droits naturels de chaque homme n'a de bornes que celles qui assurent aux autres membres de la société la jouissance de ces mêmes droits; ces bornes ne peuvent être déterminées que par la loi.

» 5. — La loi n'a le droit de défendre que des actions nuisibles à la société, tout ce qui n'est pas défendu par la loi ne peut être empêché, et nul ne peut être contraint de faire ce qu'elle n'ordonne pas.

» 6. — La loi est l'expression de la volonté générale. Tous les citoyens ont droit de concourir personnellement ou par leurs représentants à sa formation; elle doit être la même pour tous, soit qu'elle protége, soit qu'elle punisse. Tous les citoyens, étant égaux à ses yeux, sont également admissibles à toutes dignités, places, emplois publics, selon leur capacité et sans autre distinction que celles de leurs vertus et de leurs talents.

» 7. — Nul homme ne peut être accusé, arrêté, ni détenu que dans les cas déterminés par la loi et selon les formes qu'elle a prescrites. Ceux qui sollicitent, expédient, exécutent ou font exécuter des ordres arbitraires doivent être punis, mais tout citoyen, appelé ou saisi, en vertu de la loi, doit obéir à l'instant; il se rend coupable par la résistance.

» 8. — La loi ne doit établir que des peines strictement et évidemment nécessaires, et nul ne peut être puni qu'en vertu d'une

minelle, être jugé que sur une accusation reçue
par des jurés ou décrétée par le Corps-Législatif,
dans les cas où il lui appartenait de poursuivre
l'accusation; *après l'accusation admise, le fait*

loi établie et promulguée antérieurement au délit et légalement
appliquée.

» 9. — Tout homme étant présumé innocent jusqu'à ce qu'il
ait été déclaré coupable, s'il est jugé indispensable de l'arrêter,
toute rigueur qui ne serait pas nécessaire pour s'assurer de sa
personne doit être sévèrement réprimée par la loi.

» 10. — Nul ne peut être inquiété pour ses opinions, même religieuses, pourvu que leur manifestation ne trouble pas l'ordre
public établi par la loi.

» 11. — La libre communication des pensées et des opinions est
un des droits les plus précieux de l'homme. Tout citoyen peut
donc parler, écrire, imprimer librement, sauf à répondre de l'a-
bus de cette liberté dans les cas déterminés par la loi.

» 12. — La garantie des droits de l'homme et du citoyen né-
cessite une force publique. Cette force est donc constituée pour
l'avantage de tous et non pour l'utilité particulière de ceux auxquels elle est confiée.

» 13. — Pour l'entretien de la force publique et pour les dépenses de l'administration, une contribution commune est indispensable; elle doit être également répartie entre tous les citoyens
en raison de leurs facultés.

» 14. — Tous les citoyens ont le droit de constater par eux-
mêmes ou par leurs représentants la nécessité de la contribution
publique, de la consentir librement, d'en suivre l'emploi et d'en
déterminer la quotité, l'assiette, le recouvrement et la durée.

» 15. — La société a le droit de demander compte à tout agent
public de son administration.

» 16. — Toute société dans laquelle la garantie des droits n'est
pas assurée, ni la séparation des pouvoirs déterminée, n'a point
de constitution.

» 17. — La propriété étant un droit inviolable et sacré, nul ne
peut en être privé, si ce n'est lorsque la nécessité publique, légalement constatée, l'exige évidemment, et sous la condition d'une
juste et préalable indemnité. »

était reconnu *par des jurés*; l'accusé avait la faculté d'en récuser jusqu'à vingt, sans donner de motifs; les jurés qui déclaraient le fait ne pouvaient être au-dessous du nombre de douze; *l'application de la loi était faite par des juges*; l'instruction était publique, et l'on ne pouvait refuser aux accusés le secours d'un conseil; tout homme acquitté par un jury légal ne pouvait plus être repris ni accusé à raison du même fait.

Enfin, la loi organique du 16 septembre 1791 régla la procédure par jurés.

Notons que la prestation de serment des jurés, la lecture de l'acte d'accusation et de toutes les pièces à l'appui, l'audition des témoins, le résumé du président, le rapport du verdict par le chef des jurés, l'application de la loi par le tribunal, avaient lieu à peu près comme de nos jours.

Un décret du 29 septembre 1791 traça une instruction sur l'exécution de la loi organique précitée.

«Les jurés, dit ce décret, ne sont point des fonctionnaires publics qui exercent la profession particulière de juger dans les matières criminelles. Ils ne sont point connus d'avance de ceux qui seront soumis à leur jugement. Aucun caractère public, aucune marque extérieure ne les désignent au peuple; ils ne s'élèvent point au-dessus de la classe des simples citoyens. Si l'exercice instantané des fonctions de juré leur donne un pouvoir que la loi autorise et que tous doivent respecter, leur mission finie, ils se confondent dans le sein de la société et ne conservent aucun signe de cette juridiction du moment. »

Il existait deux sortes de jurés à l'origine ; les uns devaient décider s'il y avait lieu à accusation ; les autres, si l'accusation était fondée ; de là, la distinction du jury d'accusation et du jury de jugement.

Ce dernier fut seul conservé lors de la rédaction de notre code d'instruction criminelle ; c'est pourquoi il ne nous paraît pas utile d'en parler davantage ; il se trouve remplacé depuis 1811 par une section spéciale de chaque cour d'appel, désignée sous le nom de chambre des mises en accusation.

Voici quelle était la manière de former le jury de jugement :

Tout citoyen possédant la capacité électorale(1),

---

(1) La Constitution du 3 septembre 1791 avait fixé les conditions de l'électorat. Aux termes de l'art. 2 (section 2, chap. 1er, tit. 3), pour être citoyen actif, il fallait être né ou devenu Français ; être âgé de 25 ans accomplis ; être domicilié dans la ville ou dans le canton depuis le temps déterminé par la loi, payer, dans un lieu quelconque du royaume, une contribution directe égale au moins à la somme de trois journées de travail et en représenter la quittance ; n'être pas dans un état de mendicité,

sauf les officiers de police, les magistrats, les procureurs-syndics des administrations, les ecclésiastiques, les septuagénaires, *devait se faire inscrire* au plus tard avant le 15 décembre de chaque année, comme juré de jugement, sur un registre tenu à cet effet par le secrétaire-greffier de chaque district.

Ceux qui avaient négligé de se faire inscrire pendant le mois de décembre au plus tard, étaient privés du droit des électeurs.

Chaque année, le procureur-syndic de district envoyait dans les derniers jours de décembre, au directoire du département, une copie du registre de l'inscription des jurés de jugement, et en faisait remettre un exemplaire à chaque municipalité de son arrondissement.

Le procureur-général-syndic du département faisait, tous les trois mois, une liste composée de deux cents des citoyens éligibles inscrits sur le registre envoyé par les procureurs-syndics du directoire, lequel arrêtait ladite liste.

Ces deux cents citoyens formaient la liste du jury de jugement, liste qui était imprimée et envoyée à tous ceux qui la composaient.

---

c'est-à-dire de serviteur à gages ; être inscrit, dans la municipalité de son domicile, au rôle des gardes nationales ; avoir prêté le serment civique.

Le procureur-général ne devait pas y placer deux fois de suite, dans le cours de l'année, le même citoyen, à moins que celui-ci n'habitât la ville même du tribunal criminel, ou que ce ne fût de son consentement.

Celui qui, pendant les trois mois que son nom devait être sur la liste, avait assisté à une assemblée de jurés, pouvait s'excuser d'en remplir une seconde fois les fonctions; d'un autre côté, s'il avait été juré d'accusation, il ne pouvait être juré de jugement dans la même affaire.

Le premier de chaque mois, on formait le tableau des jurés de jugement.

Cette mission appartenait au président du tribunal criminel.

Ouvrons ici une parenthèse pour dire que le tribunal criminel se composait de quatre juges y compris le président, d'un accusateur public, d'un commissaire du roi et d'un greffier.

Le président était nommé par les électeurs du département, pour six années, et pouvait être réélu.

Quant aux juges, ils n'étaient point élus directement pour être membres du tribunal criminel. Le directoire du département désignait, tous les trois mois et par tour, trois juges des tribunaux de district de son ressort, qui venaient siéger pendant ce temps au tribunal criminel.

L'accusateur public était également nommé par les électeurs du département ; ses fonctions duraient six années.

Le greffier était nommé à vie par les mêmes électeurs.

Le président exerçait les fonctions de juge comme les autres membres du tribunal ; mais il était de plus personnellement chargé d'entendre l'accusé au moment de son arrivée, de faire tirer au sort les jurés, de les convoquer, de les diriger dans l'exercice de leurs fonctions.

Le devoir de l'accusateur public était principalement de poursuivre les délits sur les actes d'accusation admis par les premiers jurés. Il avait la surveillance sur tous les officiers de police du département.

Quant au commissaire du roi, il était chargé de surveiller l'exécution de la loi.

Cela dit, revenons à la manière d'arrêter la liste des jurés pour chaque affaire.

Le jour de la formation du tableau, le commissaire du roi et deux officiers municipaux se trouvant au lieu destiné à cette opération, le président du tribunal criminel leur faisait prêter le serment de garder le secret, et, en leur présence, il présentait à l'accusateur public la liste des deux cents jurés qui lui avait été remise par le procureur-général-syndic.

L'accusateur public avait la faculté d'en exclure vingt des deux cents, sans donner de motifs ; s'il le faisait, on mettait les cent quatre-vingt noms restants dans le vase, et on en tirait au sort douze, qui formaient le tableau du jury ; on joignait à ces douze trois autres jurés qui étaient également tirés au sort, et qui étaient destinés à servir d'adjoints, dans le cas où le tribunal serait convaincu que les jurés se sont évidemment trompés, comme il sera ci-après expliqué.

L'accusé avait également la faculté de récuser ; on lui présentait le tableau, et il pouvait récuser, sans donner de motifs, ceux qui le composaient ; on les remplaçait par le sort.

Lorsque l'accusé en avait récusé vingt sans motifs, il était obligé de déduire les causes de récusation qu'il voulait présenter ; ensuite le tribunal criminel en jugeait la validité. Cette récusation de vingt jurés pouvait être faite par plusieurs coaccusés, s'ils se concertaient ensemble pour l'exercer ; et, s'ils ne pouvaient s'accorder, chacun d'eux en récusait successivement un jusqu'au nombre de dix.

Les douze citoyens composant le tableau devaient toujours être prêts à se rendre, au jour indiqué, à l'assemblée du jury, lorsqu'ils seraient convoqués par le président du tribunal.

Cette assemblée se tenait le 15 de chaque mois,

dimanche ou fête, et la convocation devait être faite le 5 du même mois.

Si l'un des jurés prévoyait pour le 15 du mois quelque obstacle qui pût l'empêcher de se rendre à l'assemblée des jurés, dans le cas où le sort le placerait sur le tableau, il devait en prévenir le président au moins deux jours avant le premier du mois pendant lequel il désirait être excusé.

Le président en référait au tribunal criminel, qui devait juger la valeur de l'excuse dans les vingt-quatre heures.

Si elle était suffisante, on retirait du nombre de ceux dont les noms devaient être mis dans le vase, le nom de celui qui s'était fait excuser. Dans le cas contraire, ce nom était soumis au sort comme les autres ; et s'il était du nombre des douze qui devaient composer le jury, le président du tribunal lui faisait signifier que son excuse avait été jugée non valable, qu'il était sur le tableau du jury, et qu'il devait se rendre au jour fixé pour l'assemblée du jury ; on laissait en outre aux officiers municipaux du lieu de son domicile une copie de cette signification.

Tout citoyen qui ne s'était pas rendu sur la sommation qui lui avait été faite, était condamné par le tribunal criminel en 50 livres d'amende, et privé en outre du droit d'éligibilité et de suffrage pendant deux ans, à moins qu'il n'ait été retenu pour cause de maladie grave.

Mais, dans tous les cas, s'il manquait un des jurés au jour indiqué, le président du tribunal le faisait remplacer par un des citoyens de la ville, pris au sort dans la liste des deux cents, et subsidairement parmi les éligibles.

Nous avons puisé tous ces détails dans le décret-instruction du 29 septembre 1791.

Ce décret enseignait, ainsi qu'il suit, comment les débats et le jugement devaient avoir lieu :

Au jour de l'assemblée, les douze jurés formant le tableau se rendent dans l'intérieur de l'auditoire; là se trouvent, chacun à leur place, les juges, l'accusateur public et le commissaire du roi : l'accusé est aussi présent. — Le public doit garder le silence le plus absolu dans l'auditoire; les témoins et les défenseurs de l'accusé sont tenus de s'exprimer avec décence et modération. Si quelque particulier, quel qu'il soit, s'écarte du respect dû à la justice, le président peut le reprendre, le condamner à une amende, et même à garder la prison jusqu'au terme de huit jours, suivant la gravité du cas.

Lorsque les douze jurés sont introduits, le président du tribunal criminel, en présence du public et de tous ceux qu'on vient de désigner, fait prêter à chaque juré séparément le serment suivant : « Citoyen, vous jurez et promettez d'examiner, avec l'attention la plus scrupuleuse, les charges portées contre un tel..., de n'écouter ni la haine, ni la méchanceté, ni la crainte ou l'affection; de n'en communiquer avec qui que ce soit jusqu'après votre déclaration ; de vous décider d'après les témoignages, et suivant votre conscience et votre intime et profonde conviction, avec l'impartialité et la fermeté qui conviennent à un homme libre. » — Chacun des jurés répond : « Je le jure. » Ensuite ils prennent place tous ensemble sur des siéges séparés du public et des parties, de manière qu'ils se trouvent placés en face de l'accusé et des témoins. — Les trois jurés adjoints dont on a parlé plus haut se placent aussi dans l'auditoire, mais séparément des autres, et ils n'ont de fonctions et ne prêtent même serment que lorsqu'ils sont requis de se joindre aux jurés. — A compter de ce moment, les jurés ne peuvent plus communiquer avec personne par écrit, parole ou geste, tant qu'ils seront dans l'auditoire, à moins qu'ils n'aient des éclaircissements à demander, ce qu'ils peuvent faire en la forme qui va être expliquée.

L'accusé comparaît à la barre, libre et sans fers. La loi a voulu écarter de l'accusé tout ce qui pourrait influer sur sa liberté morale, en gênant sa liberté physique; il pourra cependant y avoir des gardes autour de l'accusé pour l'empêcher de s'évader. — Le président lui dit qu'il peut s'asseoir; lui demande ses noms, âge, profession et demeure, et le greffier tient note des réponses. — Le président avertit ensuite l'accusé d'être attentif à tout ce qu'il va entendre; il ordonne au greffier de lire l'acte d'accusation. Le greffier fait cette lecture à haute et intelligible voix; après quoi le président rappelle à l'accusé, le plus clairement possible, ce qui est contenu en l'acte d'accusation, et lui dit : « Voilà de quoi vous êtes accusé; vous allez entendre les charges qui seront produites contre vous. » La même chose se pratique, s'il y a plusieurs coaccusés.

Les noms des témoins doivent être connus de l'accusé; la loi veut que la liste lui en soit notifiée au moins vingt-quatre heures avant l'examen : ainsi il a eu le temps de connaître ses témoins, de savoir quel degré de foi ils méritent et de prévoir les objections qui pourraient s'attacher à leurs personnes. — Un mari ne peut déposer contre sa femme, ni une femme contre son mari. Les ascendants ne peuvent aussi être entendus en témoignage contre les descendants, et réciproquement; il en est de même d'un frère et d'une sœur contre leurs frères et sœurs, et des alliés au même degré. — Les témoins, soit qu'ils soient produits par la partie plaignante ou par l'accusateur public, se présentent l'un après l'autre pour faire leur déposition en public et séparément, à moins que l'accusé, comme il en a le droit, ainsi que l'accusateur public, n'ait demandé par lui-même ou par son conseil que les témoins produits contre lui soient introduits et entendus ensemble.

Le président, avant la déposition, fait prêter serment aux témoins individuellement de parler sans haine et sans crainte, de dire la vérité, rien que la vérité. — Il demande ensuite à chacun des témoins, avant que sa déposition soit commencée, si c'est de l'accusé présent qu'il entend parler, s'il le connaissait avant le fait, enfin s'il est parent, allié, ami, serviteur ou domestique d'aucune des parties. — Cela fait, le témoin dépose : après chaque déposition, le président demande à l'accusé s'il veut répondre à ce qui vient d'être dit contre lui. L'accusé et ses amis, ou conseils présents, peuvent dire, tant contre les témoins personnellement que contre leur témoignage, tout ce qu'ils jugeront utile à la défense de l'accusé; ils peuvent même questionner les témoins. Il est également libre à l'accusateur public, aux jurés et au président, de demander aux témoins et à l'accusé tous les éclaircissements dont ils croiront avoir besoin. — Si la déposition d'un témoin paraît évidemment fausse, le président en dresse procès-verbal, et peut d'office, et sur la réquisition de l'accusateur public ou de l'accusé et de ses conseils, le faire arrêter sur-le-champ et le renvoyer par-devant le jury du district du lieu, pour prononcer sur l'accusation; dont l'acte, dans ce cas, sera dressé par le président lui-même.

Lorsque les témoins de l'accusateur public et de la partie plaignante auront été entendus, l'accusé peut alors faire entendre les siens, non-seulement pour établir son innocence et se justifier du fait qu'on lui impute, mais pour attester qu'il est homme d'honneur et de probité et qu'il est d'une conduite irréprochable. La loi, en recommandant aux jurés d'avoir tel égard que de raison aux témoignages de cette dernière espèce, n'a pas [voulu cependant priver l'accusé d'une ressource que les circonstances et la confiance que peuvent mériter les témoins pourraient rendre très-précieuse à sa justification. — Il est également libre à l'accusateur public et à la partie plaignante de questionner tous ces témoins, de les reprocher, en un mot, de dire contre eux et leur témoignage tout ce qu'ils jugeront nécessaire. — Les témoins, après leur déposition, restent dans l'auditoire, mais ils ne peuvent jamais s'interpeller entre eux. L'accusé peut, s'il le juge à propos, requérir, par lui ou par ses conseils, que ceux des témoins qu'il désignera soient entendus de nouveau séparément ou en présence les uns des autres. L'accusateur public a la même faculté à l'égard des témoins produits par l'accusé.

S'il y a des effets trouvés lors du délit ou depuis qui puissent servir à conviction, ils seront représentés à l'accusé, et il lui sera demandé de répondre personnellement, s'il les reconnaît.

Il en est de même quand il y a plusieurs coaccusés; s'ils sont compris dans le même acte d'accusation, ils seront jugés par le même jury. Il sera fait un débat pour chacun d'eux sur les circonstances qui lui seront particulières, et le tribunal déterminera l'ordre dans lequel ils pourront être présentés au débat, en commençant toujours par le principal accusé, s'il y en a un. Les autres coaccusés y seront présents et pourront y faire leurs observations.

Dans les cas où l'accusé, les témoins ou l'un d'eux, les jurés ou l'un d'eux, ne parleraient pas le même langage, et auraient besoin d'un interprète pour s'entendre et se communiquer leurs pensées dans le débat, le président du tribunal criminel en fera appeler un qui soit âgé de vingt-cinq ans au moins, et lui fera prêter serment de traduire fidèlement, et suivant sa conscience, le discours qu'il sera chargé de transmettre entre ceux qui parlent des langages différents. L'accusé et l'accusateur public pourront récuser l'interprète, en motivant leur récusation : les motifs seront jugés par le tribunal. Les officiers de police, directeurs de jury et présidents des tribunaux criminels, pourront également appeler des interprètes toutes les fois qu'ils en auront besoin pour recevoir des déclarations et dépositions.

Tout cet examen, les débats et la discussion qui en seront la suite, ne seront point rédigés par écrit. Les jurés et les juges pourront bien prendre note de ce qui leur paraîtra important, mais sans que la discussion puisse en être arrêtée ni interrompue. Le commissaire du roi, présent et obligé d'assister à toute cette instruction, peut toujours faire aux juges, au nom de la loi, toutes les réquisitions qu'il jugera convenables, et il lui en sera donné acte. — Le tribunal criminel ni le directeur du jury, chacun dans les affaires de leur compétence, ne sont obligés de déférer aux réquisitions du commissaire du roi, et l'instruction ni le jugement n'en peuvent être arrêtés ni suspendus, sauf au commissaire du roi du tribunal criminel à se pourvoir en cassation après le jugement, s'il le juge à propos, suivant la forme indiquée par la loi.

Lorsque tous les témoins de part et d'autre ont fini leur déposition, l'accusateur public et la partie plaignante, s'il y en a, doivent être entendus, et expliquer les moyens par lesquels ils prétendront justifier l'accusation. L'accusé ou ses amis ou conseils peuvent répondre; ensuite le président du tribunal fait un résumé de l'affaire, et le réduit à ses points les plus simples; il fait remarquer aux jurés les principales preuves produites pour ou contre l'accusé. — Ce résumé est destiné à éclairer le jury, à fixer son attention, à guider son jugement requis; il ne doit pas gêner sa liberté. Les jurés doivent au juge respect et déférence; ils doivent même lui obéir en tout ce qui ne concerne que la police de l'auditoire; mais ils ne lui doivent point le sacrifice de leur opinion, dont ils ne sont comptables qu'à leur propre conscience. — Le juge, ayant fini son résumé, dira aux jurés de se retirer dans la chambre qui leur est destinée. Il ordonne en même temps que l'accusé ou les accusés soient conduits en la maison de justice.

Les jurés, retirés dans leur chambre, doivent y rester sans pouvoir communiquer avec personne : le premier d'entre eux inscrits sur le tableau est leur chef. — Ils doivent examiner les pièces du procès, parmi lesquelles il ne faut pas comprendre les déclarations écrites des témoins, qui ne doivent pas être remises au jury, mais seulement l'acte d'accusation, les procès-verbaux et autres pièces semblables. C'est sur ces bases, et particulièrement sur les dépositions et le débat qui ont eu lieu en leur présence, qu'ils doivent asseoir leur conviction personnelle : car c'est de leur conviction personnelle qu'il s'agit ici; c'est elle que la loi leur demande d'énoncer; c'est à elle que la société, que l'accusé s'en rapportent. La loi ne leur demande pas compte des moyens par lesquels ils se sont formé une conviction; elle ne leur prescrit point des règles auxquelles ils doivent attacher particulièrement la plénitude et la suffisance d'une preuve; elle leur demande de s'interroger eux-mêmes dans le silence et le recueillement, et de chercher, dans la sincérité de leur conscience, quelle impression ont faite sur leur raison les preuves apportées contre l'accusé, et les moyens de la défense. La loi ne leur dit point : « Vous tiendrez pour vrai tout fait attesté par tel ou tel nombre de témoins, ou vous ne regarderez pas comme suffisamment établie toute preuve qui ne sera pas formée de tant de témoins, ou de tant d'indices; » elle ne leur fait que cette question, qui renferme toute la mesure de leur devoir : « Avez-vous une intime conviction ? »

Ce qu'il est bien essentiel de ne pas perdre de vue, c'est que toute la délibération du jury de jugement a pour base l'acte d'accusation. C'est à cet acte qu'ils doivent s'attacher : leur mission n'a pas pour objet la poursuite des délits; ils ne sont appelés que pour décider si l'accusé est coupable ou non du crime dont on l'accuse. — Et d'abord, avant de chercher si l'accusé est coupable, ils doivent examiner si le délit est constant; car en vain chercherait-on un coupable s'il n'existait pas un délit. — Lorsqu'ils se sont assurés qu'il en existe un, ils examinent si l'accusé dénommé en l'acte d'accusation est ou non convaincu de ce même délit. Mais la loi a porté plus loin encore la prévoyance; et, comme c'est l'intention qui fait le crime, elle a voulu que les jurés, quoique certains du fait matériel et connaissant son auteur, puissent scruter les motifs, les circonstances et la moralité du fait. Un délit involontaire, ou commis sans intention de nuire, ne peut pas être l'objet d'une punition; d'un autre côté, il peut arriver que la nature de l'accusation ait changé par la défense de l'accusé et les preuves fournies par lui. Nous rendrons ces observations encore plus sensibles par des exemples, et l'on reconnaîtra qu'il serait impossible, sans une injustice révoltante, d'astreindre les jurés à s'en tenir strictement au contenu en l'acte d'accusation; la loi leur ordonne donc, lorsqu'ils ont trouvé que le délit existait et que l'accusé était convaincu de l'avoir commis, de faire une troisième déclaration d'équité sur les circonstances particulières du fait, soit pour déterminer si le délit a été commis volontairement ou involontairement, avec ou sans dessein de nuire, soit pour prononcer en atténuation du même genre de délit. — Cette marche, qui est nécessairement conforme à la raison, puisqu'elle est absolument prescrite par la justice, sera donc facile à suivre dans sa pratique, car les institutions raisonnables s'apprennent aisément et se gravent comme le souvenir d'un bienfait dans la mémoire des hommes; ainsi les jurés et les juges s'en pénétreront en peu de temps. Mais il est bon de ne négliger aucun des développements qui peuvent lever les premiers embarras causés par le défaut d'habitude et d'expérience. C'est dans cet esprit que nous allons analyser l'opération des jurés.

Ils délibéreront d'abord sur l'existence matérielle du fait qui avait constitué le corps du délit. — Après avoir reconnu l'existence du fait, ils délibéreront ensuite sur l'application de ce fait à l'individu accusé, pour reconnaître s'il en est l'auteur. — Enfin ils examineront la moralité du fait, c'est-à-dire les circonstances de volonté, de provocation, d'intention, de préméditation, qu'il est nécessaire de connaître pour savoir à quel point le fait est coupable, et pour le définir par le vrai caractère qui lui appartient.

La première question à laquelle doivent répondre les jurés porte donc sur l'existence du fait qui est l'objet de l'accusation. S'il s'agit d'un assassinat, d'un incendie, d'un faux, l'existence d'un tel fait est toujours facile à séparer des autres idées accessoires, telles que celles de l'auteur du crime et des intentions dans lesquelles il a été commis; l'inspection du cadavre, de la maison brûlée ou de la pièce falsifiée, rend la certitude de ces faits absolument complète, indépendamment des notions ultérieures sur le nom du coupable et sur les motifs qui l'ont fait agir. — Dans le crime de vol, au contraire, il peut quelquefois paraître plus difficile de séparer le fait matériel de l'intention. La définition même du vol, telle qu'elle a été conçue par les jurisconsultes, prête à cette confusion de pensées, en ce qu'elle renferme une partie intentionnelle, et n'attache l'idée précise de vol qu'à l'intention de voler. — Mais il n'est pas moins vrai que tout vol suppose la soustraction d'un effet quelconque à la possession de celui qui en était le détenteur; et, si toute soustraction d'un effet n'est pas nécessairement un vol, tout vol au moins suppose cette soustraction, qui est le fait matériel sur lequel, avant tout, les jurés doivent donner leur déclaration. — Chacun d'eux se formera donc une conviction intime sur ce premier point : le fait est-il constant?

Ce sera aussi sur ce premier point qu'ils donneront leur déclaration, lorsqu'ils passeront de la chambre des jurés, où ils délibèrent entre eux, dans celle du conseil, où ils doivent donner leur opinion en présence d'un juge et du commissaire du roi : la formule de cette déclaration est indiquée par la loi. Le juré met la main sur son cœur, et dit : « Sur mon honneur et ma conscience, le délit ne me paraît pas constant. Et, pour qu'il ne puisse jamais y avoir lieu à aucune méprise dans la manière de compter les voix, les boules noires et blanches serviront à recueillir, dans des boîtes de même couleur que les boules, les suffrages des jurés. L'opinion favorable à l'accusé sera exprimée en jetant une boule blanche dans la boîte blanche; l'opinion contraire, en jetant une boule noire. Le juge présentera les boules des deux espèces au juré; celui-ci choisira la boule propre à exprimer son opinion, et la jettera dans la boîte de couleur correspondante. — Ainsi, pour décider le premier point : le fait est-il constant? les jurés qui croiront que le fait n'est pas constant, exprimeront leur avis en mettant une boule blanche dans la boîte. Ceux qui croiront le fait constant mettront une boule noire dans la boîte noire; enfin, pour que les boîtes qui auront servi à exprimer sur la première question ne puissent pas se confondre avec les boîtes qui serviront aux questions suivantes, ces boîtes porteront chacune une inscription. Sur la boîte noire sera écrit : *Fait constant;* sur la boîte blanche : *Fait non constant.*

Sur la seconde question : l'accusé est-il l'auteur du fait? il ne se présentera aucune difficulté. Il est sensible que les jurés doivent en donner la solution, qui se présente sous des termes également simples dans tous les genres de délits. La formule de leur décision sera : « Sur mon honneur et ma conscience, l'accusé est convaincu, ou l'accusé ne me paraît pas convaincu. » — Ils jetteront ensuite de boules noires ou blanches dans les boîtes de même couleur que les boules, et dont la noire portera pour inscription : *L'accusé convaincu;* la blanche, cette autre inscription : *L'accusé non convaincu.*

Vient ensuite la troisième question, qui se divise en plusieurs branches, et qui demande à être considérée avec quelques détails. — Il s'agit ici d'examiner la moralité de l'action, et il est des actions qui, par leur nature, sont plus ou moins susceptibles que d'autres de changer de caractère, suivant qu'elles sont produites par des intentions différentes. — Par exemple, une fausse signature n'admet pas de circonstances atténuantes, et ne peut pas trouver son excuse dans ses motifs. On ne commet point un faux involontairement, ni pour une défense légitime, ni emporté par un premier mouvement : ce crime porte avec lui le caractère de la volonté décidée et de la préméditation. — Au contraire, la mort donnée à un homme, ce qui s'exprime par le mot générique et indéfini d'*homicide*, est un fait susceptible des modifications les plus étendues, en sorte que le même fait matériel peut recevoir, des circonstances qui l'accompagnent, toutes les nuances que l'on peut concevoir entre un crime atroce et un acte légitime. C'est pourquoi nous choisirons l'homicide pour servir d'exemple à la subdivision de la troisième question, qui porte sur la moralité intentionnelle du fait. — Nous supposons que l'homicide soit déclaré constant par les jurés, et que l'accusé soit reconnu pour en être véritablement l'auteur; alors plusieurs circonstances peuvent être essentielles à distinguer. — L'accusé peut avoir commis l'homicide en défendant sa vie, ou, ce qui revient au même, en défendant la vie d'une personne que l'on voulait assassiner devant ses yeux; dans ce cas, l'homicide serait légitime. — L'accusé peut avoir donné la mort par pur accident, ou non-seulement sans aucune volonté, mais encore sans aucune imprudence; et alors l'homicide est innocent. — L'accusé peut avoir donné la mort sans aucune volonté, mais par une simple imprudence; et alors il a encouru non la peine de l'homicide, mais celle de l'imprudence, qui est du ressort de la police correctionnelle. — L'accusé peut avoir donné la mort dans un mouvement impétueux dans lequel il a été précipité par une provocation plus ou moins capable de troubler sa raison, d'exciter en lui une passion violente, et de lui ravir l'usage libre de sa volonté. — L'accusé peut avoir donné la mort volontairement; mais ce crime peut avoir été par lui aussitôt exécuté que conçu, commis sans réflexion, par l'effet d'un premier mouvement; et c'est le cas du meurtre proprement dit. — Enfin l'accusé peut avoir donné la mort après avoir conçu et préparé cet horrible dessein, concerté les moyens, épié le moment de la mettre à exécution; et c'est là le cas du dessein prémédité ou de l'assassinat.

Il est clair que ces différentes suppositions, qui toutes peuvent s'appliquer à l'existence prouvée du même fait matériel et à la certitude que tel en est l'auteur, apportent une différence immense entre les caractères moraux de la même action, et que les jurés ne peuvent se dispenser d'étudier ces nuances et de les spécifier, pour prononcer sur le fait dont un homme traduit devant eux est accusé, — Car ils n'auraient rien fait pour la vérité et pour l'application de la loi, s'ils n'avaient fait que déclarer : Un tel a commis un homicide, puisqu'il resterait encore à leur demander si c'est un homicide innocent ou légitime, volontaire ou involontaire, de premier mouve-

ment ou de dessein prémédité. — Il faut donc que la déclaration
des jurés contienne cette explication, et c'est pour cela que la loi
veut qu'ils en délibèrent. Mais faut-il que, dans tous ces cas, ils se pro-
posent à eux-mêmes autant de questions qu'il y a de nuances admissibles entre l'assassinat et l'homicide légitime? Il en résulterait une
complication inutile dans leur travail, et une absurdité dans la position de ces questions différentes, puisqu'il y en a qui s'excluent
nécessairement. Par exemple, quand il y a lieu d'examiner si oui ou
non un meurtre a été occasionné par une provocation grave, certes,
il n'y a pas lieu d'examiner si c'est un pur homicide, innocent, arrivé
par hasard et causé par un simple accident. — L'incohérence évidente
de ces deux questions rebuterait à l'homme de bon sens, et dégoûte-
rait les jurés, qui doivent toujours prendre leur raison pour guide, d'une
institution où des idées raisonnables seraient si manifestement blessées.

Mais, d'un autre côté, il y aurait de l'inconvénient à ne pas
guider les jurés sur la position des questions différentes qu'ils doivent
se proposer sur la moralité du fait; il serait à craindre qu'ils n'en
omissent d'essentielles, ou qu'il ne s'élevât entre eux des débats
sur la manière de les poser, et ces difficultés pourraient prolonger
beaucoup leur opération, quelquefois même les jeter dans des embarras dont ils auraient peine à sortir. — Ce sera donc au juge qui
conduit la procédure et qui préside et dirige le débat, de recueillir
attentivement les différentes questions relatives à l'intention, auxquelles la nature du fait et des charges peut donner ouverture,
pour les indiquer au jury, et fixer sur cet objet sa délibération. —
Après avoir pris l'avis du tribunal sur la manière de poser les questions, il les posera en présence du public, de l'accusé, de ses conseils et des jurés, auxquels il les remettra par écrit et arrangées
dans l'ordre dans lequel ils devront en délibérer. L'accusé, ses conseils et l'accusateur public pourront lui faire quelques observations
à cet égard, s'ils le jugent nécessaire, et les jurés délibéreront sur
ces questions dans l'ordre où elles leur auront été présentées par le
juge. — Ils en délibéreront comme sur les deux premières, avec des
boules noires et des boules blanches, et des boules de l'une et de
l'autre couleur, sur lesquelles on inscrira l'affirmative et la négative
de chacune des questions posées par le juge. Il y aura autant de
paires de boîtes qu'il y aura des questions différentes recommandées
par le juge à la décision des jurés; la boule et la boîte blanches
serviront constamment à exprimer l'opinion favorable à l'accusé; la
boule et la boîte noires serviront à exprimer l'opinion contraire. —
Cette méthode est d'une facile exécution, et la pratique habituelle
la rendra chaque jour plus sensible et plus aisée.

On se rappelle que les jurés se sont retirés dans leur chambre pour y délibérer et former leur opinion individuelle sur chacun des points que le juge leur a donnés à décider. — Lorsque tous sont prêts à prononcer, ils font avertir les juges, et l'un d'eux, autre que le président, passe, ainsi que le commissaire du roi, dans la chambre du conseil, pour y recevoir la déclaration des jurés. — Le chef des jurés, c'est-à-dire le premier inscrit sur la liste, se présente le premier : il fait sa déclaration dans les termes ci-dessus rapportés, d'abord sur cette question : « Le fait est-il constant ? » et il la constate de suite, en posant une boule noire ou blanche dans la boîte qui correspond à sa déclaration. — S'il n'a pas trouvé le fait constant, il n'a d'autre déclaration à faire. — S'il l'a trouvé constant, il passe à la seconde déclaration sur cette question : « L'accusé est-il l'auteur du fait ? » Il appuie ensuite cette déclaration, comme la première, en plaçant une boule noire ou une boule blanche, suivant son opinion, dans l'une des boîtes disposées à cet effet. S'il ne pense pas que l'accusé soit l'auteur du délit en question, il n'a plus de suffrage ultérieur à donner ; si, au contraire, il pense que le fait ait été commis par l'accusé, alors il doit opiner sur les questions intentionnelles posées par le juge.

Lorsque le juge pose plusieurs questions relatives aux différents degrés d'intention, il doit les disposer de telle sorte, que la plus favorable à l'accusé se décide toujours la première, et ainsi de suite, jusqu'à celle qui lui serait la moins favorable. Ainsi, la question de de savoir si un accusé a commis un homicide à son corps défendant, doit précéder la question de savoir s'il l'a commis d'après une provocation qui puisse l'excuser. — Le chef des jurés énonce donc son opinion, dans ce même ordre, sur chacune des questions intentionnelles qui ont été posées par le juge, et la confirme par l'émission d'une boule noire ou blanche ; d'où il suit naturellement que, s'il y a plusieurs questions intentionnelles posées par le juge, le juré qui a donné une boule blanche sur la première question n'a plus à donner de suffrage sur la seconde : la raison en sera rendue sensible en continuant à nous servir du même exemple. Si le juré a exprimé par une boule blanche qu'un homicide a été commis par l'accusé à son corps défendant, il n'a plus à s'expliquer sur le fait de savoir si l'accusé avait été suffisamment provoqué pour que cette provocation lui servît d'excuse ; car la première proposition que le juré a affirmé va au-delà de la seconde ; elle est plus favorable à l'accusé et le justifie plus complétement. — On voit, par cette observation, qu'aussitôt que le juré s'est déclaré en faveur de l'accusé, sur une des questions soumises successivement et par ordre à sa décision, et qu'il a, en conséquence, émis une boule blanche, il n'a plus à donner de suffrage sur les questions ultérieures; au contraire, tant qu'il donne des boules noires, c'est-à-dire tant qu'il juge contre l'accusé les questions qui lui sont présentées dans un ordre graduel, il lui reste à prononcer sur les questions ultérieures, jusqu'à ce qu'il ait donné son opinion sur toutes celles que le juge a posées. — Quand le chef des jurés a fini d'opiner, il reste dans la chambre du conseil, pour être témoin des opinions que donneront après lui tous les autres jurés, qui doivent suivre exactement la même marche dans la manière de donner leur suffrage; mais lui seul d'entre les jurés doit rester présent, avec un des juges et le commissaire du roi, à toute cette opération, et les autres jurés doivent se retirer à mesure qu'ils ont fini leurs déclarations.

Les douze jurés ayant achevé de donner leur déclaration individuelle, ils doivent tous rentrer dans la chambre du conseil; et là, en leur présence et en celle du commissaire du roi, le juge fait l'ouverture des boîtes dans le même ordre que celui dans lequel ont été posées les questions auxquelles elles correspondent. D'abord, on ouvre les boîtes qui ont servi à décider si le fait est constant ou non constant. Sur cette première question, s'il se trouve trois boules blanches, il est décidé que le fait n'est pas constant, et la délibération est terminée. — S'il ne se trouve pas trois boules blanches données sur la question du fait, on passe à l'ouverture des boîtes sur la question de savoir quel est l'auteur du fait; mais avant de passer au recensement des boules blanches, il ne faut pas manquer de réserver les boules blanches qui peuvent avoir été données sur la première question, et qui, n'étant pas au nombre de trois, n'ont pas emporté la balance. Ces boules doivent s'additionner avec les boules blanches qui seront trouvées dans la boîte blanche servant à la seconde question, et cela est de toute justice; car les jurés qui, sur la première question, ont estimé qu'il n'y avait pas de fait constant, doivent, sur la seconde, se joindre à ceux qui ne pensent pas que tel accusé en soit l'auteur. Si cette addition des boules blanches émises sur la première et sur la seconde question donne trois boules blanches, la délibération se termine là, et il est décidé que l'accusé n'a pas paru aux jurés convaincu du fait porté en l'accusation. Si, au contraire, cette addition ne donne pas le nombre de trois boules blanches, le juge passera à l'ouverture des boîtes relatives à la question intentionnelle, ou à la première de ces questions, s'il y en a eu plusieurs de posées. — Dans ce troisième recensement, les boules blanches fournies sur les deux premières questions doivent encore se réunir à celles qui vont se trouver dans la boîte blanche. En effet, les jurés qui ont été d'avis qu'il n'y avait pas de fait constant, ou que l'accusé n'était pas convaincu, n'ayant pas été en assez grand nombre de cet avis pour le faire valoir, ne peuvent s'empêcher de se réunir à ceux des jurés qui se décidèrent en faveur de l'accusé sur les questions intentionnelles.

S'il y a eu plusieurs questions intentionnelles posées, et si les trois premiers recensements réunis n'ont pas encore fourni une somme additionnelle de trois boules blanches, on passe à l'ouverture des boîtes sur la seconde question intentionnelle, ainsi de suite jusqu'à ce que le recensement des suffrages soit terminé, soit par l'ouverture des boîtes, soit par une somme des trois boules blanches qui arrête et fixe la décision des jurés sur la question sur laquelle l'accusé a obtenu la troisième boule blanche. — Cette décision recueillie par le juge, en présence du commissaire du roi, et constatée par le chef des jurés, tous rentrent dans la chambre d'audience; chacun y reprend sa place, et le chef des jurés, se levant, prononce en leur nom la déclaration en ces termes : « Sur mon honneur et ma conscience, la déclaration du jury est que l'accusé est, ou que l'accusé n'est pas convaincu; et que (ou) mais que..... » (Ici se place la déclaration sur le fait intentionnel posé par le juge sur cette seconde question).

Le greffier reçoit et écrit cette déclaration, qui est signée de lui et du président. — Si l'accusé est déclaré non convaincu du fait porté dans l'acte d'accusation, et qu'il ait été inculpé sur un autre par les dépositions des témoins, l'accusateur public pourra demander au président de faire arrêter le prévenu; et, à l'occasion de ce nouveau fait, le président, après avoir pris du prévenu les éclaircissements qu'il voudra donner, pourra, s'il y a lieu, le faire arrêter, et le renvoyer devant un jury d'accusation avec les témoins, pour être procédé à une nouvelle accusation. — Dans ce cas, le jury d'accusation sera celui du district dans le chef-lieu duquel siége le tribunal criminel. — Mais, si l'accusé est convaincu du fait porté dans l'acte d'accusation, il ne pourra jamais être poursuivi pour raison du nouveau fait qu'autant que celui-ci mériterait une peine plus forte que le premier; auquel cas il sera sursis à l'exécution de la première peine, jusqu'après le second jugement.

Lorsque l'accusé aura été déclaré non convaincu du fait, ou que le jury aura déclaré que le fait a été commis involontairement ou sans intention de nuire, cette décision suffira pour absoudre l'accusé; et le président, sans avoir besoin ni de consulter les juges, ni d'entendre le commissaire du roi, prononcera que l'accusé est acquitté de la condamnation, et ordonnera qu'il soit mis sur-le-champ en liberté.

La décision des jurés, dans aucun cas, ne peut être soumise à l'appel. Cependant, comme tous les hommes peuvent se tromper, la loi ne permet pas que le sort de l'accusé soit tellement dépendant des jurés que celui ne puisse jamais, même en cas d'erreur sensible ou d'opinion évidemment fausse, éviter une condamnation injuste. C'est pourquoi elle a établi un remède dont l'usage ne doit être employé qu'avec la plus grande circonspection, et dans les cas infiniment rares, où la décision des jurés paraîtra au juge évidemment erronée; alors le tribunal, dans le cas seulement où l'accusé aurait été déclaré coupable, et jamais lorsqu'il aurait été acquitté, pourra ordonner que les trois jurés adjoints, qui ont également assisté à l'instruction, se joindront aux douze qui ont prononcé : alors il se fait un nouvel examen, et les quinze jurés ne peuvent prendre de décision qu'aux quatre-cinquièmes des voix.

En matière de faux, de banqueroute frauduleuse, concussion, malversation de deniers, il y avait un jury spécial (1). Ce jury était formé par le procureur-général-syndic, lequel, à cet effet, choisissait vingt-six citoyens ayant des connaissances relatives au genre de crime.

Sur ces vingt-six citoyens, on en tirait au sort douze pour former un tableau. Les accusés avaient le droit de récuser les personnes qui le composaient.

Une première récusation pouvait être faite sur la liste entière, comme ayant été dressée en haine de l'accusé; et dans le cas où le tribunal le jugeait ainsi, le vice-président du district formait une nouvelle liste.

---

(1) Les jurys spéciaux ne furent pas conservés par le Code d'instruction criminelle.

L'accusateur public n'avait aucune récusation à exercer sur les jurys spéciaux.

Depuis la loi du 16 septembre 1791 jusqu'à nos jours, l'institution du jury, sans jamais perdre son caractère principal, a subi de nombreux changements.

Nous ne donnerons qu'un simple aperçu des dispositions législatives qui ont successivement régi le jury : il faudrait un volume pour les analyser toutes ! Chaque gouvernement a légiféré sur l'organisation et sur les attributions du jury; et, presque toujours, les réformes ont été faites, non pas dans l'intérêt social, humanitaire, mais dans l'intérêt exclusif du gouvernement réformateur.

Un décret du 30 frimaire, an 11 (20 décembre 1793), relatif à la manière de procéder dans les tribunaux criminels des départements, sur les délits d'embauchage, de complicité d'émigration et de publication, distribution ou introduction de faux assignats, dispose que les jurés voteront et formeront, en pareil cas, leur déclaration publiquement, à haute voix, à la pluralité absolue des suffrages, et que les jugements qui interviendront d'après la déclaration du jury ne seront jamais sujets aux recours en cassation.

Le 2 nivôse an 11 (22 décembre 1793), parut un

autre décret contenant un nouveau mode de formation des listes des jurés et de désignation des juges de districts appelés à siéger aux tribunaux criminels.

Tous les citoyens âgés de 25 ans accomplis pouvaient être jurés. Il ne fut plus nécessaire de se faire inscrire au secrétariat de son district, ni ailleurs, pour le service des jurés. On ne forma plus de liste de trente ni de deux cents pour le tirage au sort des jurés de jugement. Tous les trois mois, l'agent national de chaque district formait, d'après ses connaissances personnelles et les renseignements qu'il se faisait donner par les agents nationaux des communes, une liste de citoyens domiciliés dans l'étendue du district qu'il jugeait propres à remplir les fonctions de jurés. Il portait sur cette liste autant de citoyens qu'il y avait de milliers d'âmes de population dans l'étendue du district; en sorte que jusqu'à quinze cents âmes, il fût nommé un juré, et qu'il en fût nommé deux depuis quinze cent une jusqu'à deux mille cinq cents, et ainsi de suite.

Vint le décret du 14 vendémiaire an III (5 octobre 1794), aux termes duquel, — considérant *qu'il ne peut pas exister de crime là où il n'y a point eu intention de le commettre; que le grand bien-*

---

(1) Le 14 frimaire an II, les procureurs-syndics avaient été supprimés et remplacés par des agents nationaux.

fait de l'institution des jurés consiste principalement en ce que l'intention des prévenus doit être examinée et appréciée, à la différence de l'ancienne instruction criminelle, qui ne s'arrêtait qu'aux faits, — dans toutes les affaires soumises à des jurés de jugement, les présidents des tribunaux criminels étaient tenus de poser désormais la question relative à l'intention, et les jurés d'y répondre par une déclaration formelle et distincte, le tout à peine de nullité.

Le 3 brumaire an IV (25 octobre 1795), une loi, connue sous le nom de *Code des délits et des peines*, réglementa d'une façon complète la procédure devant les tribunaux criminels et les formalités nécessaires à la composition des listes.

Étaient appelés aux fonctions de jurés tous les citoyens âgés de trente ans accomplis, qui réunissaient les conditions requises pour être électeurs.

L'administration départementale formait les listes des jurés de jugement suivant le mode prescrit à l'agent national de chaque district par le décret du 2 nivôse an II.

Le serment des jurés différait de la formule indiquée au décret-instruction du 29 septembre 1791 ; au lieu de « *je le jure* », ils répondaient « *je le promets.* »

---

(1) Une loi du 19 fructidor an V, art. 32, que la conspiration

Le huis-clos ne pouvait jamais être ordonné.

Une loi du 16 août 1793 avait accordé aux jurés une indemnité de 3 livres par chaque jour de séance ; le 6 ventôse an v (24 février 1797), il leur fut alloué de plus 15 sous par lieue pour se rendre au tribunal, et autant pour retourner à leur domicile.

D'après la loi du 3 brumaire an iv, tout juré qui ne s'était pas rendu à son poste sur la sommation qui lui en avait été faite, devait être condamné à la privation de son droit d'éligibilité et de suffrage pendant deux ans. Cette disposition fut rapportée par la loi du 24 ventôse an v (14 mars 1797).

Mais, quinze jours plus tard, parut une loi en vertu de laquelle tout juré de jugement défaillant pouvait encourir une condamnation à 20 jours d'emprisonnement et à 50 francs d'amende, avec impression et affiche du jugement dans toute l'étendue du département.

A dater du 19 fructidor an v (5 septembre 1797), les jurés ne purent, dans les vingt-quatre heures de leur réunion, voter pour ou contre qu'à *l'unanimité* ; ils étaient, pendant ce temps, exclus de toute communication extérieure : si, après ce dé-

---

royaliste du 18 fructidor justifie, ordonna qu'aucun juré n'entrât en fonctions avant d'avoir prêté le serment de haine à la royauté, à l'anarchie, de fidélité, attachement à la République et à la Constitution de l'an iii.

lai, ils déclaraient qu'ils n'avaient pu s'accorder pour émettre un vœu unanime, ils se réunissaient de rechef, et la déclaration se faisait à la majorité absolue (1).

Le 8 frimaire an VI (28 novembre 1797), survint une loi suivant laquelle, lorsqu'après les vingt-quatre heures prescrites au jury pour parvenir à former une opinion à l'unanimité, il y avait partage entre les jurés sur une ou plusieurs des questions, leur chef était tenu de faire une déclaration à la décharge de l'accusé, comme si la majorité des voix eût prononcé en faveur dudit accusé.

La loi du 3 brumaire an IV composait le jury de douze jurés seulement et de trois adjoints.

L'expérience démontra que ce nombre était insuffisant, à raison de la longueur de certains débats.

Une loi du 25 brumaire an VIII (16 novembre 1799), donna aux tribunaux criminels la faculté d'ordonner qu'indépendamment des douze jurés et des trois adjoints, il serait tiré au sort trois autres jurés, qui assisteraient aux débats. En cas d'évènement qui empêcherait l'un ou plusieurs des douze jurés, ou des trois adjoints, de suivre les débats jusques et y compris la déclaration définitive du

---

(1) Article 83 de la loi du 19 fructidor an V.

jury, ils étaient remplacés par les jurés suppléants.

Sous le Consulat, le mode de nomination des jurés subit une transformation notable qu'il nous semble intéressant de mentionner :

Chaque juge de paix désignait tous les trois mois, dans son arrondissement, un nombre de citoyens triple de celui que cet arrondissement devait fournir, d'après le code de brumaire an IV; il envoyait cette liste de désignation au sous-préfet, lequel, après l'avoir réduite aux deux tiers, la faisait passer au préfet du département.

Le préfet, après avoir réduit à la moitié, par la voie du sort, et en présence du conseil de préfecture, chacune des listes envoyées par les sous-préfets, en composait une liste générale qu'il divisait en autant de listes partielles qu'il y avait de tribunaux d'arrondissement, dans le département, en ne plaçant dans chacune d'elles que des citoyens de l'arrondissement. Il envoyait au président du tribunal criminel la liste générale, qui servait pour le jury de jugement. Pour la formation des listes de jurés spéciaux, chaque juge de paix désignait de même dans son arrondissement et tous les trimestres, les dix-huit citoyens qu'il croyait le plus propre à en remplir les fonctions; il envoyait cette liste de désignation au sous-préfet, qui, après l'avoir réduite aux deux tiers, la faisait passer au préfet. Ce dernier, après avoir réduit à la moitié chacune des listes envoyées par les sous-préfets, en formait une liste générale. C'est sur cette liste, que chaque jury spécial de jugements était tiré au sort (1).

Le commissaire du Gouvernement remplissait les fonctions d'accusateur public et avait le droit d'exercer les récusations sur la liste des jurés spéciaux, comme sur celle des jurés ordinaires (2).

Une loi du 23 floréal an X attribua à des tribunaux spéciaux composés de six juges, la connaissance de la contrefaction ou altération des effets publiés, du sceau de l'État, du timbre national, du poinçon servant à marquer l'or et l'argent, sur toute espèce de marchandises, et, en général, de tout crime de faux en écritures publiques ou privées, ou d'emploi fait d'une pièce qu'on savait fausse.

Le 8 ventôse an XII (28 février 1804), un sénatus-consulte suspendit l'exercice du jury pour les crimes de trahison, d'attentat contre la personne du premier Consul, et autres contre la sûreté intérieure et extérieure de l'État. Des tribunaux criminels, organisés conformément aux dispositions de la loi du 23 floréal an X, devaient en connaître.

____

(1) et (2) Lois du 6 germinal an VIII (27 mars 1800).

Des sénatus-consultes postérieurs ont également suspendu les fonctions du jury, mais dans certains départements seulement (1).

On verra dans notre appendice, qu'au début du premier Empire, lorsqu'il s'est agi de procéder à la confection d'un nouveau code d'instruction criminelle, il fut même plusieurs fois question de supprimer le jury.

Napoléon opina pour le maintien de cette grande institution.

Sa Majesté pensait « qu'un gouvernement tyran-
« nique aurait beaucoup plus d'avantages avec des
« jurés qu'avec des juges qui sont moins à sa dis-
« position, et qui toujours lui opposent plus de
« résistance (2). »

Le jury fut conservé; mais son organisation subit alors des changements considérables.

Les jurés durent être pris parmi : 1º les membres des colléges électoraux; 2º les trois cents plus imposés domiciliés dans le département; 3º les fonctionnaires de l'ordre administratif à la nomination du Gouvernement; 4º les docteurs et les licenciés de l'une ou de plusieurs des quatre facultés

---

(1) Sénatus-Consultes des 16 vendémiaire et 15 thermidor an xii, 27 septembre 1806, 10 septembre 1808.

(2) Séance du Conseil d'Etat, 29 mai 1804; voir notre appendice, pages 261 et 262.

de droit, sciences et belles-lettres, les membres et correspondants de l'Institut et des autres sociétés savantes reconnues par le Gouvernement ; 5° les notaires ; 6° les banquiers, agents de change, négociants et marchands payant patente de l'une des deux premières classes ; 7° les employés des administrations jouissant d'un traitement de 4,000 francs au moins.

Le ministre de l'intérieur avait le droit d'investir, des fonctions de juré, les citoyens ne se trouvant dans aucune des classes ci-dessus et qu'il croyait dignes d'exercer cette magistrature.

Il y eut en tout trois listes : une liste de service, comprenant soixante noms, composée par le préfet ; une liste de session formée par le président des assises, sur la liste de service qu'il réduisait à trente-six jurés ; enfin la liste de jugement ou le tableau, résultat du tirage combiné avec le droit de récusation.

Tout juré qui ne s'était pas rendu à son poste sur la citation qui lui avait été notifiée, devait être condamné par la Cour d'assises à une amende de 500 fr. pour la première fois, de 1.000 fr. pour la seconde, et de 1,500 fr. avec affiche pour la troisième. Cette dernière fois, il était de plus déclaré incapable d'exercer à l'avenir les fonctions de juré. Dans tous les cas, le nom du juré condamné était envoyé au préfet qui l'adressait au ministre de la justice en y joignant une note.

Tous les ans, le grand juge faisait un rapport à
Sa Majesté, sur la manière dont les jurés avaient
rempli leurs fonctions. Sa Majesté se réservait de
donner des témoignages *honorables de satisfaction
à ceux qui s'étaient distingués par leur zèle.* Nul
ne pouvait, étant âgé de trente ans, obtenir une
place administrative ou judiciaire, sans avoir justifié qu'il avait satisfait à toutes les réquisitions
relatives au service du jury ou que les excuses
proposées avaient été jugées valables, ou qu'il ne
lui avait encore été fait aucune réquisition. Enfin,
aucune pétition n'était admise, faute d'être accompagnée de cette justification.

La question intentionnelle ne dût plus être posée
au jury. Le législateur de 1808 déclara que cette
intention se trouvant toujours positivement ou im-
plicitement consignée dans l'acte d'accusation qui
servait de base aux questions, le jury s'en expli-
querait (du moins indirectement), en donnant l'affirmative ou la négative sur la question générale (1).

Quant à la décision du jury, elle se formait pour
ou contre l'accusé à la majorité. En cas d'égalité
de voix, l'avis favorable à l'accusé devait prévaloir.
« L'unanimité est désirable, sans doute; mais si
elle n'est pas le résultat d'une conviction intime et

---

(1) Séance du 9 décembre 1808.

d'un sentiment libre, elle n'est plus unanimité. Peut-on lui donner ce nom, lorsqu'elle n'est qu'une victoire remportée par l'obstination ou habitude des fatigues sur la faiblesse, l'ennui ou la souffrance? La conscience capitule avec la force; c'est le corps qui délibère et non la tête... (1) »

Lorsque l'accusé n'était déclaré coupable du fait principal qu'à une simple majorité, c'est-à-dire par sept suffrages seulement, les juges délibéraient entre eux sur le même point, et si l'avis de la minorité des jurés était adopté par la majorité des juges, de telle sorte qu'en réunissant le nombre de voix, ce nombre excédait celui de la majorité des jurés et de la minorité des juges, l'avis favorable à l'accusé prévalait.

Les tribunaux spéciaux établis ou conservés par l'Empire, furent supprimés par la Charte de 1814.

La loi du 25 mai 1821 ordonna que, dans le cas où l'accusé serait déclaré coupable à la simple majorité, sur le fait principal, l'avis favorable prévaudrait toutes les fois qu'il serait adopté par la majorité des juges.

La Cour était alors composée de cinq membres; une loi du 4 mars 1831 réduisit le nombre des magistrats composant la Cour d'assises à trois, et

____

(1) Motifs donnés par M. Riboud, rapporteur, même séance.

mît fin à toute participation de la Cour à la connaissance du fait. Cette dernière loi résolut, en outre, que l'accusé ne pourrait être condamné qu'à la majorité de huit voix.

Le vote ne se faisait pas encore au scrutin secret. Le chef du jury interrogeait les jurés d'après les questions posées, et chacun d'eux répondait ainsi qu'il suit :

Si le juré pensait que le fait n'était pas constant, ou que l'accusé n'en était pas convaincu, il disait : « *Non, l'accusé n'est pas coupable.* » En ce cas, le juré n'avait rien de plus à répondre. S'il pensait que le fait était constant et que l'accusé en était convaincu, il disait : « *Oui, l'accusé est coupable d'avoir commis le crime, avec toutes les circonstances comprises dans la position des questions.* » S'il pensait que le fait était constant, que l'accusé en était convaincu, mais que la preuve n'existait qu'à l'égard de quelques-unes des circonstances, il disait : « *Oui, l'accusé est coupable d'avoir commis le crime avec telle circonstance, mais il n'est pas constant qu'il l'ait fait avec telle autre.* » S'il pensait que le fait était constant, que l'accusé en était convaincu, mais qu'aucune des circonstances n'était prouvée, il disait : « *Oui, l'accusé est coupable, mais sans aucune des circonstances.* » Le jury faisait de plus une réponse particulière pour les cas, prévus par les anciens articles 339 et 340, ainsi conçus : — 339. Lorsque l'accusé aura proposé pour excuse un fait admis comme tel par la loi, la question sera ainsi posée : *tel fait est-il constant?* — 340. Si l'accusé a moins de seize ans, le président posera cette question : *l'accusé a-t-il agi avec discernement?*

La Charte du 14 août 1830 (art. 69) ordonna qu'il serait pourvu dans le plus bref délai possible, par une loi spéciale, à l'application du jury aux délits de la presse et aux délits politiques.

Cette loi parut le 8 octobre de la même année.

Une loi du 26 mai 1819, abrogée par une autre loi du 25 mars 1822, avait déjà attribué au jury la connaissance des délits commis par la voie de la presse ou autre moyen de publication.

La loi du 2 mai 1827 restreignit le droit qu'avaient les préfets de composer la liste de service et substitua le sort au choix des jurés de session par le président.

Une liste générale du jury, déclarée permanente par la loi du 2 juillet 1828, était divisée en deux parties : l'une, comprenait les membres des colléges électoraux, c'est-à-dire les citoyens payant une contribution directe de 300 fr. au moins (1) ;

---

(1) Une loi du 19 avril 1831 abaissa le sens électoral au chiffre de 200 fr.

l'autre, les électeurs qui, ayant leur domicile réel dans le département, exerçaient leurs droits électoraux dans un autre département; 2° les fonctionnaires publics nommés par le roi et exerçant des fonctions gratuites; 3° les officiers des armées de terre et de mer en retraite; 4° les docteurs et licenciés de l'une ou de plusieurs des facultés de droit, des sciences et des lettres; 5° les membres et correspondants de l'Institut, les membres des autres sociétés savantes reconnues par le roi, et les notaires, après trois ans d'exercice de leurs fonctions.

La liste générale ne pouvait comprendre moins de huit cents noms.

La liste du service était annuelle et dressée par le préfet, mais composée du quart des noms inscrits sur la liste générale, sans que le chiffre de trois cents pût jamais être dépassé, et sans que les mêmes noms pussent être portés deux ans de suite. Une troisième liste, dite trimestrielle, comptait quarante jurés, dont trente-six titulaires et quatre suppléants; elle était tirée au sort par le premier président sur la liste annuelle transmise par le préfet. La quatrième liste ou le tableau de jugement continuait à se former avec le tirage au sort et l'exercice du droit de récusation.

La loi du 4 mars 1831 ordonna que le verdict se formerait désormais *contre* l'accusé à la majorité de *plus* de sept voix et que la déclaration du jury constaterait l'existence de cette majorité, à peine de nullité, sans qu'en aucun cas le nombre de voix pût y être exprimé.

Le 28 avril 1832, une loi apporta des modifications non moins importantes sur le jury. Suivant cette loi, lorsque l'accusé avait proposé pour excuse un fait admis comme tel par la loi, le président devait, *à peine de nullité*, poser la question ainsi qu'il suit : « Tel fait est-il constant »; si l'accusé avait moins de seize ans, le président posait, *à peine de nullité*, cette question : « L'accusé a t-il agi avec discernement ? » En toute matière criminelle, même en cas de récidive, le président, après avoir posé les questions résultant de l'acte d'accusation et des débats, avertissait le jury, *à peine de nullité*, que s'il pensait, à la majorité de plus de sept voix, qu'il existât, en faveur d'un ou de plusieurs accusés reconnus coupables, des circonstances atténuantes, il devrait en faire la déclaration en ces termes : « à la majorité de plus de sept voix, il y a des circonstances atténuantes en faveur de tel accusé » ; la décision du jury continuait à se former *contre* l'accusé à la majorité de plus de sept voix; elle se formait à la même majorité de plus de sept voix sur l'existence des circonstances atténuantes.

La loi du 9 septembre 1835 rétablit la simple majorité de sept voix.

La pluralité des suffrages devint donc seulement nécessaire pour former la décision du jury tant contre l'accusé que sur les circonstances atténuantes.

Mais si l'accusé était déclaré coupable du fait principal à la simple majorité, les jurés devaient en faire mention en tête de leur déclaration; et, dans ce cas, il suffisait que la majorité des juges fût d'avis de surseoir au jugement et de renvoyer l'affaire à la session suivante, pour que cette mesure fût ordonnée de suite.

C'est la loi du 9 septembre 1835 qui introduisit le vote secret, dans les délibérations du jury.

Une loi du 13 mai 1836, encore en vigueur, prescrit le mode de ce vote.

Le texte figure dans notre chapitre V, p. 106 avec la modification que subit l'article 3, le 9 juin 1853.

En 1848 (1), les dispositions relatives à l'organisation du jury furent remaniées et mises en harmonie avec le principe du suffrage universel.

Aux termes d'un décret du 4 mars 1848, la condamnation devait avoir lieu à la majorité de neuf voix, et la décision du jury devait porter ces

____

(1) Décret du 7 août.

mots, à peine de nullité : « Oui, l'accusé est cou-
« pable à la majorité de plus de huit voix. »

Un autre décret du 18 octobre de la même année,
abrogatif de celui précité, disposa que la déclaration se formerait contre l'accusé, sur le fait principal, sur les circonstances aggravantes, sur les
questions d'excuse ou de discernement, à la majorité de plus de sept voix, mais que la déclaration
sur les circonstances atténuantes aurait lieu à la
simple majorité.

La loi du 9 juin 1853 abrogea à son tour le décret du 18 octobre 1848, et, depuis, la décision du
jury, tant contre l'accusé que sur les circonstances
atténuantes, se forme à la majorité simple.

Jusqu'au 9 juin 1853, dans le cas où l'accusé
était reconnu coupable, il fallait pour surseoir au
jugement et renvoyer l'affaire à la session suivante,
que la Cour fût convaincue, *à l'unanimité*, que les
jurés, en observant les formes, s'étaient trompés :
la majorité de la Cour suffit également depuis lors.

Une loi du 4 juin 1853 modifia le système adopté
par la révolution de 1848 pour la formation du jury.

Cette dernière loi fut abrogée aux termes d'un
décret du 14 octobre 1870, remettant en vigueur le
décret du 7 août 1848.

On trouvera, dans l'appendice, les avantages et
les inconvénients de l'une et de l'autre législation.

Les auteurs de la loi du 21 novembre 1872, qui régit actuellement l'organisation du jury, se sont proposés de garantir mieux que le décret du 7 août 1848, « l'intelligence du jury, » et mieux que la loi du 3 juin 1853, « son indépendance » (V. p. 264).

Les trois premiers chapitres de notre modeste opuscule reproduisent le texte de la nouvelle loi sur le jury.

Un quatrième chapitre traite de la formation de la Cour d'assises ; le cinquième, de la manière de former le jury pour chaque affaire ; le sixième, des débats ; le septième, du jugement ; le huitième, des peines en matière criminelle et de leurs effets ; le neuvième, des crimes prévus par le Code pénal et des personnes punissables ; le dixième et dernier chapitre, des délits de presse déférés au jury.

L'appendice contient des documents très-importants au point de vue de l'historique du jury et de la bonne interprétation de la loi du 21 novembre 1872.

Enfin, *un résumé synoptique de ce que doit savoir un juré* termine ce Code-manuel, dont nous avons soumis les épreuves à plusieurs criminalistes.

Notre but a été d'être utile à la justice ; nous serions heureux de l'avoir atteint, et de connaître les modifications nécessaires, pour rendre notre œuvre plus parfaite.

Cannes, avril 1876.

CHAPITRE PREMIER

DES CONDITIONS REQUISES POUR ÊTRE JURÉ (1).

Art. 1.—Nul ne peut remplir les fonctions de juré, à peine de nullité des déclarations de culpabilité auxquelles il aurait concouru, s'il n'est âgé de trente ans accomplis (2), s'il ne jouit des droits politiques, civils et de famille (3), ou s'il est dans un des cas d'incapacité ou d'incompatibilité établi par les *deux* articles suivants :

Art. 2. — Sont incapables d'être jurés :

1° Les individus qui ont été condamnés soit à

---

(1) Titre Iᵉʳ de la loi du 21 novembre 1872.

(2) Ajoutez : *au moment de la formation du tableau* (voir art. 405, chap. V) c'est-à-dire à l'instant même où il va entrer en fonctions.

(3) Les droits politiques ou civiques, sont ceux que les lois constitutionnelles attachent à la qualité de citoyen.

Par droits civils, on entend les facultés que les personnes sont appelées à exercer dans leurs rapports privés avec les autres personnes.

des peines afflictives et infamantes, soit à des peines infamantes seulement (1) ;

2° Ceux qui ont été condamnés à des peines correctionnelles pour faits qualifiés crimes par la loi (2) ;

3° Les militaires condamnés au boulet (3) ou aux travaux publics ;

4° Les condamnés à un emprisonnement de trois mois au moins ; toutefois, les condamnations pour délits politiques ou de presse n'entraînent que l'incapacité temporaire dont il est parlé au paragraphe 11 du présent article ;

5° Les condamnés à l'amende ou à l'emprisonnement, quelle qu'en soit la durée, pour vol, escroquerie, abus de confiance, soustraction commise par des dépositaires publics, attentats

---

La jouissance des droits politiques suppose celle des droits civils ; mais la jouissance des droits civils ne suppose pas celle des droits politiques ; ainsi, on ne peut pas être citoyen en France sans être Français, mais on peut être Français sans être citoyen en France. (P. A. Fenet, *travaux préparatoires du Code civil*, t. VII, p. 38).

Quant aux droits de famille, voir l'art. 12 du Code pénal, en note, chap. V, p.51

(1) On appelle peines afflictives et infamantes, celles que les lois ont édictées uniquement pour les crimes. Voir chap. VIII.

(2) Voir, à titre d'exemple, l'art. 67 du Code pénal, p.145

(3) Depuis la loi du 1 août 1857, on ne condamne plus les militaires à cette peine. Celles qui peuvent actuellement être appliquées par les conseils de guerre sont : en matière

aux mœurs prévus par les art. 330 et 334, Code pénal, délit d'usure ; les condamnés à l'emprisonnement pour outrage à la morale publique et religieuse, attaque contre le principe de la propriété et les droits de famille, délits commis contre les mœurs par l'un des moyens énoncés dans l'article 1 de la loi du 17 mai 1819 ; pour vagabondage ou mendicité ; pour infraction aux dispositions des art. 60, 63 et 65 de la loi sur le recrutement de l'armée et aux dispositions de l'art. 423, cod. pén., de l'article 1 de la loi du 27 mars 1851 et de l'article 1 de la loi des 5-9 mai 1855 ; pour les délits prévus par les art. 134, 142, 143, 174, 251, 305, 345, 362, 363, 364, § 3, 365, 366, 387, 389, 399, § 2, 400, § 2, 418, c. pén. (1).

---

de crime, la mort, les travaux forcés à perpétuité, la déportation, les travaux forcés à temps, la détention, la réclusion, le bannissement, la dégradation militaire, et en matière de délit, la destitution, les travaux publics, l'emprisonnement, l'amende.

(1) Art. 330. — Outrage public à la pudeur.

Art. 331. — Attentat aux mœurs, en excitant, favorisant ou facilitant habituellement la débauche ou la corruption de la jeunesse de l'un ou de l'autre sexe au-dessous de l'âge de vingt et un ans.

Art. 1 de la loi du 17 mai 1819. — Voir chap. X, note Ire, page 213.

Art. 60 de la loi du 27 juillet 1872. — Fraudes ou manœuvres, par suite desquelles un jeune homme a été omis sur les tableaux du recensement ou sur les listes du tirage ;

6° Ceux qui sont en état d'accusation ou de contumace;

7° Les notaires, greffiers et officiers ministériels destitués;

Concert frauduleux, par suite duquel des jeunes gens appelés se sont abstenus de comparaître devant le conseil de révision;

Fraudes ou manœuvres à l'aide desquelles des jeunes gens se sont fait exempter ou dispenser par un conseil de révision. Même pénalité pour les complices que pour les auteurs.

ART. 63. — Prévoit et punit le fait de : 1° Tout homme reconnu coupable de s'être rendu impropre au service militaire, soit temporairement, soit d'une manière permanente, dans le but de se soustraire aux obligations imposées par ladite loi; 2° Des jeunes gens qui, dans l'intervalle de la clôture de la liste cantonale à leur mise en activité, se sont rendus coupables du même délit.

La peine portée au présent article est prononcée contre les complices.

ART. 65. — Répression contre l'abus d'autorité commis par tout fonctionnaire ou officier public, civil ou militaire qui, sous quelque prétexte que ce soit, a autorisé ou admis des exemptions, dispenses ou exclusions autres que celles déterminées par la loi, sur le recrutement de l'armée ou qui aura donné arbitrairement une extension quelconque soit à la durée, soit aux règles ou conditions des appels, des engagements ou des rengagements.

ART. 423 C. P. — Tromperie sur le titre des matières d'or ou d'argent, sur la qualité d'une pierre fausse vendue pour fine, sur la nature de toutes marchandises; usage de faux poids ou de fausses mesures; tromperie sur la quantité des choses vendues.

ART. 1 de la loi du 27 mars 1851. — Falsification des substances ou denrées alimentaires ou médicamenteuses destinées à être vendues;

Vente ou mise en vente des substances ou denrées alimentaires ou médicamenteuses que le vendeur savait être falsifiées ou corrompues;

8° Les faillis non réhabilités dont la faillite a été déclarée soit par les tribunaux français, soit

---

Tromperie ou tentative de tromperie sur la quantité des choses livrées soit par l'usage de faux poids ou de fausses mesures, ou d'instruments inexacts servant au pesage ou mesurage, soit par des manœuvres ou procédés tendant à fausser l'opération du pesage ou du mesurage, ou à augmenter frauduleusement le poids ou le volume de la marchandise, même avant cette opération ; soit enfin par des indications frauduleuses tendant à faire croire à un pesage ou mesurage antérieur et exact.

Art. 1 de la loi des 5-9 mai 1855. — Les dispositions de la loi du 27 mars 1851 sont applicables aux boissons.

Art. 134 C. P. — Fait d'avoir coloré les monnaies ayant cours légal en France ou les monnaies étrangères, dans le but de tromper sur la nature du métal, ou de les avoir émises ou introduites sur le territoire français ;

Participation à l'émission ou à l'introduction des monnaies ainsi colorées.

Art. 142. — Vise ceux qui auront contrefait les marques destinées à être apposées au nom du Gouvernement, sur les diverses espèces de denrées ou de marchandises, ou qui auront fait usage de ces fausses marques ; ceux qui auront contrefait le sceau, timbre ou marque d'une autorité quelconque, ou qui auront fait usage des sceaux, timbres ou marques contrefaits ; ceux qui auront contrefait les timbres poste ou fait usage sciemment de timbres poste contrefaits.

Les dispositions de cet article sont applicables aux tentatives de ces mêmes délits.

Art. 143. — Quiconque s'étant indûment procuré les vrais sceaux, timbres ou marques ayant l'une des destinations exprimées en l'article 142, en aura fait ou tenté de faire une application ou un usage préjudiciable aux droits ou intérêts de l'État, ou d'une autorité quelconque, sera puni, etc.....

Art. 174. — Tous fonctionnaires, tous officiers publics, leurs commis ou préposés, tous percepteurs de droits, taxes, contributions, deniers, revenus publics ou commu-

par jugement rendu à l'étranger, mais exécutoire
en France ;

---

naux, et leurs commis ou préposés, qui se seront rendus
coupables du crime de concussion en ordonnant de percevoir ou en exigeant, ou en recevant ce qu'ils savaient
n'être pas dû ou excéder ce qui était dû pour droits, taxes,
contributions, deniers ou revenus, ou pour salaires ou
traitement, seront punis.....

La tentative de ce délit sera punie comme le délit lui-
même.....

Les dispositions du présent article sont applicables aux
greffiers et officiers ministériels, lorsque le fait a été commis à l'occasion des recettes dont ils sont chargés par la loi.

ART. 251. — Quiconque aura, à dessein, brisé ou tenté
de briser des scellés apposés sur des papiers ou effets d'un
individu prévenu ou accusé d'un crime emportant la peine
de mort, des travaux forcés à perpétuité, ou de la déportation, ou qui soit condamné à l'une de ces peines, ou aura
participé au bris des scellés ou à la tentative de bris de
scellés, sera puni.....

ART. 305. — Menace par écrit anonyme ou signé, d'assassinat, d'empoisonnement ou de tout autre attentat contre
les personnes, qui serait punissable de la peine de mort, des
travaux forcés ou de la déportation, avec ordre de déposer
une somme d'argent dans un lieu indiqué, ou de remplir
toute autre condition.

ART. 345. — Voir chap. IX, page 195.

ART. 362. — Faux témoignage en matière correctionnelle, matière de police, soit contre le prévenu, soit en sa
faveur.

ART. 363. — Faux témoignage en matière civile.

ART. 364. — Faux témoin, en matière de police, qui aura
reçu de l'argent, une récompense quelconque ou des promesses voir chap. IX, page 198.

ART. 365. — Subornation de témoins. Voir chap. IX, p.198,

ART. 366. — Punit celui à qui le serment a été déféré
ou référé, en matière civile, et qui fait un faux serment.

ART. 367. — Les voituriers, bateliers, ou leurs préposés qui
auront altéré ou tenté d'altérer des vins ou toute autre espèce

9° Ceux auxquels les fonctions de juré ont été interdites en vertu de l'art. 396 c. instr. cr. (1), ou de l'art. 42 c. pén. (2).

10° Ceux qui sont sous mandats d'arrêt ou de dépôt ;

---

de liquides ou marchandises dont transport leur avait été confié, et qui auront commis ou tenté de commettre cette altération par le mélange de substances malfaisantes, seront punis.....

S'il n'y a pas eu mélange de substances malfaisantes, la peine sera.....

ART. 389. — Tout individu qui, pour commettre un vol, aura enlevé ou tenté d'enlever des bornes servant de séparation aux propriétés, sera puni.....

ART. 399. — Quiconque aura contrefait ou altéré des clefs, s'il est serrurier de profession, sera puni.....

ART. 400. — Extorsion de signature ou d'écrit. Voir chap. IX, p 203.

ART. 418. — Tout directeur, commis, ouvrier de fabrique qui aura communiqué ou tenté de communiquer à des étrangers ou à des français résidant en pays étrangers des secrets de la fabrique où il est employé, sera puni.....

Si ces secrets ont été communiqués à des Français résidant en France, la peine sera.....

(1) Voir page 77, chap. V, les termes de l'article 396.

(2) Art. 42. — Les tribunaux jugeant correctionnellement pourront dans certains cas, interdire, en tout ou en partie, l'exercice des droits civiques ou politiques, civils et de famille suivants : — 1° De vote et d'élection ; — 2° D'éligibilité ; — 3° *D'être appelé ou nommé aux fonctions de juré* ou autres fonctions publiques ou aux emplois d'administration, ou d'exercer ces fonctions ou emplois ; — 4° Du port d'armes ; — 5° De vote et de suffrage dans les délibérations de famille ; — 6° D'être tuteur, curateur, si ce n'est de ses enfants et sur l'avis seulement de la famille ; — 7° D'être expert ou employé comme témoin dans les actes ; — 8° De témoignage en justice, autrement que pour y faire de simples déclarations.

11° Sont incapables, pour cinq ans seulement, à dater de l'expiration de leur peine, les condamnés à un emprisonnement de moins de trois mois pour quelque délit que ce soit, même pour les délits politiques ou de presse;

12° Sont également incapables, les interdits, les individus pourvus de conseils judiciaires, ceux qui sont placés dans un établissement public d'aliénés, en vertu de la loi du 30 juin 1838 (1).

ART. 3. — Les fonctions de jurés sont incompatibles avec celles de député (2), de ministre, membre du Conseil d'État, membre de la cour des comptes, sous-secrétaire d'État et secrétaire général d'un ministère, préfet ou sous-

(1) Aux termes de l'art. 3 de la loi du 4 février 1873, toute personne qui aura été condamnée deux fois en police correctionnelle pour délit d'ivresse manifeste, conformément à l'article 2 de la même loi, c'est-à-dire après nouvelle récidive, sera déclarée, par le second jugement, *incapable* d'exercer les droits suivants pendant deux ans à partir du jour où la condamnation sera devenue irrévocable :

1° De vote et d'élection; — 2° D'éligibilité; — 3° *D'être appelé ou nommé aux fonctions de juré.....*

La loi du 21 novembre 1872 n'a pas parlé des *incapacités naturelles.*

On ne doit pas moins décider que l'individu sourd-muet ou affecté, par exemple, d'une surdité telle qu'il ne puisse entendre les débats, est incapable d'être juré; même solution a l'égard du citoyen aveugle, car il ne pourrait étudier les pièces du procès ni examiner les signatures ou les prétendus faux. — Voir le projet Dufaure, p. 275.

(2) Depuis la Constitution du 25 février 1875, on doit également comprendre les sénateurs.

préfet, secrétaire général de préfecture, conseiller de préfecture, membre de la cour de cassation ou des cours d'appel, juge titulaire ou suppléant des tribunaux civils et des tribunaux de commerce, officier du ministère public près les tribunaux de première instance, juge de paix (1), commissaire de police, ministre d'un culte reconnu par l'État, militaire de l'armée de terre ou de mer en activité de service (2) et pourvu

---

(1) Les incompatibilités étant de droit étroit, on décide que les titulaires seuls des emplois énumérés sont exclus du jury; qu'en d'autres termes, l'incompatibilité ne s'étend pas du titulaire au fonctionnaire suppléant.

Par application du même principe qui défend de supposer des incompatibilités que la loi n'a pas établies (Cass., 19 mai 1820), on décide qu'il n'existe pas d'incompatibilité entre la qualité de consul et celle de juré (Cass., 26 août 1875); ni aucun empêchement à raison de la parenté ou de l'alliance soit entre un membre de la Cour d'assisses et un juré, soit entre un juré et les parents ou alliés de l'accusé, (Cass., 27 septembre 1860), soit enfin entre un juré et les parents ou alliés de la victime; à plus forte raison, entre deux jurés faisant partie du même jury de jugement.

Ainsi il a été spécialement jugé que la parenté ou l'alliance avec l'accusé ne produit non plus aucune incapacité d'être juré (Cass., 10 septembre 1847) et que le parent (un beau-frère dans l'espèce) de la victime d'un assassinat peut figurer au nombre des jurés appelés à prononcer sur l'accusation (Cass., 8 mars 1850 ; Dalloz, même année).

(2) Un garde forestier ne doit pas être considéré comme faisant partie du service actif, lorsqu'il est attaché, à une conservation comme employé sédentaire; il peut dès lors être valablement porté sur la liste du jury (Cass., 30 juillet 1874; Sirey, année 1875).

d'emploi, fonctionnaire ou préposé du service actif des douanes, des contributions indirectes, des forêts de l'État et de l'administration des télégraphes, instituteur primaire communal.

ART. 4. — Ne peuvent être jurés les serviteurs et domestiques à gages, ceux qui ne savent pas lire et écrire en français (1).

ART. 5. — Sont dispensés des fonctions de jurés : 1º Les septuagénaires, 2º ceux qui ont besoin, pour vivre, de leur travail manuel et journalier; 3º ceux qui ont rempli lesdites fonctions pendant l'année courante ou l'année précédente (2).

-----

(1) et (2). L'existence, dans le jury, d'un domestique ou d'une personne illettrée, d'un septuagénaire ou d'un manouvrier, soit encore d'un individu qui aurait rempli l'année précédente les fonctions de juré, ne rendrait pas nulle la déclaration de culpabilité. Cette sanction s'applique exclusivement aux cas d'*incapacité* et d'*incompatibilité* prévus par la loi ou par le Code; voir au surplus les termes de l'art. 1er, en tête du présent chapitre, et l'art. 302 Inst. Crim., chap. V, page 75.

Il est regrettable, selon nous, que l'art. 1er de la loi du 21 novembre 1872 n'ait pas atteint les personnes comprises dans l'art. 4. Les jurés doivent, avant de voter, prendre connaissance des pièces du procès, puis écrire leur réponse; or, s'ils ne savent pas lire et écrire, ils sont par là même incapables de remplir leur mission. Quant aux serviteurs à gages, il leur manque l'indépendance nécessaire.

CHAPITRE II

DE LA COMPOSITION DE LA LISTE ANNUELLE (1).

ART. 6. — La liste annuelle du jury comprend :

Pour le département de la Seine 3,000 jurés; pour les autres départements, un juré par 500 habitants, sans toutefois que le nombre des jurés puisse être inférieur à 400 et supérieur à 600.

La liste ne peut comprendre que des citoyens ayant leur domicile dans le département.

ART. 7. — Le nombre des jurés pour la liste annuelle est réparti, par arrondissement et par canton, proportionnellement au tableau officiel de la population. Cette répartition est faite par arrêté du préfet, pris sur l'avis conforme de la

____

(1) Titre second de la loi du 21 novembre 1872.

commission départementale, et, pour le département de la Seine, sur l'avis conforme du bureau du conseil général, au mois de juillet de chaque année.

A Paris, la répartition est faite entre les arrondissements et les quartiers.

En adressant au juge de paix l'arrêté de répartition, le préfet lui fait connaître les noms des jurés du canton désignés par le sort pendant l'année courante et pendant l'année précédente.

ART. 8. — Une commission composée, dans chaque canton, du juge de paix, président, des suppléants du juge de paix et des maires de toutes les communes du canton, dresse une liste préparatoire de la liste annuelle. Cette liste contient un nombre de noms double de celui fixé pour le contingent du canton.

Dans les cantons formés d'une seule commune, la commission est composée, indépendamment du juge de paix et de ses suppléants, du maire de la commune et de deux conseillers désignés par le conseil municipal.

Dans les communes divisées en plusieurs cantons, il y a autant de commissions que de cantons. Chacune de ces commissions est composée, indépendamment du juge de paix et de ses suppléants, du maire de la ville ou d'un adjoint délégué par lui, de deux conseillers municipaux désignés par le conseil et des maires des communes rurales comprises dans le canton.

Art. 9. — A Paris, les listes préparatoires sont dressées, pour chaque quartier, par une commission composée du juge de paix de l'arrondissement ou d'un suppléant du juge de paix, président, du maire de l'arrondissement ou d'un adjoint, du conseiller municipal nommé dans le quartier, et, en outre, de quatre personnes désignées par ces trois premiers membres parmi les jurés qui ont été portés l'année précédente sur la liste de l'arrondissement et qui ont leur domicile dans le quartier.

Art. 10. — Les commissions chargées de dresser les listes préparatoires se réunissent, dans la première quinzaine du mois d'août, au chef-lieu de leur circonscription, sur la convocation spéciale du juge de paix, délivrée dans la forme administrative.

Les listes sont dressées en deux originaux, dont l'un reste déposé au greffe de la justice de paix, et l'autre est transmis au greffe du tribunal civil de l'arrondissement.

Dans le département de la Seine, le second original des listes dressées par les commissions de canton ou de quartier est envoyé au greffe du tribunal de la Seine.

Le public est admis à prendre connaissance des listes préparatoires pendant les quinze jours qui suivent le dépôt de ces listes au greffe de la justice de paix.

ART. 11. — La liste annuelle est dressée, pour chaque arrondissement, par une commission composée du président du tribunal civil ou du magistrat qui en remplit les fonctions, président, des juges de paix et des conseillers généraux. En cas d'empêchement, le conseiller général d'un canton sera remplacé par le conseiller d'arrondissement, ou, s'il y a deux conseillers d'arrondissement dans le canton, par le plus âgé des deux.

A Paris, la commission est composée, pour chaque arrondissement, du président du tribunal civil de la Seine ou d'un juge délégué par lui, président, du juge de paix de l'arrondissement et de ses suppléants, du maire, des quatre conseillers municipaux de l'arrondissement.

Des commissions de Saint-Denis et de Sceaux sont présidées par un juge du tribunal civil de la Seine, délégué par le président de ce tribunal.

ART. 12. — Dans tous les cas prévus par la présente loi, le maire, s'il est empêché, sera remplacé par un adjoint expressément délégué.

Art. 13. — La commission chargée de dresser la liste annuelle des jurés se réunit au chef-lieu judiciaire de l'arrondissement, au plus tard dans le courant de septembre, sur la convocation faite par le président du tribunal civil. Elle peut porter sur cette liste des noms de personnes qui n'ont point été inscrites sur les listes préparatoires des commissions cantonales, sans toutefois que le nombre de ces noms puisse excéder le quart de ceux qui sont portés pour le canton. Elle a également la faculté d'élever ou d'abaisser, pour chaque canton, le contingent proportionnel fixé par le préfet, sans, toutefois, que la réduction ou l'augmentation puisse exéder le quart du contingent du canton, ni modifier le contingent de l'arrondissement.

Les décisions sont prises à la majorité; en cas de partage, la voix du président est prépondérante.

Art. 14. — La liste de l'arrondissement, définivement arrêtée, est signée séance tenante. Elle est transmise, avant le 1er décembre, au greffe de la cour ou du tribunal chargé de la tenue des assises.

Art. 15. — Une liste spéciale des jurés suppléants, pris parmi les jurés de la ville où se tiennent les assises, est aussi formée chaque année, en dehors de la liste annuelle du jury.

Elle comprend 300 jurés pour Paris, 50 pour les autres départements.

Cette liste est dressée par la commission de l'arrondissement où se tiennent les assises.

A Paris, chaque commission d'arrondissement arrête une liste de 15 jurés suppléants.

ART. 16. — Le premier président de la cour d'appel ou le président du tribunal chef-lieu d'assises dresse, dans la première quinzaine de décembre, la liste annuelle du département, par ordre alphabétique, conformément aux listes d'arrondissements. Il dresse également la liste spéciale des jurés suppléants.

ART. 17. — Le juge de paix de chaque canton est tenu d'instruire immédiatement le premier président de la cour ou le président du tribunal chef-lieu d'assises des décès, des incapacités ou des incompatibilités légales qui frapperaient les membres dont les noms sont portés sur la liste annuelle.

Dans ce cas, il est statué conformément à l'art. 390 C. Instr. Crim (1).

_____

(1) C'est-à-dire que si parmi les quarante citoyens désignés par le sort, pour former la liste de session, il s'en trouve un ou plusieurs qui aient été signalés, la Cour ou le Tribunal, après avoir entendu le ministère public, procède,

séance tenante, à leur remplacement par voie de tirage au sort.

Voici le texte de l'art. 390 :

Si parmi les quarante individus désignés par le sort, il s'en trouve un ou plusieurs qui, depuis la formation de la liste arrêtée en exécution de l'art. 387 (aujourd'hui l'art. 11 de la loi du 21 novembre 1872), soient décédés, ou aient été légalement privés des capacités exigées pour exercer les fonctions de juré, ou aient accepté un emploi incompatible avec ces fonctions, la Cour, après avoir entendu le procureur général, procédera, séance tenante, à leur remplacement.

Ce remplacement aura lieu dans la forme déterminée par l'art. 388 (devenu l'art. 18 ci-après).

CHAPITRE III

DE LA COMPOSITION DE LA LISTE DU JURY
POUR CHAQUE SESSION (1).

Art. 18, *tel qu'il a été modifié par la loi du 81 juillet 1875.* — Dix jours au moins avant l'ouverture des assises, le premier président de la cour d'appel ou le président du tribunal chef-lieu d'assises, dans les villes où il n'y a

(1) Titre troisième de la loi du 21 novembre 1872.
La liste entière des jurés de la session n'est pas envoyée aux citoyens qui la composent ; mais le préfet notifie à chacun d'eux un extrait de cette liste qui constate que son nom y est porté. La notification doit être faite huit jours au moins avant celui où la liste doit servir. Ce jour est mentionné dans la notification avec sommation de se trouver au jour indiqué, sous les peines édictées. (Art. 389 C. In. Crim.)
Dès qu'un juré sait qu'il fait partie de la liste de session, son devoir est de s'abstenir de tout entretien sur les affaires inscrites, dans la crainte de recevoir des impressions, ou de subir des influences pouvant nuire à son impartialité
Ainsi, il se gardera bien de se transporter sur le lieu du crime ou de prendre divers renseignements.

pas de cour d'appel, tire au sort, en audience publique, sur la liste annuelle, les noms des trente-six jurés qui forment la liste de la session. Il tire, en outre, quatre jurés suppléants sur la liste spéciale.

Si les noms d'un ou plusieurs jurés ayant rempli lesdites fonctions pendant l'année courante ou pendant l'année précédente, viennent à sortir de l'urne, ils seront immédiatement remplacés par les noms d'un ou plusieurs autres jurés tirés au sort. (1)

____

Le 10 juin 1880, la Cour d'assises de la Seine a renvoyé une affaire à une autre session, parce que, avant l'ouverture des débats, les jurés de la session avaient reçu des mémoires écrits dans l'intérêt de l'accusé.

(1) L'art. 18 de la loi du 21 novembre 1872 ne contenait pas le dernier paragraphe ci-dessus. C'est M. Dufaure qui en a proposé l'addition aux termes d'un projet de loi déposé dans la séance de l'Assemblée Nationale du 25 juillet 1875.

Voici l'exposé des motifs présenté à l'appui de ce projet :

« D'après l'art. 5 de la loi du 21 novembre 1872, sont dispensés des fonctions de juré ceux qui ont rempli lesdites fonctions pendant l'année courante ou l'année précédente. — L'expérience a démontré que cette disposition présentait un double inconvénient ; d'une part, en effet, les jurés qui se trouvent dans le cas indiqué ci-dessus n'en sont pas moins obligés de se transporter au chef-lieu de la Cour d'Assises pour faire valoir leurs excuses ; d'autre part, la liste des jurés de la session est souvent réduite au-dessous du minimum de trente noms, de telle sorte qu'il est nécessaire d'appeler un certain nombre de jurés complémentaires — Il serait facile de remédier à ces inconvénients en décidant qu'à l'avenir les noms des jurés qui ont siégé pendant l'année courante ou l'année précédente, ne pourront plus être portés sur des listes de session. — Avant

Art. 19. — Si, au jour indiqué pour le jugement, le nombre des jurés est réduit à moins de trente par suite d'absence ou par toute autre cause, ce nombre est complété par les jurés suppléants suivant l'ordre de leur inscription; en cas d'insuffisance, par des jurés tirés au sort, en audience publique, parmi les jurés inscrits sur la liste spéciale; subsidiairement parmi les jurés de la ville inscrits sur la liste annuelle.

Dans le cas prévu par l'article 90 du décret du 6 juillet 1810 (1), le nombre des jurés titulaires

---

de procéder au tirage au sort de la liste pour chaque session, conformément à l'art. 18 de la loi du 21 novembre 1872, le premier président de la Cour d'Appel, ou le président du Tribunal chef-lieu d'assises, ferait dresser, par ordre alphabétique, la liste de tous les jurés ayant rempli leurs fonctions à une précédente session de l'année courante ou de l'année précédente. Si le nom d'un de ces jurés venait à sortir de l'urne, il serait immédiatement remplacé par celui d'un autre juré tiré au sort. Cette disposition ne présentera dans la pratique aucune difficulté; elle a été réclamée par la plupart des présidents d'assises. »

Le 31 juillet 1875, le projet de loi de M. Dufaure fut adopté après déclaration d'urgence.

(1) Art. 90 dudit décret. — Les assises ne pourront pas être convoquées, pour un lieu autre que celui où elles doivent se tenir habituellement, qu'en vertu d'un arrêt rendu dans l'assemblée des chambres de la Cour, sur la requête de notre procureur général. — Cet arrêt sera lu, publié et affiché, ainsi qu'il est dit (voir p. 70) pour l'arrêt qui doit fixer l'époque de la tenue des assises pendant le premier trimestre de l'installation.

est complété par un tirage au sort fait, en audience publique, parmi les jurés de la ville inscrits sur la liste annuelle (1).

ART. 20. — L'amende de 500 fr., prononcée
par le deuxième paragraphe de l'art. 396 C.
Instr. Crim. (2), peut être réduite par la cour à
200 fr., sans préjudice des autres dispositions
de cet article.

------

(1) Les jurés complémentaires dont parle l'art. 19,
doivent être tirés au sort au fur et à mesure que l'exigent
les besoins du service. Le président ne peut pas, à l'avance,
procéder à ce tirage, comme pour les jurés suppléants, en
vertu de l'art. 18. Notons encore que les jurés complémentaires ne peuvent s'excuser sur le motif qu'ils auraient déjà
siégé pendant l'année courante ou pendant l'année précédente. (Art. 393 Code Inst. Crim.)

La mission du juré complémentaire prend fin dès que,
sans lui, le nombre voulu de trente est complet. Le président doit conséquemment, sous peine de nullité, procéder
à un nouveau tirage au sort, s'il y a plus tard excuse ou
dispense pour un des trente jurés. (Cass., 13 février 1873).

(2) Voir les termes de l'art. 396, page 77.

CHAPITRE IV

DE LA FORMATION DES COURS D'ASSISES (1).

Art. 251. — Il sera tenu des assises dans chaque département pour juger les individus que la cour d'appel, chambre des mises en accusation, y aura renvoyés.

Art. 258. — Les assises se tiendront ordinairement au chef-lieu de chaque département.

La cour d'appel pourra néanmoins désigner un tribunal autre que celui du chef-lieu (2).

---

(1) Extrait du titre II, chap. II du Code d'inst. crim.

(2) L'art. 17, § 2 de la loi du 20 avril 1810 a modifié cet art. 258, en disposant que les assises seraient tenues habituellement dans le lieu où siégeaient les Cours criminelles. Voilà pourquoi il existe des départements où les assises ne se tiennent pas ordinairement au chef-lieu. Dans ces divers départements, les assises ne pourraient être tenues au chef-lieu qu'en vertu d'une décision de la Cour, toutes les chambres assemblées et le procureur général entendu.

ART. 259. — La tenue des assises aura lieu tous les trois mois (1).

Elles pourront se tenir plus souvent si le besoin l'exige.

ART. 20, 21 et 22 du décret du 20 avril 1810. — Le premier président de la cour désignera le jour où devra s'ouvrir la séance de la cour d'assises, quand elle se tiendra dans le lieu où elle siège habituellement.

Lorsque la cour d'assises devra tenir ses séances dans un lieu autre que celui où elle siége habituellement, l'époque de l'ouverture et le lieu seront déterminés, par arrêt rendu, toutes les chambres assemblées, et le procureur général entendu.

L'ordonnance portant fixation du jour de l'ouverture de la séance de la cour d'assises, ou l'arrêt qui indiquera le lieu et le jour de cette ouverture, sera publié par affiches et par la lecture qui en sera faite dans tous les tribunaux de première instance du ressort, huit jours au moins avant l'ouverture.

ART. 260 I. Cri. — .... Les assises ne seront

---

(1) En d'autres termes, il doit y avoir une session chaque trimestre.

Toutes celles en plus durant le même trimestre sont qualifiées d'*extraordinaires*. A Paris, les sessions se suc-

closes qu'après que toutes les affaires criminelles qui étaient en état lors de leur ouverture
y auront été portées (1).

Art. 252. — Dans les départements ou siégent les cours d'appel, les assises seront tenues par trois des membres de la cour, dont l'un sera président.

Les fonctions du ministère public seront remplies, soit par le procureur général, soit par un des avocats généraux, soit par un des substituts du procureur général.

Le greffier de la cour y exercera ses fonctions par lui-même ou par l'un de ses commis assermentés (2).

Art. 253. — Dans les autres départements, la cour d'assises sera composée : 1° d'un conseiller à la cour d'appel délégué à cet effet, et qui sera

---

cèdent sans interruption de quinzaine en quinzaine : celle de la première quinzaine de chaque trimestre est la session ordinaire. Il y a un tirage de jurés pour chaque quinzaine.

(1) Une session ne doit pas, en général, durer plus de quinze jours, afin de ne pas rendre trop onéreuses les fonctions du juré.

(2) Dans les lieux où réside la Cour d'appel, la chambre civile que préside le premier président se réunira à la Cour d'assises pour le débat et le jugement d'une affaire, lorsque notre procureur général, à raison de la gravité des circonstances, en aura fait la réquisition aux chambres assemblées, et qu'il sera intervenu un arrêt conforme à ses conclusions. (Décret du 6 juillet 1810, art. 93).

président de la cour d'assises; 2° de deux juges pris, soit parmi les conseillers de la cour d'appel, lorsque celle-ci jugera convenable de les déléguer à cet effet, soit parmi les présidents ou juges du tribunal de première instance du lieu de la tenue des assises; 3° du procureur de la République près le tribunal ou de l'un de ses substituts (1); 4° du greffier du tribunal ou de l'un de ses commis assermentés.

Les présidents ou juges du tribunal de première instance du lieu de la tenue des assises, appelés à faire partie de la cour, seront désignés par le premier président, qui prendra préalablement l'avis du procureur général.

Ces désignations seront faites et publiées selon la forme et les délais déterminés par les articles 79 et 80 du décret du 6 juillet 1810 (2).

---

(1) A moins que le procureur général n'use de la faculté, qu'il a toujours, d'exercer lui-même ses fonctions dans les départements de son ressort autres que celui où siège la Cour d'appel (art. 284 C. inst. crim.).

(2) Art. 79. — Lorsque les nominations des présidents des Cours d'assises, qui doivent être tenues tous les trois mois, conformément à l'art. 250 C. inst. crim., n'auront pas été faites par le ministre de la justice pendant la durée d'une assise, pour le trimestre suivant, le premier président de la Cour d'appel fera ladite nomination dans la huitaine du jour de la clôture de l'assise.

Art. 80. — La nomination du ministre, ou, à son défaut, la nomination faite par le premier président, sera déclarée par une ordonnance du premier président qui contiendra

A partir du jour de l'ouverture de la session, le président des assises pourvoira au remplacement des assesseurs régulièrement empéchés, et désignera, s'il y a lieu, les assesseurs supplémentaires.

ART. 257. — Les membres de la cour d'appel qui auront voté sur la mise en accusation, ne pourront dans la même affaire, ni présider les assises, ni assister le président, à peine de nullité.

Il en sera de même à l'égard du juge d'instruction.

ART. 263. — Si d'après la notification faite aux jurés, le président de la cour d'assises se trouve dans l'impossibilité de remplir ses fonctions, il sera remplacé par le plus ancien des autres juges de la cour d'appel ou nommés ou délégués pour l'assister; et s'il n'a pour assesseur aucun juge de la cour d'appel, par le président du tribunal de première instance.

ART. 264. — Les juges de la cour d'appel seront, en cas d'absence ou de tout autre empêchement, remplacés par d'autres juges de la même cour, et à leur défaut par des juges de

---

toujours l'époque fixe de l'ouverture de l'assise; cette ordonnance sera publiée au plus tard le dixième jour qui suivra la clôture de l'assise.

première instance; ceux de première instance le seront par les suppléants (1), (en suivant l'ordre des nominations).

ART. 16 du décret du 20 avril 1810. — Le premier président pourra présider les assises lui-même quand il le jugera convenable.

ART. 81 du décret du 6 juillet 1810. — Dans les cas prévus par l'art. 259 du Code d'Inst. Crim., d'une tenue extraordinaire d'assises, les présidents de la dernière assise sont nommés de droit pour présider l'assise extraordinaire.

En cas de décès ou empêchement légitime, le président de l'assise sera remplacé à l'instant où la nécessité de la tenue de l'assise extraordinaire sera connue : le remplacement sera fait par le premier président. L'ordonnance de remplacement contiendra l'époque fixe de l'ouverture de cette assise.

---

(1) A défaut de suppléants, on appellera un avocat attaché au barreau, et, à son défaut, un avoué, en suivant l'ordre du tableau. (Décret du 30 mars 1808, art. 49).

En cas d'empêchement d'un conseiller assesseur d'une Cour d'assises, siégeant au chef-lieu de la Cour d'appel, le remplacement de ce magistrat aura lieu sur la désignation du premier président. Ce pouvoir n'appartient qu'aux présidents des Cours d'assises siégeant dans les départements autres que celui où existe la Cour d'appel. (Cass. 25 mars 1869, Sirey, année 1870).

CHAPITRE V

DE LA MANIÈRE DE FORMER LE JURY POUR CHAQUE AFFAIRE.

ART. 394 (1). — Le nombre de douze jurés est nécessaire pour former un jury (2).

Lorsqu'un procès criminel paraîtra de nature à entraîner de longs débats, la cour d'assises pourra ordonner, avant le tirage de la liste des

(1) Code d'instruction criminelle, chap. V, section 11.

(2) Nul ne peut être juré dans la même affaire où il aura été officier de police judiciaire, témoin, interprète, expert ou partie, *à peine de nullité*. (C. inst. crim. art. 302).

Le greffier qui a tenu la plume dans une affaire jugée par contumace, ne peut, à peine de nullité, si le même accusé est plus tard jugé contradictoirement, siéger parmi les membres du jury de jugement.

Il est de principe, en effet, que, devant la Cour d'assises, le débat doit être oral, et la conviction du jury se former d'après les débats. — « Ce principe fondamental, a dit la Cour de cassation, serait méconnu et les intérêts de l'accusé seraient compromis si un membre du jury pouvait, par suite des fonctions antérieurement exercées, arriver sur son siége avec une conviction déjà formée et influen-

jurés, qu'indépendamment de douze jurés il en sera tiré au sort un ou deux autres qui assisteront aux débats.

Dans le cas où l'un ou deux des douze jurés seraient empêchés de suivre les débats jusqu'à la déclaration définitive du jury, ils seront remplacés par les jurés suppléants.

Le remplacement se fera suivant l'ordre dans lequel les jurés suppléants auront été appelés par le sort.

Art. 395. — La liste des jurés sera notifiée à chaque accusé la veille du jour déterminé pour la formation du tableau : cette notification sera nulle, ainsi que tout ce qui aura suivi, si elle est faite plus tôt ou plus tard.

---

cer ainsi sur la détermination de ses collègues. » (Arrêt du 16 août 1868).

Doit, dès lors, être déclaré nul l'arrêt de la Cour d'assises rendu sur le verdict d'un jury, dont l'un des membres avait été chargé, en qualité de maire, de recueillir des renseignements sur l'inculpé. (Cass., 4 juin 1874; Dalloz, année 1875).

Nous avons vu (chap. Ier, p. 55) que la parenté ou l'alliance des jurés soit entre eux, soit avec les parties, les témoins ou les juges, n'est pas une cause d'incompatibilité.

Mais la victime, son conseil, le conseil de l'accusé, le dénonciateur ne peuvent remplir les fonctions de juré. Nous pensons avec M. Morin, conseiller à la Cour d'appel d'Angers, qu'il faut assimiler à la victime son père, son grand-père, son fils et son gendre, en raison de l'intérêt de famille qui existe entre eux, et qui, en leur enlevant leur complète indépendance, doit nécessairement les faire soupçonner de partialité. (Morin, p. 45).

Art. 396. — Tout juré qui ne se sera pas rendu à son poste sur la citation qui lui aura été notifiée sera condamné par la cour d'assises à une amende, laquelle sera,

Pour la première fois, de cinq cents francs;

Pour la seconde, de mille francs;

Et pour la troisième, de quinze cents francs.

Cette dernière fois, il sera de plus déclaré incapable d'exercer à l'avenir les fonctions de juré. L'arrêt sera imprimé et affiché à ses frais (1).

Art. 397. — Seront exceptés ceux qui justifieront qu'ils étaient dans l'impossibilité de se rendre au jour indiqué.

---

(1) Voir l'art. 20 de la loi du 21 novembre 1872, p. 68. Cet article a permis à la Cour de réduire cette condamnation.

Comme elle est par défaut, le juré peut y former opposition.

Pour cela, aucune forme ni aucun délai particuliers ne sont prescrits avant la signification de l'arrêt. Il suffit que le juré se rende à l'audience, soit en personne, soit par un mandataire spécial, et qu'il présente sa réclamation.

Mais si l'arrêt par défaut lui a été signifié, il doit y former opposition par acte d'huissier signifié au procureur général, dans les dix jours de la signification de l'arrêt outre un jour par cinq myriamètres de distance. Les frais de l'expédition et de signification de l'arrêt sont, en tous cas, supportés par le juré (art. 187 C. inst. crim.).

Si la session est close, lorsque le juré défaillant apprend sa condamnation, il peut saisir de sa demande en décharge la Cour d'assises de la session suivante. (Cass., 27 juin 1863; Nouguier, n° 1205; Morin, p. 74).

L'art. 396 est applicable au juré qui s'est rendu à son poste, mais s'est retiré avant l'expiration de ses fonctions, sans une excuse jugée valable; même solution, dans le cas

La cour prononcera sur la validité de l'excuse (1).

ART. 398. — Les peines portées en l'art. 396
sont applicables à tout juré qui, même s'étant
rendu à son poste, se retirerait avant l'expiration de ses fonctions, sans une excuse valable,
qui sera également jugée par la cour (2).

ART. 399. — Au jour indiqué, et pour chaque
affaire, l'appel des jurés non excusés et non
dispensés sera fait avant l'ouverture de l'au-

---

où le juré se présente en état d'ivresse. Cette dernière
espèce s'est produite à la Cour d'assises de la Seine-Infé-
rieure, le 12 mai 1835.

Le refus de prêter serment peut être considéré comme
refus de remplir les fonctions de juré et tombe sous l'application de l'art. 396.

(1) Aux termes de l'art. 236 du Code pénal, les jurés qui
auront allégué une excuse reconnue fausse seront condamnés, outre les amendes prononcées pour la non-comparution, à un emprisonnement de six jours à deux mois.

(2) Le législateur n'a pas énuméré les causes d'excuses;
il a préféré en laisser l'application souveraine et discrétionnaire aux Cours d'assises.

C'est par lettre ou certificat adressés, sans retard, au président, et de préférence, soit au procureur général, soit au
procureur de la République près le tribunal de la ville où
siège la Cour d'assises, que le juré doit justifier qu'il est
dans l'*impossibilité* de se rendre au jour indiqué, ou de
continuer ses fonctions. Les certificats doivent être écrits
sur du papier timbré. Les correspondances adressées au
procureur général ou au procureur de la République n'ont
pas besoin d'être affranchies.

Si l'excuse proposée est fondée sur une maladie, il faut
autant que possible prendre soin de fournir un certificat
affirmé sincère et véritable par le médecin du juré, devant

dience, en leur présence, et en présence de l'accusé et du procureur général.

Le nom de chaque juré répondant à l'appel sera déposé dans une urne.

L'accusé premièrement ou son conseil, et le procureur général, récuseront tels jurés qu'ils jugeront à propos, à mesure que leurs noms sortiront de l'urne, sauf la limitation exprimée ci-après.

L'accusé, son conseil, ni le procureur général, ne pourront exposer leurs motifs de récusation.

Le jury du jugement sera formé à l'instant

---

le juge de paix de son domicile ; une simple légalisation par le maire du même endroit, pourrait être jugée insuffisante.

Toute personne qui, pour se rédimer elle-même ou affranchir une autre du service de juré, fabriquera, sous le nom d'un médecin, chirurgien ou autre officier de santé, un certificat de maladie ou d'infirmité, sera punie d'un emprisonnement d'une année au minimum et de trois ans au plus. Tout médecin, chirurgien ou autre officier de santé qui, pour favoriser un juré, certifiera faussement des maladies ou infirmités propres à le dispenser de ses fonctions, sera puni d'un emprisonnement d'une année au moins et de trois ans au plus. S'il y a été mû par dons ou promesses, la peine de l'emprisonnement sera d'une année au moins et de quatre ans au plus.

Dans les deux cas, le coupable pourra, en outre, être privé des droits mentionnés en l'art. 42 du C. P., pendant cinq ans au moins et dix ans au plus, à compter du jour où il aura subi sa peine.

Dans le deuxième cas, les corrupteurs seront frappés des mêmes condamnations que le médecin qui aura délivré le faux certificat (art. 150 et 160, C. P.).

où il sera sorti de l'urne douze noms de jurés non recusés (1).

Art. 400. — Les récusations que pourront faire l'accusé et le procureur général, s'arrêteront lorsqu'il ne restera que douze jurés.

Art. 401. — L'accusé et le procureur général pourront exercer un égal nombre de récusations; et cependant, si les jurés sont en nombre impair, les accusés pourront exercer une récusation de plus que le procureur général.

Art. 402. — S'il y a plusieurs accusés, ils pourront se concerter pour exercer leurs récusations ; ils pourront les exercer séparément.

Dans l'un et l'autre cas, ils ne pourront excéder le nombre de récusations déterminé, pour un seul accusé par les articles précédents.

Art. 403. — Si les accusés ne se concertent pas pour récuser, le sort règlera entre eux le rang dans lequel ils feront les récusations. Dans ce cas, les jurés récusés par un seul, et dans cet ordre, le seront pour tous, jusqu'à ce que le nombre des récusations soit épuisé.

Art. 404. — Les accusés pourront se concerter

---

(1) Même en matière de presse, la partie civile ne peut exercer le droit de récusation; ce droit appartient seulement au prévenu et au ministère public.

La formation du jury de jugement n'a pas lieu publiquement, afin de ne pas entraver la liberté des récusations.

pour exercer une partie des récusations, sauf à exercer le surplus suivant le rang fixé par le sort.

ART. 405. — L'examen de l'accusé commencera immédiatement après la formation du tableau (1).

ART. 406. — Si, par quelque événement, l'examen des accusés sur les délits ou sur quelques uns des délits compris dans l'acte ou dans les actes d'accusation, est renvoyé à la session suivante, il sera fait une autre liste; il sera procédé à de nouvelles récusations, et à la formation d'un nouveau tableau de douze jurés, d'après les règles prescrites ci-dessus, à peine de nullité (2).

---

(1) La Cour ayant pris séance, les jurés se placeront, dans l'ordre désigné par le sort, sur des siéges séparés du public, des parties et des témoins, en face de celui qui est destiné à l'accusé. (Art. 309 C. inst. crim.).

(2) Puisque l'art. 406 prescrit un nouveau tirage du jury sur une autre liste, il exclut virtuellement, et à peine de nullité, tout juré qui aurait déjà fait partie du jury lors des premiers débats interrompus. (Cass., 27 juillet 1866).

En sens contraire, cassation du 18 avril 1861.

Notre avis est que le juré qui a connu d'une affaire renvoyée à une session ultérieure, ne peut siéger lors de nouveaux débats, parce qu'il doit être présumé avoir déjà une certaine conviction; (voir note 2, page 75).

Indemnité de déplacement. — Aux termes des art. 35, 36, 91, 92, 93 et 95 du décret du 18 juin 1811, les jurés qui la requièrent, ont droit à une indemnité de déplacement lorsqu'ils ont été obligés de se transporter à plus de deux kilomètres de leur résidence actuelle. Il n'est rien alloué pour toute autre cause que ce soit, à raison de leurs fonctions.

Les officiers de justice doivent énoncer, dans les mandats qu'ils délivrent au profit des jurés, que la taxe a été requise.

L'indemnité de déplacement est fixée pour chaque myriamètre parcouru en allant et en revenant, à 2 fr. 50 cent.

Elle est réglée par myriamètre et demi-myriamètre, d'après un tableau des distances dressé par le préfet. Les fractions de huit ou neuf kilomètres sont comptées pour un myriamètre, et celles de trois à sept kilomètres pour un demi-myriamètre.

La réduction des kilomètres en myriamètres ne doit pas se faire isolément, d'abord sur les kilomètres parcourus en allant, puis sur les kilomètres parcourus en revenant, mais sur les kilomètres réunis, tant de l'aller que du retour. Ainsi lorsque le domicile du juré est éloigné d'un myriamètre 3 kilomètres, on doit compter en tout deux myriamètres et demi. — (Extrait de l'instruction ministérielle en date du 30 septembre 1826).

Lorsqu'un juré a été arrêté, dans le cours du voyage, par force majeure, il reçoit, une indemnité de deux francs, pour chaque jour de séjour forcé; mais dans ce cas, il est tenu de faire constater par le juge de paix ou ses suppléants, ou par le maire, ou à son défaut, par ses adjoints, la cause du séjour forcé en route, et d'en représenter le certificat à l'appui de sa demande en taxe.

Si le juré est entendu comme témoin, dans l'une des affaires de la session, il ne peut prétendre à une taxe en qualité de témoin. Le juré doit tout son temps à la justice et son déplacement se trouve déjà payé. (Dalloz, n° 1208; Morin, p. 143).

CHAPITRE VI

DE L'EXAMEN (1).

Art. 310. — L'accusé comparaîtra libre, et seulement accompagné de gardes pour l'empêcher de s'évader. Le président lui demandera son nom, ses prénoms, son âge, sa profession, sa demeure, et le lieu de sa naissance (2).

Art. 311. Le président avertira le conseil de l'accusé qu'il ne peut rien dire contre sa conscience ou contre le respect dû aux lois, et qu'il doit s'exprimer avec décence et modération.

____

(1) Extrait du titre II, chap. IV du C. d'inst. crim.

(2) Si au jour indiqué pour la comparution à l'audience, les prévenus ou quelques-uns d'entre eux refusent de comparaître, sommation d'obéir à justice leur sera faite au nom de la loi, par un huissier commis à cet effet par le président de la Cour d'assises, et assisté de la force publique. L'huissier dressera procès-verbal de la sommation et de la réponse du ou des prévenus.

Si les prévenus n'obtempèrent pas à la sommation, le président pourra ordonner qu'ils soient amenés par la force devant la Cour; il pourra également, après lecture faite à l'audience du procès-verbal constatant leur résistance, ordonner que, nonobstant leur absence, il soit passé outre aux débats. (Art. 8 et 9 de la loi du 9 septembre 1835.)

Art. 312. — Le président adressera aux jurés, debout et découverts, le discours suivant :

« Vous jurez et promettez devant Dieu et devant les hommes d'examiner avec l'attention la plus scrupuleuse les charges qui seront portées contre N., de ne trahir ni les intérêts de l'accusé, ni ceux de la société qui l'accuse; de ne communiquer avec personne jusqu'après votre déclaration (1); de n'écouter ni la haine ou la méchanceté, ni la crainte ou l'affection; de vous décider d'après les charges et les moyens de défense (2), suivant votre conscience et votre intime conviction, avec l'impartialité et la fermeté qui conviennent à un homme probe et libre. »

Chacun des jurés, appelé individuellement

---

(1) Cette défense de communiquer ne s'applique pas évidemment aux rapports des jurés de jugement entre eux; ils sont libres d'échanger leurs idées, de se dire leurs impressions.

Les jurés suppléants font partie du jury jusqu'au moment où les autres jurés se retirent dans leur chambre pour y délibérer sur les questions posées; on en conclut que les jurés titulaires peuvent communiquer avec les jurés suppléants.

Mais toute communication leur est interdite avec les jurés non tombés au sort ou récusés. Ceux-ci sont, en effet, à l'égard des jurés de jugement, des personnes étrangères aux débats.

(2) Les jurés ne pouvant se décider que *d'après les charges et les moyens de défense*, il va de soi qu'ils ne doivent arrêter leur opinion qu'une fois les débats terminés.

par le président, répondra, en levant la main :
Je le jure (1), à peine de nullité.

Art. 313. — Immédiatement après, le président avertira l'accusé d'être attentif à ce qu'il va entendre.

Il ordonnera au greffier de lire l'arrêt de la Cour d'appel portant renvoi à la Cour d'assises, et l'acte d'accusation.

Le greffier fera cette lecture à haute voix (1).

Art. 314. — Après cette lecture, le président

Pendant le cours des débats, chaque juré a pour premier devoir d'être attentif et de prendre garde de manifester la moindre opinion ou impression personnelle, soit sur le fait de l'accusation, soit sur les circonstances de ce fait, soit sur les incidents du procès.

Décidé, par exemple, que l'observation suivante d'un juré, au moment où l'accusé soutenait qu'il ne s'était jamais servi d'une arme à feu : « *Cependant, il n'a pas manqué sa victime,* » constitue une manifestation publique sur la culpabilité de l'accusé, de nature à rendre ce juré incapable de concourir au jugement. (Cass., 18 janvier 1855.)

(1) C'est une formule de rigueur ; chaque juré doit donc répondre « je le jure », termes sacramentels qui ne peuvent pas être remplacés par des mots équivalents.

Le serment étant tout à la fois un acte civil et religieux, chaque juré est libre néanmoins de prêter serment d'après la formule prescrite par sa religion.

La prestation de serment est exigée pour les jurés suppléants aussi bien que pour les jurés titulaires, lors même qu'aucun juré suppléant n'a pris part à la délibération et à la déclaration du jury. (Cass., 17 avril 1873).

Ajoutons que le serment doit être prêté publiquement, même dans le cas où les débats ont lieu à huis clos. (Cass., 12 décembre 1823).

(1) L'acte d'accusation exposera : 1° la nature du délit

rappellera à l'accusé ce qui est contenu en l'acte d'accusation, et lui dira : « Voilà de quoi vous êtes accusé; vous allez entendre les charges qui seront produites contre vous. »

Art. 315. — Le procureur général exposera le sujet de l'accusation; il présentera ensuite la liste des témoins qui devront être entendus, soit à sa requête, soit à la requête de la partie civile, soit à celle de l'accusé.

Cette liste sera lue à haute voix par le greffier.

Elle ne pourra contenir que les témoins dont les noms, profession et résidence auront été notifiés, vingt-quatre heures au moins avant l'examen de ces témoins, à l'accusé, par le pro-

---

qui forme la base de l'accusation; 2° le fait et toutes les circonstances qui peuvent aggraver ou diminuer la peine ; le prévenu y sera dénommé et clairement désigné.—L'acte d'accusation sera terminé par le résumé suivant : — *En conséquence, N... est accusé d'avoir commis tel meurtre, tel vol, ou tel autre crime avec telle ou telle circonstance.* (Art. 241 Inst. Cr.).

Dans le cas où les prévenus n'auront point comparu, il leur sera, après chaque audience, donné lecture par le greffier du procès-verbal des débats, et il leur sera signifié copie des réquisitoires du ministère public ainsi que des arrêts rendus par la Cour, lesquels seront tous réputés contradictoires.

La Cour pourra faire retirer de l'audience et reconduire en prison tout prévenu, qui par des clameurs ou par tout autre moyen propre à causer du tumulte, mettrait obstacle au libre cours de la justice; et il sera procédé aux débats et au jugement comme il vient d'être dit. (Art. 9 et 10 de la loi précitée, 9 septembre 1835; voir note 2, p. 83).

cureur général ou la partie civile, et au procureur général par l'accusé; sans préjudice de la faculté accordée au président par l'article 269 (1).

L'accusé et le procureur général pourront, en conséquence, s'opposer à l'audition d'un témoin qui n'aurait pas été indiqué ou qui n'aurait pas été clairement désigné dans l'acte de notification.

La Cour statuera de suite sur cette opposition.

ART. 316. — Le président ordonnera aux témoins de se retirer dans la chambre qui leur sera destinée. Ils n'en sortiront que pour déposer. Le président prendra des précautions, s'il en est besoin, pour empêcher les témoins de conférer entre eux du délit et de l'accusé, avant leur déposition.

ART. 317: — Les témoins déposeront séparément l'un de l'autre, dans l'ordre établi par le procureur général. Avant de déposer, ils prêteront, à peine de nullité, le serment de parler

----

(1) Texte de cet article : Le président pourra, dans le cours des débats, appeler, même par mandat d'amener, et entendre toutes personnes ou se faire apporter toutes nouvelles pièces qui lui paraîtraient, d'après les nouveaux développements donnés à l'audience, soit par les accusés, soit par les témoins, pouvoir répandre un jour utile sur le fait contesté. — Les témoins ainsi appelés ne prêteront pas serment, et leurs déclarations ne seront considérées que comme renseignements.

sans haine et sans crainte, de dire toute la vérité
et rien que la vérité.

Le président leur demandera leurs nom, prénoms, âge, profession, leur domicile ou résidence,
s'ils connaissaient l'accusé avant le fait mentionné dans l'acte d'accusation, s'ils sont parents
ou alliés, soit de l'accusé, soit de la partie civile,
et à quel degré ; il leur demandera encore s'ils
ne sont pas attachés au service de l'un ou de l'autre : cela fait, les témoins déposeront oralement.

Art. 318. — Le président fera tenir note,
par le greffier, des additions, changements ou
variations qui pourraient exister entre la déposition d'un témoin et ses précédentes déclarations.

Le procureur général et l'accusé pourront requérir le président de faire tenir les notes de ces
changements, additions et variations.

Art. 319. — Après chaque déposition, le président demandera au témoin si c'est de l'accusé
présent qu'il a entendu parler ; il demandera ensuite à l'accusé s'il veut répondre à ce qui vient
d'être dit contre lui.

Le témoin ne pourra être interrompu ; l'accusé
ou son conseil pourront le questionner par l'organe du président, après sa déposition, et dire,
tant contre lui que contre son témoignage, tout
ce qui pourra être utile à la défense de l'accusé.

Le président pourra également demander au témoin et à l'accusé, *tous les éclaircissements qu'il croira nécessaires à la manifestation de la vérité.*

Les juges, le procureur général *et les jurés auront la même faculté,* en demandant la parole au président (1).

La partie civile ne pourra faire de questions, soit au témoin, soit à l'accusé, que par l'organe du président.

Art. 320. — Chaque témoin, après sa déposition, restera dans l'auditoire, si le président n'en a ordonné autrement, jusqu'à ce que les jurés se soient retirés pour donner leur déclaration.

Art. 321. — Après l'audition des témoins pro-

---

(1) Décidé, en conséquence, que les jurés peuvent indiquer au président, pour être entendues, en vertu de son pouvoir discrétionnaire, les personnes dont ils espèrent obtenir les renseignements propres à éclairer leur religion.

Les jurés n'ont pas le droit d'interpeller directement les témoins ou l'accusé; lorsque les jurés ont besoin d'éclaircissements, *ils doivent toujours s'adresser au président,* leur intermédiaire légal, même auprès du ministère public et des membres composant la Cour!

Ce droit d'adresser des interpellations appartient également aux jurés suppléants. (Cass., 23 décembre 1826).

Les médecins, chirurgiens et autres officiers de santé, ainsi que les pharmaciens, les sages-femmes et toutes autres personnes dépositaires, par état ou profession, des secrets qu'on leur confie, ne sont pas tenus de les révéler. L'art. 378 du Code pénal déclare même qu'en cas de révélation, les personnes ci-dessus pourront être punies d'un emprisonnement d'un mois à six mois, et d'une amende de cent francs à cinq cents francs.

duits par le procureur général et par la partie civile, l'accusé fera entendre ceux dont il aura notifié la liste, soit sur les faits mentionnés dans l'acte d'accusation, soit pour attester qu'il est homme d'honneur, de probité, et d'une conduite irréprochable.

Les citations faites à la requête des accusés seront à leurs frais, ainsi que les salaires des témoins cités, s'ils en requièrent, sauf au procureur général à faire citer à sa requête les témoins qui lui seront indiqués par l'accusé, dans le cas où il jugerait que leur déclaration peut être utile pour la découverte de la vérité.

ART. 322. — Ne pourront être reçues les dépositions :

1° Du père, de la mère, de l'aïeul, de l'aïeule, ou de tout autre ascendant de l'accusé ou de l'un des accusés présents et soumis au même débat;

2° Du fils, fille, petit-fils, petite-fille, ou de tout autre descendant;

3° Des frères et sœurs;

4° Des alliés aux mêmes degrés;

5° Du mari et de la femme même après le divorce prononcé (1);

------

(1) Une loi du 8 mai 1816 a aboli le divorce en France; mais d'autres nations policées possèdent cette institution inconciliable avec le catholicisme et malheureusement dépréciée chez nous comme les meilleures choses, c'est-à-dire par l'abus.

6° Des dénonciateurs dont la dénonciation est récompensée pécuniairement par la loi ;

Sans néanmoins que l'audition des personnes ci-dessus désignées puisse opérer une nullité, lorsque, soit le procureur général, soit la partie civile, soit les accusés, ne se sont pas opposés à ce qu'elles soient entendues.

Art. 323. — Les dénonciateurs autres que ceux récompensés pécuniairement par la loi, pourront être entendus en témoignage ; mais le jury sera averti de leur qualité de dénonciateurs.

Art. 324. — Les témoins produits par le procureur général ou par l'accusé seront entendus dans le débat, même lorsqu'ils n'auraient pas préalablement déposé par écrit, lorsqu'ils n'auraient reçu aucune assignation, pourvu, dans tous les cas, que ces témoins soient portés sur la liste mentionnée dans l'article 315.

Art. 325. — Les témoins, par quelque partie qu'ils soient produits, ne pourront jamais s'interpeller entre eux.

Art. 326. — L'accusé pourra demander, après qu'ils auront déposé, que ceux qu'il désignera se retirent de l'auditoire, et qu'un ou plusieurs d'entre eux soient introduits et entendus de nouveau, soit séparément, soit en présence les uns des autres.

Le procureur général aura la même faculté.

Le président pourra aussi l'ordonner d'office.

Art. 327. — Le président pourra, avant, pendant ou après l'audition d'un témoin, faire retirer un ou plusieurs accusés, et les examiner séparément sur quelques circonstances du procès ; mais il aura soin de ne reprendre la suite des débats généraux qu'après avoir instruit chaque accusé de ce qui se sera fait en son absence, et de ce qui en sera résulté.

Art. 328. — Pendant l'examen, les jurés, le procureur général et les juges pourront prendre note de ce qui leur paraîtra important, soit dans les dépositions des témoins, soit dans la défense de l'accusé, pourvu que la discussion n'en soit pas interrompue.

Art. 329. — Dans le cours ou à la suite des dépositions, le président fera représenter à l'accusé toutes les pièces relatives au délit et pouvant servir à conviction ; il l'interpellera de répondre personnellement s'il les reconnaît : le président les fera aussi représenter aux témoins, s'il y a lieu.

Art. 330. — Si, d'après les débats, la déposition d'un témoin parait fausse, le président pourra, sur la réquisition, soit de la partie civile, soit de l'accusé, et même d'office, faire sur-le-champ, mettre le témoin en état d'arrestation. Le procureur général, et le président ou l'un des juges par lui commis, rempliront à son égard, le premier, les fonctions d'officier de police judiciaire; le second, les fonctions attribuées aux juges d'instruction dans les autres cas.

Les pièces d'instruction seront ensuite transmises à la Cour d'appel pour y être statué sur la mise en accusation.

Art. 331. — Dans le cas de l'article précédent, le procureur général, la partie civile ou l'accusé, pourront immédiatement requérir, et la Cour ordonner, même d'office, le renvoi de l'affaire à la prochaine session.

Art. 332. — Dans le cas où l'accusé, les témoins, ou l'un d'eux, ne parleraient pas la même langue ou le même idiôme, le président nommera d'office, à peine de nullité, un interprète âgé de vingt et un ans au moins, et lui fera, sous la même peine, prêter serment de traduire fidèlement les discours à transmettre entre ceux qui parlent des langages différents.

L'accusé et le procureur général pourront récuser l'interprète, en motivant leur récusation.

La Cour prononcera.

L'interprète ne pourra, à peine de nullité, même du consentement de l'accusé ni du procureur général, être pris parmi les témoins, les juges et les jurés.

ART. 333. — Si l'accusé est sourd-muet et ne sait pas écrire, le président nommera d'office pour son interprète la personne qui aura le plus d'habitude de converser avec lui.

Il en sera de même à l'égard du témoin sourd-muet.

Le surplus des dispositions du précédent article sera exécuté.

Dans le cas où le sourd-muet saurait écrire, le greffier écrira les questions et observations qui lui seront faites; elles seront remises à l'accusé ou au témoin, qui donneront par écrit leurs réponses ou déclarations. Il sera fait lecture du tout par le greffier.

ART. 334. — Le président déterminera celui des accusés qui devra être soumis le premier aux débats, en commençant par le principal accusé, s'il y en a un.

Il se fera ensuite un débat particulier sur chacun des autres accusés.

ART. 335. — A la suite des dépositions des témoins, et des dires respectifs auxquels elles auront donné lieu, la partie civile ou son conseil et le procureur général seront entendus, et développeront les moyens qui appuient l'accusation.

L'accusé et son conseil pourront leur répondre.

La réplique sera permise à la partie civile et au procureur général; mais l'accusé ou son conseil auront toujours la parole les derniers.

Le président déclarera ensuite que les débats sont terminés.

Art. 336. — Le président résumera l'affaire.

Il fera remarquer aux jurés les principales preuves pour ou contre l'accusé.

Il leur rappellera les fonctions qu'ils auront à remplir.

Il posera les questions ainsi qu'il sera dit ci-après.

Art. 337. — La question résultant de l'acte d'accusation sera posée en ces termes :

« L'accusé est-il *coupable* (1) d'avoir commis tel meurtre, tel vol ou tel autre crime, avec toutes les circonstances comprises dans le résumé de l'acte d'accusation. »

Art. 338. — S'il résulte des débats une ou plusieurs circonstances aggravantes, non men-

---

(1) Le mot *coupable* est une expression complexe qui déclare *tout à la fois* que : 1° le fait relevé par l'accusation est constant et a le caractère d'un crime; 2° que l'accusé en est l'auteur; et 3° *qu'il l'a commis volontairement avec une intention criminelle* (Cass., 6 mars 1812).

En conséquence, si un seul des trois points ci-dessus n'est pas avéré, l'accusé devra être déclaré *non coupable.*

tionnées dans l'acte d'accusation, le président ajoutera la question suivante :

« L'accusé a-t-il commis le crime avec telle ou telle circonstance (1) ?

Art. 339. — Lorsque l'accusé aura proposé pour excuse un fait admis comme tel par la loi, le président devra, à peine de nullité, poser la question ainsi qu'il suit :

« Tel fait est-il constant (2) ? »

Art. 340. — Si l'accusé a moins de seize ans, le président posera, à peine de nullité, cette question :

« L'accusé a-t-il agi avec discernement? (3) »

Art. 341. — En toute matière criminelle,

______

(1) Par une raison d'équité, l'art. 338 est applicable aux circonstances qui atténuent. (Cass., 3 juin 1826). Ainsi, dans une accusation d'homicide, le président peut poser comme résultant des débats, des questions subsidiaires sur l'imprudence et la négligence de l'accusé. (Cass., 20 août 1825; Nouguier, *de la Cour d'assises*, n° 2776).

Comme il est de principe que l'accusé ne peut être jugé qu'après avoir été mis en demeure de se défendre, on décide que les questions résultant des débats qui sont soumises au jury, doivent, au préalable et à peine de nullité, être portées à la connaissance de l'accusé.(Cass.,3 juin 1869).

(2) Les questions posées conformément aux art. 338 et 339 s'appellent *subsidiaires* ou *résultant des débats*; elles ne peuvent être résolues affirmativement qu'autant que la première l'a été négativement. Dans ce cas, toute question subsidiaire devient fait principal. — V. p. 100 et 108.

(3) On doit assimiler aux excuses admises comme telles par la loi, les cas où la loi pénale a affranchi de peine les

même en cas de récidive, le président, après
avoir posé les questions résultant de l'acte
d'accusation et des débats, avertit le jury, à
peine de nullité, que s'il pense, à la majorité
qu'il existe, en faveur d'un ou de plusieurs accusés reconnus coupables, des circonstances atténuantes, il doit en faire la déclaration en ces
termes : « A la majorité, il y a des circonstances
atténuantes en faveur de l'accusé (1). Ensuite le
président remet les questions écrites aux jurés,
dans la personne du chef du jury ; il y joint l'acte

---

personnes qui ont pris part à des faits criminels. (Cass.,
22 juillet 1847 et 21 septembre 1857).

Les excuses *absolutoires* se trouvent prévues par les
art. 108, 114, 116, 135 § 1er, 133, 190, 213 et 247 du Code
pénal; voir notre chap. IX.

(1) Les peines prononcées par la loi contre celui ou
ceux des accusés reconnus coupables, en faveur de qui le
jury aura déclaré les circonstances atténuantes, seront
modifiées ainsi qu'il suit : — Si la peine prononcée par la
loi est la mort, la Cour appliquera la peine des travaux
forcés à perpétuité ou celle des travaux forcés à temps. —
Si la peine est celle des travaux forcés à perpétuité, la
Cour appliquera la peine des travaux forcés à temps ou
celle de la réclusion. — Si la peine est celle de la déportation dans une enceinte fortifiée, la Cour appliquera celle
de la déportation simple ou celle de la détention; mais
dans les cas prévus par les art. 96 et 97 (v. chap. IX, p. 125)
la peine de la déportation simple sera seule appliquée. — Si
la peine est celle de la déportation, la Cour appliquera la peine
de la détention ou celle du bannissement. — Si la peine est
celle des travaux forcés à temps, la Cour appliquera la peine
de la réclusion ou les dispositions de l'art. 401, sans toutefois
pouvoir réduire la durée de l'emprisonnement au-dessous

BIBLIOTHÈQUE NATIONALE
R. F.

d'accusation, les procès-verbaux qui constatent les délits et les pièces du procès autres que les déclarations écrites des témoins.

Le président avertit le jury que tout vote doit avoir lieu au scrutin secret.

Il fait retirer l'accusé de l'auditoire.

ART. 342. — Les questions étant posées et remises aux jurés, ils se rendront dans leur chambre pour y délibérer.

Leur chef sera le premier juré sorti par le sort, ou celui qui sera désigné par eux et du consentement de ce dernier (1).

---

de deux ans. — Si la peine est celle de la réclusion, de la détention, du bannissement ou de la dégradation civique, la Cour appliquera les dispositions de l'art. 401, sans toutefois pouvoir réduire la durée de l'emprisonnement au-dessous d'un an. — Dans le cas où le Code prononce le *maximum* d'une peine afflictive, s'il existe des circonstances atténuantes, la Cour appliquera le *minimum* de la peine, ou même la peine inférieure. (Extrait de l'art. 463 C. P.).

Peines de l'art. 401 : Emprisonnement d'un an à cinq ans; — Amende facultative, de seize francs à cinq cents francs; — Interdiction facultative des droits civiques, civils ou de famille, de cinq ans à dix ans; — Mise en surveillance facultative, de cinq ans à dix ans.

(1) Le changement de chef peut avoir lieu soit avant la prestation du serment, soit au moment où les jurés entrent dans leur chambre des délibérations, soit même après le dépouillement des scrutins pour lire, à l'audience, la déclaration du jury.

Ce remplacement n'est soumis à aucune formalité. Il y a présomption que celui qui a signé et lu la déclaration, en présence des autres jurés, a été délégué d'une manière régulière. (Cass. 23 février 1852).

Avant de commencer la délibération, le chef des jurés leur fera lecture de l'instruction suivante, qui sera, en outre, affichée en gros caractères dans le lieu le plus apparent de leur chambre:

« *La loi ne demande pas compte aux jurés des moyens par lesquels ils se sont convaincus;*

Si le chef n'est pas le même que celui indiqué par le sort, nous conseillons cependant de le mentionner. Il suffit, pour cela, de faire précéder la signature de simples mots : « *Le chef du jury nommé par ses collègues* » ou de cette formule : « *Le chef du jury désigné par ses collègues et de son consentement* », ou bien encore, de faire suivre la signature de la formule suivante : « *Remplaçant le premier juré sorti par le sort sur la désignation des autres jurés et de mon consentement.* »

Il n'y a pas de termes sacramentels à cet égard.

L'assentiment du juré remplacé n'est pas nécessaire : ces mots de l'art. 342 « du consentement de ce dernier » ne s'appliquent en effet qu'à l'assentiment de celui auquel la délégation est offerte (Cass., 8 juin 1849; Ch. Nouguier, *de la Cour d'assises*, t. IV, p. 500).

Ce jurisconsulte, des plus autorisés en pareille matière, a fort bien démontré (*loc. cit.*) quel est le véritable esprit de l'art. 342 :

« Il peut se faire, dit-il, que le premier juré sorti par le sort ne paraisse pas à ses collègues réunir les qualités requises pour l'exercice de ces fonctions qui ne laissent pas que d'exiger une certaine pratique des affaires. La majorité du jury est donc investie du droit de substituer un autre choix à celui que le hasard avait indiqué, et de désigner le juré qui deviendra le chef du jury. » En ce sens, Faustin-Hélie, t. VII, p. 307; Ch. Berriat Saint-Prix, n° 125. — Tout en admettant que l'assentiment du juré remplacé n'est pas indispensable, certains auteurs, entre autres M. le conseiller Morin, p. 113, se contredisent, selon nous, en enseignant ensuite que la substitution doit s'opérer non pas à la majorité, mais à l'unanimité. Nous repoussons éga-

*elle ne leur prescrit point de règles desquelles
ils doivent faire particulièrement dépendre la
plénitude et la suffisance d'une preuve; elle
leur prescrit de s'interroger eux-mêmes dans
le silence et le recueillement, et de chercher,
dans la sincérité de leur conscience, quelle im-*

---

lement la doctrine de M. Gaston Ganja conseiller à la Cour
d'Agen, lequel (n° 44) veut le consentement du juré indiqué
par le sort

Ce n'est qu'après le résumé du président que commen-
cent les fonctions du chef des jurés; jusque là, il n'a pas
d'autres attributions que celles de ses collègues.

Nous savons déjà qu'aux termes de l'art. 341, c'est au
chef du jury que le président, ayant terminé son résumé,
remet les questions écrites, les procès-verbaux qui constatent les délits, et les pièces du procès, autres que les
déclarations écrites des témoins.

Les jurés se retirent alors dans leur chambre des délibérations.

Le chef du jury fait, avant tout, lecture de l'instruction
contenue dans l'art. 342.

Puis, il lit successivement chacune des questions.

Le jury devra répondre à *toutes les questions* d'une
manière affirmative ou négative.

Cette règle souffre les deux exceptions suivantes :

1° Si la question principale se trouve résolue en faveur
de l'accusé, le jury n'a point à se préoccuper des questions
relatives aux circonstances aggravantes; l'accessoire suit,
dans ce cas, forcément le sort du principal.

2° L'autre exception a lieu lorsqu'il s'agit d'une question subsidiaire, qui n'est déférée au jury que pour le cas
éventuel où la question principale serait résolue négativement. (Morin, p. 128; Cass., 4 janvier 1849 et 1er oct. 1853).

Le chef du jury préside et dirige la discussion qui précède chaque vote.

Il doit distribuer les bulletins *ouverts*, les recueillir *fer-*

pression ont faite sur leur raison les preuves, rapportées contre l'accusé, et les moyens de sa défense. La loi ne leur dit point : « Vous tien- « drez pour vrai tout fait attesté par tel ou tel « nombre de témoins ; » elle ne leur dit pas non plus : « Vous ne regarderez pas comme suffi-

més et les déposer lui-même, en présence des jurés, dans l'urne ou boîte destinée à cet usage.

C'est lui qui dépouille chaque scrutin en présence également des autres jurés et qui consigne sur-le-champ le résultat à la suite ou en marge de la question résolue, sans néanmoins exprimer le nombre des suffrages.

Ce résultat s'indique par les mots « oui, » ou « non » s'il est favorable à l'accusé, et, dans le cas contraire, par l'expression « oui à la majorité » ou « non à la majorité. »

Les jurés délibèrent et votent en premier lieu sur le fait principal, puis successivement sur les autres questions.

Lorsque le résultat du scrutin est défavorable à l'accusé, le chef du jury soumet la question des circonstances atténuantes.

Cette question doit être posée lors même que le jury aurait décidé que l'accusé, âgé de moins de seize ans et déclaré coupable, a agi avec discernement (Cass., 27 mai 1832 ; Faustin-Hélie, t. VIII, p. 180). On verra l'intérêt que comporte la question ci-dessus, p. 111, art. 66.

S'il y a plusieurs accusés, le chef du jury devra non-seulement faire délibérer et voter séparément sur les circonstances atténuantes par autant de scrutins qu'il y a d'accusés ; mais, en cas de réponse affirmative, il aura soin de ne pas se borner à consigner et à déclarer, d'une manière générale : « A la majorité, il y a des circonstances atténuantes en faveur des accusés ; » il faut, à peine de nullité, une déclaration distincte pour chacun des accusés (Cass., 7 avril 1849)

Les accusés en faveur desquels des circonstances atténuantes ont été accordées collectivement, au lieu de l'être par bulletins propres à chacun d'eux, sont non-recevables

« *samment établie toute preuve qui ne sera pas*
« *formée de tel procès-verbal, de telles pièces,*
« *de tant de témoins ou de tant d'indices :* »
elle ne leur fait que cette seule question, qui
renferme toute la mesure de leurs devoirs :
« *Avez-vous une intime conviction?* »

---

a attaquer la déclaration du jury, parce qu'elle leur a été
favorable; cette déclaration peut seulement être annulée
dans l'intérêt de la loi (Cass., 11 janvier et 15 février 1850;
Dalloz, *jurisprudence générale*, même année).

Le jury commet un excès de pouvoir, lorsqu'il se pose
à lui-même, d'office, et résout une question qui ne lui a
pas été déférée. Cette partie de la déclaration du jury doit
être considérée comme nulle et non avenue. (Cass., 27 septembre 1827).

La réponse doit être négative ou affirmative, enseigne
dans son remarquable traité *de l'Instruction Criminelle*,
M. Faustin-Hélie, président honoraire à la Cour de Cassation, t. VIII, n° 3752; elle ne peut diviser les éléments contenus dans chaque question et distinguer entre eux. Elle
ne doit pas dire, par exemple, sur une question de meurtre : « Oui, l'accusé est coupable, mais par ignorance »
(Cass., 14 juillet 1831, *Journal du Palais*, t. XXIV, p. 38,
voir aussi les termes de l'art. 2.6 du Code pénal, p. 181,
de notre *Manuel*); ou bien encore : « Oui, l'accusé est
coupable, mais par imprudence » (Cass., 9 septembre 1826).
Si le jury croit à l'ignorance ou l'imprudence de l'accusé,
il doit répondre négativement d'une manière pure et
simple, car il n'y a plus de culpabilité. (Voir p. 95., la définition du mot coupable).

Empressons-nous de noter, avec M. Faustin-Hélie, qu'il
existe cependant deux cas où les jurés peuvent diviser la
question qui leur est posée.

« C'est, en premier lieu, lorsque cette question comprend plusieurs faits de même nature et que quelques-
uns de ces faits soulèvent des doutes dans l'esprit des
jurés. » (*Loc. cit.*)

Ce qu'il est bien essentiel de ne pas perdre de vue, c'est que toute la délibération du jury porte sur l'acte d'accusation; c'est aux faits qui le constituent et qui en dépendent, qu'ils doivent uniquement s'attacher; et ils manquent à leur premier devoir, lorsque, pensant aux

---

Suit une espèce à titre d'exemple :

Interrogé, *par une seule question,* sur le point de décider si l'accusé était coupable d'avoir soustrait frauduleusement une somme d'argent, des bijoux, des effets d'habillement, le jury avait répondu : « Oui, à la majorité, *excepté, en ce qui concerne l'argent.* » Le pourvoi a été rejeté, « attendu que, si la loi du 13 mai 1836 impose au jury l'obligation de répondre par *oui* ou par *non* sur chacune des questions qui lui sont soumises, l'application de cette règle ne peut raisonnablement être poussée jusqu'à cette extrême rigueur qui mette les jurés dans l'impossibilité de faire une réponse exacte et sincère, et les contraigne fatalement, par la forme imposée à leur déclaration, à manquer de vérité, soit en répondant affirmativement sur l'ensemble, lorsque le vol ne leur semblerait prouvé que pour partie, soit en répondant négativement sur le tout, quoique le vol leur paraisse démontré pour plusieurs des objets énumérés; que, si la discussion à laquelle le jury a le droit de se livrer avant le vote, révèle la probabilité d'un pareil embarras, cette loi, sainement entendue, ne fait point obstacle à ce que le chef du jury fasse voter par des scrutins distincts sur les diverses catégories d'objets volés, ou à ce que chaque juré, à la suite du mot *oui,* énonce les objets qu'il excepte de son affirmation. »(Cass., 11 août 1853).

Un autre arrêt de la Cour suprême en date du 26 avril 1855 indique que le second cas où le jury peut encore diviser la question, se rencontre dans les crimes qualifiés *sui generis* par la jurisprudence, à l'égard desquels celle-ci a confondu les circonstances aggravantes avec les circonstances constitutives. (Faustin-Hélie, *loc. cit.*).

dispositions des lois pénales, ils considèrent les suites que pourra avoir, par rapport à l'accusé, la déclaration qu'ils ont à faire. Leur mission n'a pas pour objet la poursuite ni la

---

Voici, en deux mots, l'espèce qui a fait l'objet de l'arrêt du 26 avril 1855 :

Sur la question suivante : — « L'accusé N..., est-il coupable d'avoir fabriqué ou fait fabriquer frauduleusement un billet à son ordre, et d'y avoir apposé ou fait apposer la signature de V..., lequel est commerçant » — le jury, décomposant la question, avait répondu : « Oui, à la majorité, mais V... *n'est pas commerçant;* » de sorte que le crime s'est trouvé réduit à celui de faux en écriture privée.

Le pourvoi a également été rejeté, « attendu qu'avant de voter sur les questions qui sont posées, le jury a le droit de discuter les éléments constitutifs des crimes compris dans ces questions; que s'il pense qu'un de ces éléments n'est pas établi en fait, il est de son devoir de l'exprimer; que l'obligation qui lui est imposée par l'art. 2 de la loi de 1836 de répondre par oui ou par *non* n'est pas inconciliable avec l'exercice de ce droit; que le jury répond régulièrement à la question qui lui est soumise, lorsque sa réponse est explicite sur l'ensemble ou sur les parties essentielles de cette question, et lorsque la négation par lui faite de l'un de ces éléments ne dénature pas l'accusation et *n'en retranche qu'une des circonstances qui n'enlève pas au fait principal son caractère délictueux;* que, dans l'espèce, le jury s'est expliqué régulièrement sur tous les éléments du faux imputé à l'accusé, en écartant seulement la circonstance qui aurait donné à ce faux un caractère comportant une aggravation de la peine; que sa déclaration ne porte sur aucun fait étranger à l'accusation, et renferme la solution de tous les points qui lui étaient soumis; qu'obliger le jury à répondre autrement, serait faire violence à sa conscience et assurer l'impunité des crimes prévus par la loi, et qui rentrent dans l'accusation dont la Cour d'assises a été saisie. » (Sirey, *recueil des lois et arrêts,* année 1855).

punition des délits; ils ne sont appelés que pour décider si l'accusé est, ou non, coupable du crime qu'on lui impute (1). »

ART. 343. — Les jurés ne pourront sortir de leur chambre qu'après avoir formé leur délibération.

L'entrée n'en pourra être permise pendant leur délibération, pour quelque cause que ce soit, que par le président et par écrit.

Le président est tenu de donner au chef de la gendarmerie de service l'ordre spécial et par écrit de faire garder les issues de leur chambre : ce chef sera dénommé et qualifié dans l'ordre.

La Cour pourra punir le juré contrevenant, d'une amende de cinq cents francs au plus.

Tout autre qui aura enfreint l'ordre, ou celui

---

(1) L'art. 342 forme un résumé très-remarquable des principaux devoirs des jurés. Une proclamation de Louis XVI en date du 15 janvier 1792, citée dans notre *Historique du Jury*, p. 2, donnait un aperçu non moins intéressant de leurs devoirs et de l'importance de leur mission. Lisez plutôt ces quelques lignes : « Les intérêts de la société, les droits de l'humanité, sont remis entre vos mains, jurés : vous vous rendez coupables envers l'une, si vous écoutez une molle indulgence; vous offensez l'autre, si vous outrez la sévérité légale. Votre conscience, voilà votre guide; la justice, votre règle; l'impartialité, votre devoir. Oter au crime l'espoir de l'impunité, soustraire l'innocence à la crainte de l'oppression ou de l'erreur des tribunaux, et le juge à l'empire de sa volonté propre; telle est la perfection du système des lois criminelles, tel est l'objet des fonctions augustes qui vous sont confiées. »

qui ne l'aura pas fait exécuter, pourra être puni d'un emprisonnement de vingt-quatre heures (1).

ART. 344. — Les jurés délibéreront sur le fait principal, et ensuite sur chacune des circonstances.

ART. 345. — Le chef du jury lira successivement chacune des questions posées comme il est dit en l'article 336, et le vote aura lieu ensuite au scrutin *secret* (2), tant sur le fait principal et les circonstances aggravantes que sur l'existence des circonstances atténuantes.

Loi du 13 mai 1836, sur le mode de vote du jury au scrutin secret :

ART. 1er. — Le jury votera par bulletins écrits

______

(1) En cas d'oubli de notes, d'indisposition ou besoin d'aliments, etc., le chef du jury fait prévenir le président, qui donne les ordres nécessaires.

(2) Ce qui n'empêche pas que le vote puisse être précédé d'une discussion ouverte entre les jurés, car aux termes de l'art. 5 (encore en vigueur) du décret du 6 mars 1811, la discussion dans le sein de l'assemblée du jury est de droit.

Les travaux préparatoires de la loi du 13 mai 1836 ne laissaient, au surplus, aucun doute sur la faculté qu'ont les jurés de discuter ou de délibérer ensemble avant de voter.

Un amendement proposé pour faire précéder l'art. 1er de l'addition suivante : « *Après la discussion prescrite par l'art. 342 du Code d'instruction criminelle* » a été repoussé comme inutile (*Moniteur* des 22 et 29 mars 1835).

Le texte même de l'art. 342 était déjà assez explicite; en effet, cet article porte que : les questions étant posées et remises au jurés, ils se rendront dans leur chambre pour ; délibérer. »

et par scrutins distincts et successifs, sur le fait principal d'abord, et, s'il y a lieu, sur chacune des circonstances aggravantes, sur chacun des faits d'excuse légale, sur la question de discernement, et enfin sur la question des circonstances atténuantes, que le chef du jury sera tenu de poser toutes les fois que la culpabilité de l'accusé aura été reconnue (1).

ART. 2. — A cet effet, chacun des jurés, appelé par le chef du jury, recevra de lui un bulletin ouvert, marqué du timbre de la Cour d'assises et portant ces mots : *Sur mon honneur et ma conscience, ma déclaration est...*

Il écrira à la suite, ou fera écrire secrètement par un juré de son choix, le mot *oui* ou le mot *non,* sur une table disposée de manière à ce que personne ne puisse voir le vote inscrit au bulletin. Il remettra le bulletin écrit et fermé au chef du jury, qui le déposera dans une boîte destinée à cet usage.

ART. 3. — *(Tel qu'il a été modifié par la loi du 9 juin 1853).* Le chef du jury dépouille

____

(1) Il résulte virtuellement des termes de cet article que le jury doit être interrogé distinctement et successivement sur chacun des faits reprochés à l'accusé ; et que toute question complexe est nulle. (Cass., 10 avril 1873 et 2 janvier 1874; Dalloz, année 1875).

chaque scrutin en présence des jurés qui peuvent vérifier les bulletins.

Il constate, sur-le-champ, le résultat du vote en marge ou à la suite de la question résolue (1).

La déclaration du jury, en ce qui concerne les circonstances atténuantes, n'est exprimée que si le résultat du scrutin est affirmatif.

ART. 4. — S'il arrivait que dans le nombre des bulletins, il s'en trouvât sur lesquels aucun vote ne fut exprimé, ils seraient comptés comme portant une réponse favorable à l'accusé (2). Il en serait de même de bulletins que six jurés au moins auraient déclaré illisibles (3).

---

(1) Si le résultat du scrutin ne donne sur le fait principal, que six voix ou moins pour la culpabilité; en d'autres termes, si le fait principal se trouve écarté par un *non*, il n'y a pas lieu évidemment de voter sur les circonstances aggravantes ni sur chacun des faits d'excuse légale, sur la question de discernement, ni enfin sur la question des circonstances atténuantes.

On passe immédiatement aux autres chefs d'accusation, s'il y en a plusieurs.

Les questions *subsidiaires* ou *résultant des débats* (voir art. 338 et 339, p. 95) ne sont examinées qu'en cas de réponse négative sur les questions principales.

(2) Lorsqu'un juré s'abstient d'exprimer son vote, il se déclare hors d'état de rien affirmer sur la question soumise à son examen, et dans tous les cas où il s'agit d'une réponse défavorable, la loi ne peut se contenter d'un simple doute pour former les éléments de la conviction qu'elle demande.

(3) D'après ce principe que le doute doit toujours être interprété en faveur de l'accusé.

Est donc tout à la fois regrettable et des plus dangereuses, la doctrine suivante professée par plusieurs magistrats, organes du ministère public ou présidents d'assises : « ... Une fois la culpabilité établie, il faut également sept votes CERTAINS pour l'affirmation des circonstances atténuantes. »

Il suffit, en effet, de sept bulletins mêmes blancs ou déclarés illi-

Art. 5. — Immédiatement après le dépouillement de chaque scrutin, les bulletins seront brûlés en présence du jury.

Art. 6. — La présente loi sera affichée, en gros caractères, dans la chambre des délibérations du jury.

Art. 346 C. instr. crim. — Il sera procédé de même et au scrutin secret, sur les questions qui seraient posées dans les cas prévus par les articles 339 et 340.

Art. 347. — La décision du jury *tant contre l'accusé que sur les circonstances atténuantes,* se forme à la majorité. La déclaration du jury constate cette majorité, sans que le nombre des voix puisse y être exprimé, *le tout à peine de nullité* (1).

---

sibles par six jurés! Les termes généraux de l'art. 4 sus-énoncés ne souffrent aucune exception. Cet article est évidemment applicable aux circonstances atténuantes.

Feu Ch. Berriat Saint-Prix, conseiller à la Cour de Paris et son honorable fils, ex-procureur de la République à Sainte-Menehould, ont aussi commis cette erreur très-grave : « ... Aucun de ces bul-« letins douteux, disent-ils dans leur *Manuel du juré,* (5e édit., « n° 224), ne peut être compté pour les circonstances atténuantes, « toute favorable que soit cette décision; les oui, lisibles, sont « seuls admis. »

Et à ce que personne n'en ignore désormais, nous prions instamment MM. les jurés de prévenir leurs collègues et de consulter, au besoin, les travaux préparatoires de la loi du 13 mai 1836, au *Moniteur officiel* de l'époque; ou Duvergier, *collection des lois,* t. 36, p. 71; Dalloz, *instruction criminelle,* p. 737. Voir en outre, à la fin de notre *Code manuel,* le *Résumé synoptique* de ce que doit savoir un juré.

(1) Hormis le cas de vote sur les circonstances atté-

ART. 348. — Les jurés rentreront ensuite dans l'auditoire, et reprendront leur place.

Le président leur demandera quel est le résultat de leur délibération.

Le chef du jury se lèvera, et, la main placée sur son cœur, il dira : « Sur mon honneur et ma

---

nuantes, s'il y a égalité de voix, c'est l'avis favorable à l'accusé qui doit prévaloir. Ainsi, le résultat du scrutin donnant six voix pour la condamnation et six voix pour l'acquittement, doit être suivi d'une déclaration de non culpabilité.

En ce cas, le chef du jury ne mentionne pas qu'il y a partage; il porte : *non*, comme si la majorité avait voté l'acquittement. - Faisons cette autre remarque :

La peine de nullité de l'article 347 est seulement applicable aux décisions qui se forment *contre* l'accusé et aux déclarations de circonstances atténuantes.

Par suite, lorsque le jury répond *non* aux questions de culpabilité sur le fait principal et sur les circonstances aggravantes, quand il répond *oui* sur la question d'excuse légale, et *non* sur la question de discernement, comme ce sont des décisions favorables à l'accusé, la déclaration du jury ne doit jamais constater qu'elles ont été prises à la majorité, mais la mention du nombre de voix ne rendrait pas nulle la réponse du jury. — Voir p. 126, art. 409.

Disons, pour nous résumer, qu'il résulte surabondamment du texte de l'art. 347 et des observations ci-dessus, que les réponses du jury CONTRE l'accusé devront toujours, à peine de nullité, être exprimées de la manière ci-après, sur le fait :

1° Principal et les circonstances aggravantes,

« *Oui, à la majorité.* »

2° D'excuse,

« *Non, à la majorité.* »

3° De discernement,

« *Oui, à la majorité.* »

L'obligation de mentionner, à peine de nullité que la

conscience, devant Dieu et devant les hommes, la déclaration du jury est : « Oui, l'accusé, etc. Non, l'accusé, etc.

Art. 349. — La déclaration du jury sera si-

---

réponse du jury a été prise « *à la majorité*, » s'applique, sans exception, à toute réponse qui constitue une décision contre l'accusé.

Conséquemment est nulle, la déclaration *affirmative* du jury qui énonce qu'elle a été rendue « à l'unanimité » (Cass., 14 février 1861); se trouve entaché d'une double nullité, le verdict du jury qui énonce sur la question principale, à quel nombre de voix la culpabilité est admise, et qui n'exprime pas, sur les circonstances aggravantes, que la réponse affirmative a été rendue « à la majorité » (Cass., 21 novembre 1872).

Aux termes d'un arrêt plus récent (13 mars 1874), la Cour de cassation a de nouveau décidé que la déclaration du jury préjudiciable à l'accusé doit, à peine de nullité, énoncer qu'elle a été prise « à la majorité. »

N'oublions pas que le jury ne parle des circonstances atténuantes que si le bénéfice en a été accordé, et que dans le cas où le résultat du scrutin donne, sur ce point, sept voix ou plus pour l'affirmative, le chef du jury doit écrire textuellement sur la feuille de déclaration : « *Oui, à la majorité, il y a des circonstances atténuantes en faveur de ...* »

Rappelons-nous aussi que la même formule ne peut comprendre plusieurs accusés; qu'il faut une réponse spéciale pour chacun de ceux à qui le jury a accordé des circonstances atténuantes.

S'il existe plus d'un fait incriminé et que la majorité des jurés ait entendu n'appliquer le bénéfice des circonstances atténuantes qu'à raison de tel ou tel fait, le chef du jury prendra soin de le consigner en termes formels.

Dans le cas où le chef du jury rencontre quelque difficulté dans l'accomplissement de ses fonctions, il est de son devoir de recourir aux lumières du président de la Cour d'assises, et de le faire appeler par écrit.

gnée par le chef et remise par lui au président, *le tout en présence des jurés* (1).

Le président la signera et la fera signer par le greffier (2).

Art. 350. — La déclaration du jury ne pourra jamais être soumise à aucun recours.

---

(1) Le 8 août 1872, la Cour de cassation a décidé que la déclaration du jury qui n'est pas signée par le chef du jury, est nulle.

La place que la signature du chef du jury doit occuper sur la feuille contenant le verdict, est sans conséquence du moment qu'il n'est pas douteux qu'elle s'applique à toute la déclaration. (Cass., 4 septembre 1873). Mais il faut qu'elle s'applique, *avec certitude*, à l'ensemble de cette déclaration. Ainsi, serait irrégulière et nulle, la déclaration qui porterait la signature du chef du jury avant les réponses complètes du jury sur les questions posées. Spécialement, lorsqu'une question au jury commence au bas du recto de la feuille et qu'elle ne se termine qu'au verso, il y a nullité si les réponses du jury se trouvant sur le verso, la signature dont il s'agit a été apposée au bas du recto. (Cass., 30 juillet 1857).

(2) Ajoutez : le tout avant l'arrêt de condamnation et à peine de nullité.

D'après la Cour suprême, ces trois signatures peuvent seules donner à la déclaration du jury le caractère d'irrévocabilité et d'authenticité nécessaire pour qu'elle serve de base légale à l'arrêt de condamnation; toutes trois, par conséquent, doivent être apposées sur la déclaration avant la prononciation de l'arrêt; c'est là une formalité substantielle dont l'inobservation entraînerait la nullité de la condamnation (Cass., 6 mai 1870).

Avant de signer, le président examine si la déclaration ne contient pas soit une ou plusieurs irrégularités, soit des omissions, soit un fait sur lequel les jurés n'ont pas été interrogés.

Quand la déclaration du jury présente certaines irrég-

Art. 352. — *Dans le cas où l'accusé est re-connu coupable,* et si la Cour est convaincue que les jurés, tout en observant les formes, se sont trompés au fond, elle déclare qu'il est sursis

---

larités ou lorsqu'elle est incomplète, contradictoire, ambi-guë, obscure, inintelligible, entachée d'excès de pouvoir, la Cour, après avoir entendu le ministère public et le défenseur, renvoie le jury dans sa chambre des délibéra-tions pour y faire les rectificatics nécessaires.

Ainsi il existe une contradiction dans les réponses du jury, reconnaissant l'accusé coupable à la fois comme *au-teur principal et* comme *complice* du crime imputé. (Cass., 8 août 1872).

Autre exemple : le guet-apens suppose le dessein formé à l'avance de commettre le crime ; il implique nécessaire-ment la préméditation. Par suite, la déclaration du jury, affirmative sur la question de guet-apens et négative sur la question de préméditation, est nulle comme contradic-toire. (Cass., 15 sept. 1853).

L'expression à *la majorité* est à la fois substantielle et sacramentelle; elle doit être écrite d'une manière claire, certaine et surtout sans abréviation. Le 17 avril 1862, la Cour de cassation a spécialement déclaré nulle une décla-ration portant en abrégé : « Oui, à la maj^té, l'accusé est « coupable. »

Il y aurait également nullité, si les mots à *la majo-rité* ne se trouvaient exprimés qu'une seule fois dans une déclaration contenant plusieurs réponses affirmatives, lors même qu'au moyen d'une accolade, reliant entre elles toutes les réponses, la déclaration du jury indiquerait que ces mots se réfèrent à toutes les questions résolues. —(Cass., 17 janvier 1856).

Les surcharges et interlignes non approuvés doivent être réputés non avenus; il y a par suite nullité lors-qu'ils portent sur des énonciations substantielles de la déclaration du jury.—(Cass., année 1861, bulletin 281. p. 450).

La réponse du jury dans laquelle le mot *oui* a été sub-stitué au mot *non* au moyen d'une surcharge non approu-vée, est nulle. — (Cass., 21 juin 1872).

8

au jugement et renvoie l'affaire à la session suivante, pour y être soumise à un nouveau jury,
dont ne peut faire partie aucun des jurés qui ont
pris part à la déclaration annulée (1).

Si la déclaration écrite du jury se trouve entachée d'une
omission ou d'une erreur, cette irrégularité ne peut être
rectifiée que dans les formes prescrites pour le délibéré.
Par exemple, si la réponse contraire à l'accusé n'est pas
suivie des mots « *à la majorité,* » cette mention essen-
tielle ne peut être écrite sur le bureau, à l'audience, par
le chef du jury ; il est nécessaire que les jurés se rendent
de nouveau dans la chambre de leurs délibérations.—
(Cass., 12 août 1871).

De retour dans cette chambre, les jurés peuvent, suivant les circonstances et leur conviction, former une nouvelle déclaration, même dans le cas où l'irrégularité ne
porterait que sur l'une des questions soumises. (Cass., 2
août 1873.)

Si, par une erreur qui n'est pas impossible, le chef du
jury avait constaté un autre résultat que celui émanant du
vote au scrutin, les autres jurés pourraient protester utilement avant la lecture de la décision *par le greffier, en
présence de l'accusé ;* mais cette lecture accomplie, toute
protestation serait superflue. (Morin, p. 140 ; Cass., 28 janvier 1830 et 15 sept. 1853.) — Voir les art. 357 et 363 de
notre chap. VII ci-après.

Lorsqu'il ne s'agit que d'une simple erreur matérielle dans
une formalité qui n'est pas prescrite par la loi, et dont
l'existence ne peut exercer aucune influence sur le fond
même de la décision, la rectification, si elle est jugée
utile, peut être opérée à l'audience même par le chef du
jury, en présence des jurés, sur l'invitation du président
de la Cour d'assises. — (Cass., 27 décembre 1873).

(1) « Ce droit de la Cour n'est point une intervention
dans les décisions du jury. C'est un pouvoir supérieur
d'examen, c'est une haute appréciation déférée, dans l'intérêt de l'accusé seul, à des magistrats instruits, expéri-
mentés, familiarisés avec l'émotion des débats de la Cour

Nul n'a le droit de provoquer cette mesure. La Cour ne peut l'ordonner que d'office, immédiatement après que la déclaration du jury a été prononcée publiquement.

Après la déclaration du second jury, la Cour ne peut ordonner un nouveau renvoi, même quand cette déclaration serait conforme à la première.

ART. 353. — L'examen et les débats, une fois entamés, devront être continués sans interruption, et *sans aucune espèce de communication au dehors,* jusqu'après la déclaration du jury inclusivement. Le président ne pourra les suspendre que pendant les intervalles nécessaires pour le repos des juges, des jurés, des témoins et des accusés (1).

---

d'assises, inaccessibles aux émotions populaires, et habitués à résister avec fermeté aux dangereux entraînements de l'opinion publique. Le pouvoir tutélaire qui leur est conféré, est une preuve de sollicitude scrupuleuse de la part du législateur, et une nouvelle sauvegarde donnée à l'innocence. » (Extrait du rapport sur le projet de la loi du 9 juin 1853, qui a fixé, en dernier lieu, les termes de notre article).

(1) L'exécution littérale de cet article est impossible, dans le cas surtout où les jurés sont autorisés à quitter le palais de justice pendant la suspension des débats.

Quelque stricte que soit la défense faite au jury de communiquer au dehors, cette interdiction ne saurait, par conséquent, être absolue.

Les seules communications interdites, sont celles qui

ART. 354. — Lorsqu'un témoin qui aura été cité ne paraîtra pas, la Cour pourra, sur la réquisition du procureur général, et avant que les débats soient ouverts par la déposition du premier témoin inscrit sur la liste, renvoyer l'affaire à la prochaine session.

ART. 355. — Si, à raison de la non-comparution du témoin, l'affaire est renvoyée à la session suivante, tous les frais de citation, actes, voyages de témoins, et autres ayant pour objet de faire juger l'affaire, seront à la charge de ce témoin, et il y sera contraint, même par corps, sur la réquisition du procureur général, par l'arrêt qui renverra les débats à la session suivante.

Le même arrêt ordonnera, de plus, que ce

---

portent sur des faits relatifs à l'affaire soumise au jury, ou qui sont de nature à exercer sur l'opinion du juré une influence illégitime.

Tel est le principe admis par la jurisprudence.

Faisant application de l'art. 353, la Cour de cassation a décidé spécialement que le jury ne peut se transporter hors la présence de la Cour d'assises, du ministère public, de l'accusé et de son défenseur, sur les lieux du crime et de recueillir ainsi, sur place, divers témoignages ou renseignements. (16 février 1838).

Pendant les suspensions d'audience, les membres du jury doivent être très-circonspects, éviter tout colloque avec les témoins et le public, prier les personnes qui voudraient éclairer la justice de s'adresser au président.

témoin sera amené par la force publique devant la Cour pour y être entendu.

Et néanmoins, dans tous les cas, le témoin qui ne paraîtra pas, ou qui refusera soit de prêter serment, soit de faire sa déposition, sera condamné à la peine portée en l'art. 80 (1).

Art. 356. — La voie de l'opposition sera ouverte contre ces condamnations, dans les dix jours de la signification qui en aura été faite au témoin condamné ou à son domicile, outre un jour par cinq myriamètres; et l'opposition sera reçue s'il prouve qu'il a été légitimement empêché, ou que l'amende contre lui prononcée doit être modérée.

____

(1) Toute personne citée pour être entendue en témoignage sera tenue, — dispose l'art. 80 du Code d'instruction criminelle, — de comparaître et de satisfaire à la citation : sinon, elle pourra y être contrainte par le juge d'instruction, qui, à cet effet, sur les conclusions du ministère public, sans autre formalité ni délai et sans appel, prononcera une amende qui n'excédera pas cent francs, et pourra ordonner que la personne citée sera contrainte par corps à venir donner son témoignage.

Notons que si, à raison de la mauvaise attitude ou de la faute d'un juré, l'affaire est renvoyée à une autre session, tous les frais dont parle l'art. 355 peuvent être mis à la charge de ce juré. (Cour d'assises de la Seine du 28 décembre 1837.)

CHAPITRE VII

DU JUGEMENT (1).

Art. 357. — Le président fera comparaître l'accusé, et le greffier lira en sa présence la déclaration du jury (2).

Art. 358. — Lorsque l'accusé aura été déclaré non coupable, le président prononcera qu'il est acquitté de l'accusation, et ordonnera

---

(1) Extrait de la section 11, chap. V, t. 11 du Code d'Inst. Crim.

(2) *Outrages et violences envers un juré :* Lorsqu'un ou plusieurs jurés auront reçu, dans l'exercice de leurs fonctions ou à l'occasion de cet exercice, quelque outrage par paroles, par écrit ou dessin non rendus publics, tendant, dans ces divers cas, à inculper leur honneur ou leur délicatesse, celui qui leur aura adressé cet outrage sera puni d'un emprisonnement de quinze jours à deux ans. — Si l'outrage a eu lieu à l'audience, l'emprisonnement sera de deux ans à cinq ans. (Art. 222 Code pénal.)

L'outrage fait par gestes ou menaces à un juré, dans l'exercice ou à l'occasion de l'exercice de ses fonctions, sera puni d'un mois à six mois d'emprisonnement, et, si l'outrage a eu lieu à l'audience, il sera puni d'un emprisonnement d'un mois à deux ans. (Art. 223, du même code).

Dans le cas des art. 222 et 223 précités, l'offenseur

qu'il soit mis en liberté, s'il n'est retenu pour autre cause.

La cour statuera ensuite sur les dommages-intérêts respectivement prétendus, après que les parties auront proposé leurs fins de non-recevoir ou leurs défenses, et que le procureur général aura été entendu.

La cour pourra néanmoins, si elle le juge convenable, commettre l'un des juges pour entendre les parties, prendre connaissance des pièces, et faire son rapport à l'audience, où les parties pourront encore présenter leurs observations, et où le ministère public sera entendu de nouveau.

L'accusé acquitté pourra aussi obtenir des dommages-intérêts contre ses dénonciateurs, pour fait de calomnie ; sans néanmoins que les membres des autorités constituées puissent être ainsi poursuivis à raison des avis qu'ils sont tenus de donner, concernant les délits dont ils ont cru acquérir la connaissance dans l'exercice de leurs fonctions, et sauf contre eux la demande en prise à partie, s'il y a lieu.

---

pourra être, outre l'emprisonnement, condamné à faire réparation, soit à la première audience, soit par écrit ; et le temps d'emprisonnement prononcé contre lui ne sera compté qu'à dater du jour où la réparation aura lieu. (Art. 926). — Voir chap. X, page 218.

Le procureur général sera tenu, sur la réquisition de l'accusé, de lui faire connaître ses dénonciateurs.

ART. 359. — Les demandes en dommages-intérêts, formées soit par l'accusé contre ses dénonciateurs ou la partie civile, soit par la partie civile contre l'accusé ou le condamné, seront portées à la cour d'assises.

La partie civile est tenue de former sa demande en dommages-intérêts avant le jugement; plus tard, elle sera non recevable.

Il en est de même de l'accusé, s'il a connu son dénonciateur.

Dans le cas où l'accusé n'aurait connu son dénonciateur que depuis le jugement, mais avant la fin de la session, il sera tenu, sous peine de déchéance, de porter sa demande à la cour d'assises ; s'il ne l'a connu qu'après la clôture de la session, sa demande sera portée au tribunal civil.

A l'égard des tiers qui n'auraient pas été partie au procès, ils s'adresseront au tribunal civil.

ART. 360. — Toute personne acquittée légalement ne pourra plus être reprise ni accusée à raison du même fait.

ART. 361. — Lorsque, dans le cours des débats, l'accusé aura été inculpé sur un autre fait, soit par des pièces, soit par les dépositions des témoins, le président, après avoir prononcé qu'il est acquitté, ordonnera qu'il soit poursuivi à raison du nouveau fait : en conséquence, il le renverra en état de mandat de comparution ou d'amener, suivant les distinctions établies par l'article 91 et même en état de mandat d'arrêt, s'il y échet, devant le juge d'instruction de l'arrondissement où siége la cour, pour être procédé à une nouvelle instruction (1).

Cette disposition ne sera toutefois exécutée que dans le cas où, avant la clôture des débats, le ministère public aura fait des réserves à fin de poursuite.

Art. 362. — Lorsque l'accusé aura été déclaré coupable, le procureur général fera sa réquisition à la cour pour l'application de la loi.

La partie civile fera la sienne pour restitution et dommages-intérêts.

Art. 363. — Le président demandera à l'accusé s'il n'a rien à dire pour sa défense.

L'accusé ni son conseil ne pourront plus plai-

---

(1) En matière criminelle ou correctionnelle, dit l'art. 91, le juge d'instruction pourra ne décerner qu'un mandat de comparution, sauf à convertir ce mandat, après l'interrogatoire, en tel autre mandat qu'il appartiendra. Si l'inculpé fait défaut, le juge d'instruction décernera contre lui un mandat d'amener.

der que le fait est faux, mais seulement qu'il n'est pas défendu ou qualifié délit par la loi, ou qu'il ne mérite pas la peine dont le procureur général a requis l'application, ou qu'il n'emporte pas de dommages-intérêts au profit de la partie civile, ou enfin que celle-ci élève trop haut les dommages-intérêts qui lui sont dus (1).

ART. 364. — La cour prononcera l'absolution de l'accusé, si le fait dont il est déclaré coupable n'est pas défendu par une loi pénale.

ART. 365. — Si ce fait est défendu, la cour prononcera la peine établie par la loi, même dans le cas où, d'après les débats, il se trouverait n'être plus de la compétence de la cour d'assises.

En cas de conviction de plusieurs crimes ou délits, la peine la plus forte sera seule prononcée.

ART. 366. — Dans le cas d'absolution comme dans celui d'acquittement ou de condamnation, la cour statuera sur les dommages-intérêts prétendus par la partie civile ou par l'accusé ; elle les liquidera par le même arrêt, ou commettra l'un des juges pour entendre les parties, pren-

---

(1) Une fois que la déclaration du jury a été lue à l'accusé, sans observation de sa part, et qu'il a été interpellé sur l'application de la loi, aucun des membres du jury ne peut, en interrompant la prononciation de l'arrêt, alléguer une prétendue erreur dans cette déclaration. (Cass., 2 septembre 1869 ; Sirey, année 1870).

dre connaissance des pièces, et faire tout son rapport, ainsi qu'il est dit article 358.

La cour ordonnera aussi que les effets pris seront restitués au propriétaire.

Néanmoins, s'il y a eu condamnation, cette restitution ne sera faite qu'en justifiant, par le propriétaire, que le condamné a laissé passer les délais sans se pourvoir en cassation, ou, s'il s'est pourvu, que l'affaire est définitivement terminée.

ART. 367. — Lorsque l'accusé aura été déclaré excusable, la cour prononcera conformément au Code pénal (1).

ART. 368. — L'accusé ou la partie civile qui succombera sera condamné aux frais envers l'État et envers l'autre partie.

Dans les affaires soumises au jury, la partie civile qui n'aura pas succombé, ne sera jamais tenue des frais.

Dans le cas où elle en aura consigné, ils lui seront restitués.

ART. 369. — Les juges délibéreront et opineront à voix basse; ils pourront, à cet effet, se retirer dans la chambre du conseil : mais l'arrêt sera prononcé à haute voix par le président en présence du public et de l'accusé.

---

(1) Voir chap. IX, p. 114 art. 65, et p. 190 art. 321).

Avant de le prononcer, le président est tenu de lire le texte de la loi sur laquelle il est fondé.

Le greffier écrira l'arrêt; il y insérera le texte de la loi appliquée, sous peine de cent francs d'amende.

ART. 370. — La minute de l'arrêt sera signée par les juges qui l'auront rendu, à peine de cent francs d'amende contre le greffier, et, s'il y a lieu, de prise à partie tant contre le greffier que contre les juges.

Elle sera signée dans les vingt-quatre heures de la prononciation de l'arrêt.

ART. 371. — Après avoir prononcé l'arrêt, le président pourra, selon les circonstances, exhorter l'accusé à la fermeté, à la résignation ou à réformer sa conduite.

Il l'avertira de la faculté qui lui est accordée de se pourvoir en cassation, et du terme dans lequel l'exercice de cette faculté est circonscrit.

ART. 372. — Le greffier dressera un procès-verbal de la séance, à l'effet de constater que les formalités prescrites ont été observées.

Il ne sera fait mention, au procès-verbal, ni des réponses des accusés, ni du contenu aux dépositions, sans préjudice toutefois de l'exécution de l'article 318 concernant les change-

ments, variations et contradictions dans les déclarations des témoins.

Le procès-verbal sera signé par le président
et le greffier, et ne pourra être imprimé à l'a-
vance. Les dispositions du présent article seront exécutées à peine de nullité.

Le défaut de procès-verbal et l'inexécution
des dispositions du troisième paragraphe qui
précède, seront punis de cinq cents francs d'a-
mende contre le greffier (1).

ART. 373. — Le condamné aura trois jours
francs après celui où son arrêt lui aura été prononcé, pour déclarer au greffe qu'il se pourvoit
en cassation.

Le procureur général pourra, dans le même
délai, déclarer au greffe qu'il demande la cassation de l'arrêt.

La partie civile aura aussi le même délai;

---

(1) Il résulte des dispositions de l'art. 372 que toute formalité non constatée par le procès-verbal des débats doit
être légalement réputée avoir été omise.

Ainsi est nul et ne peut servir de base à une condamnation, le verdict rendu par des jurés dont la prestation du
serment n'est pas constatée au procès-verbal. (Cass.,
juillet 1873); l'absence, dans le procès-verbal de toute
énonciation constatant que la lecture du verdict a été faite
par le chef du jury, emporte nullité non-seulement de
l'arrêt de la Cour d'assises, mais aussi de la déclaration du
jury et des débats qui l'ont précédée. (Cass., 26 décembre
1873, voir l'art. 409 ci-après.)

mais elle ne pourra se pourvoir que quant aux dispositions relatives à ses intérêts civils.

Pendant ces trois jours, et s'il y a eu recours en cassation, jusqu'à la réception de l'arrêt de la cour de cassation, il sera sursis à l'exécution de l'arrêt de la cour.

ART. 374. — Dans les cas prévus par les articles 409 et 412 du présent Code, le procureur général ou la partie civile n'auront que vingt-quatre heures pour se pourvoir.

ART. 409 (1). — Dans le cas d'acquittement de l'accusé, l'annulation de l'ordonnance qui l'aura prononcé, et de ce qui l'aura précédé, ne pourra être poursuivi par le ministère public *que dans l'intérêt de la loi et sans préjudicier à la partie acquittée.*

ART. 412. — Dans aucun cas, la partie civile ne pourra poursuivre l'annulation d'une ordonnance d'acquittement ou d'un arrêt d'absolution: mais si l'arrêt a prononcé contre elle des condamnations civiles, supérieures aux demandes de la partie acquittée ou absoute, cette disposition de l'arrêt pourra être annulée sur la demande de la partie civile.

---

(1) Extrait du titre IIIe, chap. Ier C. inst. crim.

CHAPITRE VIII

ART. 6. — C. P. — Les peines en matière criminelle sont, ou afflictives et infamantes, ou seulement infamantes.

ART. 7. — Les peines afflictives et infamantes sont :

1° La mort ;

2° Les travaux forcés à perpétuité ;

3° La déportation ;

4° Les travaux forcés à temps ;

5° La détention ;

6° La réclusion.

ART. 8. — Les peines infamantes sont :

1° Le bannissement ;

2º **La dégradation civique** (1).

Art. 11. — Le renvoi sous la surveillance spéciale de la haute police, l'amende, et la confiscation spéciale, soit du corps du délit, quand la propriété en appartient au condamné, soit des choses produites par le délit, soit de celles qui ont servi ou qui ont été destinées à le commettre, sont des peines communes aux matières criminelles et correctionnelles.

Exécution capitale.

Art. 12. — Tout condamné à mort aura la tête tranchée.

Art. 13. — Le coupable condamné à mort pour parricide sera conduit sur le lieu de l'exécution, en chemise, nu-pieds, et la tête couverte d'un voile noir.

Il sera exposé sur l'échafaud pendant qu'un huissier fera au peuple lecture de l'arrêt de

---

(1) On ne peut faire exécuter aucune peine infamante contre un membre de la Légion d'Honneur qu'il n'ait été dégradé. Pour opérer cette dégradation, le président de la Cour d'assises, sur le réquisitoire du ministère public, prononce immédiatement après la lecture du jugement, la formule suivante : « Vous avez manqué à l'honneur ; je déclare, au nom de la Légion, que vous avez cessé d'en être membre. » (Décret du 16 mars 1852, art. 43).

Dans le cas où l'accusé est décoré de la médaille militaire, le président déclare que le condamné cesse d'être décoré de cette médaille. (Art. 138, Code militaire).

condamnation, et il sera immédiatement exécuté à mort.

ART. 26. — L'exécution se fera sur l'une des places publiques du lieu qui sera indiqué par l'arrêt de condamnation.

ART. 27. — Si une femme condamnée à mort se déclare, et s'il est vérifié qu'elle est enceinte, elle ne subira sa peine qu'après sa délivrance.

ART. 14. — Les corps des suppliciés seront délivrés à leurs familles si elles les réclament, à la charge par elles de les faire inhumer sans aucun appareil.

Travaux forcés.

Articles 2, 3, 4, 5 et 6 de la loi du 30 mai 1854 :

ART. 2.—Les condamnés aux travaux forcés seront employés aux travaux les plus pénibles de la colonisation et à tous autres travaux d'utilité publique.

ART. 3. — Ils pourront être enchaînés deux à deux ou assujettis à traîner le boulet à titre de punition disciplinaire ou par une mesure de sûreté.

ART. 4. — Les femmes condamnées aux travaux forcés pourront être conduites dans un des établissements créés aux colonies ; elles seront séparées des hommes et employées à des travaux en rapport avec leur âge et avec leur sexe.

Art. 5. — Les peines des travaux forcés à perpétuité et des travaux forcés à temps ne seront prononcées contre aucun individu âgé de soixante ans accomplis au moment du jugement; elles seront remplacées par celle de la réclusion, soit à perpétuité, soit à temps, selon la durée de la peine qu'elle remplacera.

Art. 6. — Tout individu condamné à moins de huit années de travaux forcés sera tenu, à l'expiration de sa peine, de résider dans la colonie pendant un temps égal à la durée de sa condamnation.

Si la peine est de huit années, il sera tenu d'y résider pendant toute sa vie.

Toutefois, le libéré pourra quitter momentanément la colonie en vertu d'une autorisation expresse du gouverneur. Il ne pourra, en aucun cas, être autorisé à se rendre en France.

En cas de grâce, le libéré ne pourra être dispensé de l'obligation de la résidence que par une disposition spéciale des lettres de grâce.

Art. 16. C. P. — Les femmes et les filles condamnées aux travaux forcés n'y seront employées que dans l'intérieur d'une maison de force.

Déportation.

ART. 17. — La peine de la déportation consistera à être transporté et à demeurer à perpétuité dans un lieu déterminé par la loi (1).

ART. 19. C. P. — La condamnation à la peine des travaux forcés à temps sera prononcée pour cinq ans au moins et vingt ans au plus.

Détention.

ART. 20. — Quiconque aura été condamné à la détention sera renfermé dans l'une des forteresses situées sur le territoire continental de la France, qui auront été déterminées par un décret rendu dans la forme des règlements d'administration publique (2).

Il communiquera avec les personnes placées dans l'intérieur du lieu de la détention ou avec celles du dehors, conformément aux réglements de police établis par un décret.

La détention ne peut être prononcée pour

---

(1) Depuis la loi du 23 mars 1872, la peine de la déportation doit être subie à la Nouvelle-Calédonie; la presqu'île Ducos est déclarée lieu de déportation dans une enceinte fortifiée; l'île des Pins et, en cas d'insuffisance, l'île Maré, dépendances de la Nouvelle-Calédonie, sont déclarées lieux de déportation simple.

(2) Un décret du 16 janvier 1874 a affecté le fort de l'île Sainte-Marguerite, département des Alpes-Maritimes, aux condamnés à la peine de la détention.

moins de cinq ans, ni pour plus de vingt ans, sauf le cas prévu par l'art. 33.

Réclusion.

Art. 21. — Tout individu de l'un ou de l'autre sexe, condamné à la peine de la réclusion, sera renfermé dans une maison de force, et employé à des travaux dont le produit pourra être en partie appliqué à son profit, ainsi qu'il sera réglé par le gouvernement.

La durée de cette peine sera au moins de cinq années, et de dix ans au plus.

Effets légaux.

Art. 28. — La condamnation à la peine des travaux forcés à temps, de la détention, de la réclusion ou du bannissement, emportera la dégradation civique. La dégradation civique sera encourue du jour où la condamnation sera devenue irrévocable, et, en cas de condamnation par contumace, du jour de l'exécution par effigie.

Art. 29. — Quiconque aura été condamné à la peine des travaux forcés à temps, de la détention ou de la réclusion, sera, de plus, pendant la durée de sa peine, en état d'interdiction légale : il lui sera nommé un tuteur et un subrogé-tuteur pour gérer et administrer ses biens, dans les formes prescrites par les nominations des tuteurs et des subrogés-tuteurs aux interdits.

Art. 30. — Les biens du condamné lui seront remis après qu'il aura subi sa peine, et le tuteur lui rendra compte de son administration.

Art. 31. — Pendant la durée de sa peine, il ne pourra lui être remis aucune somme, aucune provision, aucune portion de ses revenus.

Bannissement.

Art. 32. — Quiconque aura été condamné au bannissement, sera transporté, par ordre du gouvernement, hors du territoire.

La durée du bannissement sera au moins de cinq années, et de dix ans au plus.

Art. 33. — Si le banni, avant l'expiration de sa peine, rentre sur le territoire français, il sera, sur la seule preuve de son identité, condamné à la détention pour un temps au moins égal à celui qui restait à courir jusqu'à l'expiration du bannissement, et qui ne pourra excéder le double de ce temps.

Dégradation civique.

Art. 34. — La dégradation civique consiste :
1° Dans la destitution et l'exclusion des con-

damnés de toutes fonctions, emplois ou offices publics ;

2° Dans la privation du droit de vote, d'élection, d'éligibilité, et en général de tous les droits civiques et politiques, et du droit de porter aucune décoration ;

3° Dans l'incapacité d'être juré-expert ; d'être employé comme témoin dans des actes, et déposer en justice autrement que pour y donner de simples renseignements ;

4° Dans l'incapacité de faire partie d'aucun conseil de famille, et d'être tuteur, curateur, subrogé-tuteur ou conseil judiciaire, si ce n'est de ses propres enfants, et sur l'avis conforme de la famille ;

5° Dans la privation du droit de port d'armes, du droit de faire partie de la garde nationale, de servir dans les armées françaises, de tenir école ou d'enseigner et d'être employé dans aucun établissement d'instruction à titre de professeur, maître ou surveillant.

ART. 35. — Toutes les fois que la dégradation civique sera prononcée comme peine principale, elle pourra être accompagnée d'un emprisonnement dont la durée, fixée par l'arrêt de condamnation, n'excédera pas cinq ans.

Si le coupable est un étranger ou un français

ayant perdu la qualité de citoyen, la peine de l'emprisonnement devra toujours être prononcée.

Publicité.

Art. 36. — Tous arrêts qui porteront la peine de mort, des travaux forcés à perpétuité et à temps, la déportation, la détention, la réclusion, la dégradation civique et le bannissement, seront imprimés par extrait.

Ils seront affichés dans la ville centrale du département, dans celle où l'arrêt aura été rendu, dans la commune du lieu où le délit aura été commis, dans celle où se fera l'exécution, et dans celle du domicile du condamné.

Haute police.

Art. 44. — L'effet du renvoi sous la surveillance de la haute police sera de donner au Gouvernement le droit de déterminer certains lieux dans lesquels il sera interdit au condamné de paraître après qu'il aura subi sa peine.

Le condamné devra déclarer, au moins quinze jours avant sa mise en liberté, le lieu où il veut fixer sa résidence, à défaut de cette déclaration, le Gouvernement la fixera lui-même.

Le condamné à la surveillance ne pourra quitter la résidence qu'il aura choisie ou qui lui aura été assignée, avant l'expiration d'un délai de six mois, sans l'autorisation du ministre de l'intérieur.

Néanmoins, les préfets pourront donner cette autorisation :

1° Dans les cas de simples déplacements dans les limites mêmes de leur département ;

2° Dans le cas d'urgence, mais à titre provisoire seulement.

Après l'expiration du délai de six mois, ou avant même l'expiration de ce délai, si l'autorisation nécessaire a été obtenue, le condamné pourra se transporter dans toute résidence non interdite, à la charge de prévenir le maire, huit jours à l'avance.

Le séjour de six mois est obligatoire pour le condamné dans chacune des résidences qu'il choisira successivement pendant tout le temps qu'il sera soumis à la surveillance, à moins d'autorisation spéciale donnée conformément aux dispositions précédentes, soit par le ministre de l'intérieur, soit par les préfets.

Tout condamné qui se rendra à sa résidence, recevra une feuille de route réglant l'itinéraire dont il ne pourra s'écarter et la durée de son séjour dans chaque lieu de passage.

Il sera tenu de se présenter dans les vingt-quatre heures de son arrivée devant le maire de la commune qu'il devra habiter.

Art. 46. — En aucun cas, la durée de la surveillance ne pourra excéder vingt années.

Les coupables condamnés aux travaux forcés à temps, à la détention et à la réclusion, seront de plein droit, après qu'ils auront subi leur peine et pendant vingt années, sous la surveillance de la haute police.

Néanmoins, l'arrêt ou le jugement de condamnation pourra réduire la durée de la surveillance, ou même déclarer que les condamnés n'y seront pas soumis.

Tout condamné à des peines perpétuelles, qui obtiendra commutation ou remise de sa peine, sera, s'il n'en est autrement disposé par la décision gracieuse, de plein droit sous la surveillance de la haute police pendant vingt ans.

Art. 47. — Les coupables condamnés au bannissement seront de plein droit sous la même surveillance pendant un temps égal à la durée de la peine qu'ils auront subie, à moins qu'il n'en ait été disposé autrement par l'arrêt ou le jugement de condamnation.

Dans les cas prévus par le présent article et par les paragraphes 2 et 3 de l'article précédent, si l'arrêt ou le jugement ne contient pas dispense ou réduction de la surveillance, mention sera faite, à peine de nullité, qu'il en a été délibéré.

ART. 48. — La surveillance pourra être remise ou réduite par voie de grâce.

Elle pourra être suspendue par mesure administrative.

La prescription de la peine ne relève pas le condamné de la surveillance à laquelle il est soumis.

En cas de prescription d'une peine perpétuelle, le condamné sera de plein droit sous la surveillance de la haute police pendant vingt années.

La surveillance ne produit son effet que du jour où la prescription est accomplie (1).

ART. 49. — Devront être renvoyés sous la même surveillance ceux qui auront été condamnés pour crimes ou délits qui intéressent la sûreté intérieure ou extérieure de l'État.

Récidive.

ART. 56. — Quiconque, ayant été condamné à une peine afflictive ou infamante, aura commis un second crime emportant, comme peine prin-

---

(1) Tel est le dernier texte des art. 44, 46, 47 et 48 Code pénal, d'après la loi du 23 janvier 1874, qui a modifié ainsi lesdits articles.

cipale, la dégradation civique, sera condamné à la peine du bannissement.

Si le second crime emporte la peine du bannissement, il sera condamné à la peine de la détention.

Si le second crime emporte la peine de la réclusion, il sera condamné à la peine des travaux forcés à temps.

Si le second crime emporte la peine de la détention, il sera condamné au maximum de la peine, laquelle pourra être élevée jusqu'au double.

Si le second crime emporte la peine de la déportation, il sera condamné aux travaux forcés à perpétuité.

Quiconque, ayant été condamné aux travaux forcés à perpétuité, aura commis un second crime emportant la même peine, sera condamné à la peine de mort.

Toutefois l'individu condamné par un tribunal militaire ou maritime, ne sera, en cas de crime ou délit postérieur, passible des peines de la récidive, qu'autant que la première condamnation aurait été prononcée pour des crimes ou délits punissables d'après les lois pénales ordinaires.

Art. 57. — Quiconque ayant été condamné pour crime à une peine supérieure à une année d'emprisonnement, aura commis un délit ou un crime qui devra n'être puni que de peines correctionnelles, sera condamné au maximum de la peine portée par la loi, et cette peine pourra être élevée jusqu'au double.

Le condamné sera de plus mis sous la surveillance de la haute police pendant cinq ans au moins et dix ans au plus.

CHAPITRE IX

DES CRIMES PRÉVUS PAR LE CODE PÉNAL,
ET DES PERSONNES PUNISSABLES.

Tentative.

Art. 2. — Toute tentative de crime qui aura été manifestée *par un commencement d'exécution,* si elle n'a pas été suspendue ou si elle n'a manqué son effet que par des circonstances indépendantes de la volonté de son auteur, est considérée comme le crime même.

Complicité.

Art. 59. — Les complices d'un crime ou d'un délit seront punis de la même peine que les auteurs mêmes de ce crime ou de ce délit, sauf les cas où la loi en aurait disposé autrement.

Art. 60. — Seront punis comme complices d'une action qualifiée crime ou délit, ceux qui, par dons, promesses, menaces, abus d'autorité ou de pouvoir, machinations ou artifices coupables, auront provoqué à cette action, ou donné des instructions pour la commettre.

Ceux qui auront procuré des armes, des instruments ou tout autre moyen qui aura servi à l'action, *sachant* qu'ils devaient y servir ;

Ceux qui auront, *avec connaissance,* aidé ou assisté l'auteur ou les auteurs de l'action, dans les faits qui l'auront préparée ou facilitée, ou dans ceux qui l'auront consommée, sans préjudice des peines qui seront spécialement portées par le présent Code contre les auteurs de complots ou de provocations attentatoires à la sûreté intérieure ou extérieure de l'État, même dans le cas où le crime qui était l'objet des conspirateurs ou des provocateurs n'aurait pas été commis.

Refuge aux malfaiteurs.

Art. 61. — Ceux qui, *connaissant* la conduite criminelle des malfaiteurs exerçant des brigandages ou des violences contre la sûreté de l'État, la paix publique, les personnes ou les propriétés, leur fournissent habituellement logement, lieu de retraite ou de réunion, seront punis comme leurs complices.

Recel.

Art. 62. — Ceux qui *sciemment* auront recélé, en tout ou en partie, des choses enlevées, détournées ou obtenues à l'aide d'un crime ou d'un délit, seront aussi punis comme complices de ce crime ou délit.

Art. 63. — Néanmoins la peine de mort, lorsqu'elle sera applicable aux auteurs des crimes, sera remplacée, à l'égard des recéleurs, par celle des travaux forcés à perpétuité.

Dans tous les cas, les peines des travaux forcés à perpétuité ou de la déportation, lorsqu'il y aura lieu, ne pourront être prononcées contre les recéleurs qu'autant qu'ils seront convaincus d'avoir eu, au temps du recélé, connaissance des circonstance auxquelles la loi attache les peines de mort, des travaux forcés à perpétuité et de la déportation, sinon ils ne subiront que la peine des travaux forcés à temps.

Cas de démence ou de force majeure.

Art. 64. — Il n'y a ni crime ni délit lorsque le prévenu était en état de démence au temps de l'action, ou lorsqu'il a été contraint par une force à laquelle il n'a pu résister.

Fait excusable.

Art. 65. — Nul crime ou délit ne peut être excusé, ni la peine mitigée, que dans les cas et dans les circonstances où la loi déclare le fait excusable, ou permet de lui appliquer une peine moins rigoureuse (1).

Discernement.

Art. 66. — Lorsque l'accusé aura moins de seize ans, s'il est déclaré qu'il a agi *sans discernement*, il sera acquitté ; mais il sera, selon les circonstances, remis à ses parents, ou conduit dans une maison de correction, pour y être élevé et détenu pendant tel nombre d'années que le jugement déterminera, et qui toutefois ne pourra excéder l'époque où il aura accompli sa vingtième année.

---

(1) On appelle excuses *absolutoires* celles qui emportent exemption totale de la peine, et excuses *atténuantes*, celles qui emportent seulement diminution de peine. Il ne faut pas confondre les excuses même absolutoires avec les causes de non-culpabilité, telle que la démence, la contrainte, la légitime défense. Dans ces divers cas, il ne saurait exister de culpabilité ; dans les cas d'excuse absolutoire, au contraire, l'accusé n'est pas moins coupable ; mais, par des motifs exceptionnels, la loi veut qu'il ne soit prononcé contre lui aucune peine.

Art. 67. — S'il est décidé qu'il a agi *avec discernement*, les peines seront prononcées ainsi qu'il suit :

S'il a encouru la peine de mort, des travaux forcés à perpétuité, de la déportation, il sera condamné à la peine de dix à vingt ans d'emprisonnement dans une maison de correction.

S'il a encouru la peine des travaux forcés à temps, de la détention ou de la réclusion, il sera condamné à être renfermé dans une maison de correction, pour un temps égal au tiers au moins et à la moitié au plus de celui pour lequel il aurait pu être condamné à l'une de ces peines.

Dans tous les cas, il pourra être mis, par l'arrêt ou le jugement, sous la surveillance de la haute police pendant cinq ans au moins et dix ans au plus.

S'il a encouru la peine de la dégradation civique ou du bannissement, il sera condamné à être enfermé, d'un an à cinq ans, dans une maison de correction.

Art. 68. — L'individu, âgé de moins de seize ans, qui n'aura pas de complices présents au-dessus de cet âge, et qui sera prévenu de crimes autres que ceux que la loi punit de la peine de mort, de celle des travaux forcés à perpétuité, de la peine de la déportation ou de celle de la détention, sera jugé par les tribunaux correctionnels, qui se conformeront aux deux articles ci-dessus.

ART. 69. — Dans tous les cas où le mineur de seize ans n'aura commis qu'un simple délit, la peine qui sera prononcée contre lui ne pourra s'élever au-dessus de la moitié de celle à laquelle il aurait pu être condamné s'il avait eu seize ans.

Individus âgés de 70 ans accomplis.

ART. 70. — Les peines des travaux forcés à perpétuité, de la déportation et des travaux forcés à temps, ne seront prononcées contre aucun individu âgé de soixante-dix ans accomplis au moment du jugement.

ART. 71. — Ces peines seront remplacées, à leur égard, savoir : celle de la déportation, par la détention à perpétuité ; et les autres, par celle de la réclusion, soit à perpétuité, soit à temps, selon la durée de la peine qu'elle remplacera.

Crimes contre la sûreté extérieure de l'État.

ART. 75. — Tout Français qui aura porté les armes contre la France sera puni de mort.

ART. 76. — Quiconque aura pratiqué des machinations ou entretenu des intelligences avec les puissances étrangères ou leurs agents, pour les engager à commettre des hostilités ou à entreprendre la guerre contre la France, ou pour leur en procurer les moyens, sera puni de mort.

Cette disposition aura lieu dans le cas même où les dites machinations ou intelligences n'auraient pas été suivies d'hostilités.

Art. 77. — Sera également puni de mort, quiconque aura pratiqué des manœuvres ou entretenu des intelligences avec les ennemis de l'État, à l'effet de faciliter leur entrée sur le territoire et dépendances de la République ou de leur livrer des villes, forteresses, places, postes, ports, magasins, arsenaux, vaisseaux ou bâtiments appartenant à la France ou de fournir aux ennemis des secours en soldats, hommes, argent, vivres, armes ou munitions, ou de seconder les progrès de leurs armes sur les possessions ou contre les forces françaises de terre ou de mer, soit en ébranlant la fidélité des officiers, soldats, matelots ou autres, envers l'État, soit de toute autre manière.

Art. 78. — Si la correspondance avec les sujets d'une puissance ennemie, sans avoir pour objet l'un des crimes énoncés en l'article précédent, a néanmoins eu pour résultat de fournir aux ennemis des instructions nuisibles à la situation militaire ou politique de la France ou de ses alliés, ceux qui auront entretenu cette correspondance seront punis de la détention, sans préjudice de plus forte peine, dans le cas où ces instructions auraient été la suite d'un concert constituant un fait d'espionnage.

ART. 79. — Les peines exprimées aux articles 76 et 77 seront les mêmes, soit que les machinations ou manœuvres énoncées en ces articles aient été commises envers la France, soit qu'elles l'aient été envers les alliés de la France, agissant contre l'ennemi commun.

ART. 80. —Sera puni des peines exprimées en l'article 76, tout fonctionnaire public, tout agent du gouvernement ou toute autre personne qui, chargée ou instruite officiellement, ou à raison de son état, du secret d'une négociation ou d'une expédition l'aura livrée aux agents d'une puissance étrangère ou de l'ennemi.

ART. 81. — Tout fonctionnaire public, tout agent, tout préposé du gouvernement, chargé, à raison de ses fonctions, du dépôt des plans de fortifications, arsenaux, ports ou rades, qui aura livré ces plans à l'ennemi ou aux agents de l'ennemi, sera puni de mort.

Il sera puni de la détention, s'il a livré ces

plans aux agents d'une puissance étrangère neutre ou alliée.

Art. 82. — Toute autre personne qui, étant parvenue, par corruption, fraude ou violence, à soustraire lesdits plans, les aura livrés à l'ennemi ou aux agents d'une puissance étrangère, sera punie comme le fonctionnaire ou agent mentionné dans l'article précédent, et selon les distinctions qui y sont établies.

Si lesdits plans se trouvaient, sans le préalable emploi de mauvaises voies, entre les mains de la personne qui les a livrés, la peine sera, au premier cas mentionné dans l'article 81, la déportation ;

Et au second cas du même article, un emprisonnement de deux à cinq ans.

Art. 83. — Quiconque aura recélé ou aura fait recéler les espions ou les soldats ennemis envoyés à la découverte et qu'il aura connus pour tels, sera condamné à la peine de mort.

Art. 84. — Quiconque aura, par des actions hostiles, non approuvées par le gouvernement, exposé l'État à une déclaration de guerre, sera puni du bannissement ; et si la guerre s'en est suivie, de la déportation.

Art. 85. — Quiconque aura, par des actes non approuvés par le gouverment, exposé des

Français à éprouver des représailles, sera puni du bannissement.

Crimes contre la sûreté intérieure de l'État.

ART. 87. — L'attentat dont le but est, soit de détruire ou de changer le gouvernement, soit d'exciter les citoyens ou habitants à s'armer contre l'autorité, est puni de la peine de la déportation dans une enceinte fortifiée.

ART. 91. — L'attentat dont le but sera, soit d'exciter la guerre civile en armant ou en portant les citoyens ou habitants à s'armer les uns contre les autres, soit de porter la dévastation, le massacre et le pillage dans une ou plusieurs communes, sera puni de mort.

Le complot ayant pour but l'un des crimes prévus au présent article, et la proposition de former ce complot, seront punis des peines portées en l'article 89, suivant les distinctions qui y sont établies (1).

---

(1) C'est-à-dire que, si le complot a été suivi d'un acte commis ou commencé pour en préparer l'exécution, son auteur sera condamné à la déportation. S'il n'a été suivi d'aucun acte commis ou commencé pour en préparer l'exécution, la peine sera celle de la détention.

Il y a complot dès que la résolution d'agir est concertée et arrêtée entre deux et plusieurs personnes.

S'il y a eu proposition faite et non agréée de former le

ART. 92. — Seront punis de mort ceux qui auront levé ou fait lever des troupes armées, engagé ou enrôlé, fait engager ou enrôler des soldats, ou leur auront fourni ou procuré des armes ou munitions, sans ordre ou autorisation du pouvoir légitime.

ART. 93. — Ceux qui, sans droit ou motif légitime, auront pris le commandement d'un corps d'armée, d'une troupe, d'une flotte, d'une escadre, d'un bâtiment de guerre, d'une place forte, d'un poste, d'un port, d'une ville;

Ceux qui auront retenu, contre l'ordre du gouvernement, un commandement militaire quelconque;

Les commandants qui auront tenu leur armée ou troupe rassemblée, après que le licenciement ou la séparation en auront été ordonnés,

Seront punis de la peine de mort.

ART. 94. — Toute personne qui, pouvant disposer de la force publique, en aura requis ou ordonné, fait requérir ou ordonner l'action ou l'emploi contre la levée des gens de guerre légalement établie, sera punie de la déportation.

---

complot, celui qui aura fait une telle proposition sera puni d'un emprisonnement d'un an à cinq ans. Le coupable pourra de plus être interdit, en tout ou en partie, des droits mentionnés en l'art. 42 du Code pénal.

Si cette réquisition ou cet ordre ont été suivis de leur effet, le coupable sera puni de mort.

ART. 95. — Tout individu qui aura incendié ou détruit, par l'explosion d'une mine, des édifices, magasins, arsenaux, ports, vaisseaux ou bâtiments appartenant à l'État, sera puni de mort.

ART. 96. — Quiconque, soit pour envahir des domaines, propriétés ou deniers publics, places, villes, forteresses, postes, magasins, arsenaux, ports, vaisseaux ou bâtiments appartenant à l'État, soit pour piller ou partager des propriétés publiques ou nationales, ou celles d'une généralité de citoyens, soit enfin pour faire attaque ou résistance envers la force publique agissant contre les auteurs de ces crimes, se sera mis à la tête de bandes armées, ou aura exercé une fonction ou commandement quelconque, sera puni de mort.

Les mêmes peines seront appliquées à ceux qui auront dirigé l'association, levé ou fait lever, organisé ou fait organiser les bandes, ou leur auront, sciemment et volontairement, fourni ou procuré des armes, munitions et instruments de crimes, ou envoyé des convois de subsistances ou qui auront de toute autre manière pratiqué des intelligences avec les directeurs ou commandants des bandes.

Art. 97. — Dans le cas où l'un ou plusieurs des crimes mentionnés en l'article 91 auront été exécutés ou simplement tentés par une bande, la peine de mort sera appliquée, sans distinction de grades, à tous les individus faisant partie de la bande, et qui auront été saisis sur le lieu de la réunion séditieuse.

Sera puni des mêmes peines, quoique non saisi sur le lieu, quiconque aura dirigé la sédition, ou aura exercé dans la bande un emploi ou commandement quelconque.

Art. 98. — Hors le cas où la réunion séditieuse aurait eu pour objet ou résultat l'un ou plusieurs des crimes énoncés en l'article 91, les individus faisant partie des bandes dont il est parlé ci-dessus, sans y exercer aucun commandement ni emploi, et qui auront été saisis sur les lieux, seront punis de la déportation.

Art. 99. — Ceux qui, connaissant le but et le caractère desdites bandes, leur auront, sans contrainte, fourni des logements, lieux de retraite ou de réunion, seront condamnés à la peine des travaux forcés à temps.

Excuses absolutoires.

Art. 100. — Il ne sera prononcé aucune peine, pour le fait de sédition, contre ceux qui, ayant fait partie de ces bandes sans y exercer aucun commandement et sans y remplir aucun emploi ni fonctions, se seront retirés au premier avertissement des autorités civiles ou militaires, ou même depuis, lorsqu'ils n'auront été saisis que hors des lieux de la réunion séditieuse, sans opposer de résistance et sans armes.

Ils ne seront punis, dans ces cas, que des crimes particuliers qu'ils auraient personnellement commis; et néanmoins ils pourront être renvoyés, pour cinq ans ou au plus jusqu'à dix, sous la surveillance spéciale de la haute police.

ART. 101. — Sont compris dans le mot *armes*, toutes machines, tous instruments ou ustensiles tranchants, perçants ou contondants.

Les couteaux et ciseaux de poche, les cannes simples, ne seront réputées armes qu'autant qu'il en aura été fait usage pour tuer, blesser ou frapper.

ART. 108. — Seront exemptés des peines prononcées contre les auteurs de complots ou d'autres crimes attentatoires à la sûreté intérieure ou extérieure de l'État, ceux des coupables qui, avant toute exécution ou tentative de ces complots ou de ces crimes, et avant toutes poursuites commencées, auront les premiers donné au gouvernement ou aux autorités administratives ou de police judiciaire, connaissance de ces complots ou crimes, et de leurs auteurs ou complices, ou qui, même depuis le commencement des poursuites, auront procuré l'arrestation desdits auteurs ou complices.

Les coupables qui auront donné ces connaissances ou procuré ces arrestations, pourront néanmoins être condamnés à rester pour la vie ou à temps sous la surveillance de la haute police.

Atteinte aux droits civiques.

ART. 109. — Lorsque par attroupement, voies de fait ou menaces, on aura empêché un ou plusieurs citoyens d'exercer leurs droits civiques, chacun des coupables sera puni d'un emprisonnement de six mois au moins et de deux ans au plus, et de l'interdiction du droit de voter et d'être éligible pendant cinq ans au moins et dix ans au plus.

ART. 110. — Si ce crime a été commis par suite d'un plan concerté pour être exécuté soit dans tout l'État, soit dans un ou plusieurs départements, soit dans un ou plusieurs arrondissements communaux, la peine sera le bannissement.

ART. 111. — Tout citoyen qui, étant chargé, dans un scrutin, du dépouillement des billets contenant les suffrages des citoyens, sera surpris falsifiant ces billets, ou en soustrayant de la masse, ou y en ajoutant, ou inscrivant sur les billets des votants non lettrés des noms autres que ceux qui lui auraient été déclarés, sera puni de la peine de la dégradation civique.

Attentats à la liberté.

ART. 114. — Lorsqu'un fonctionnaire public, un agent ou un préposé du gouvernement, aura ordonné ou fait quelque acte arbitraire, ou attentatoire, soit à la liberté individuelle, soit aux droits civiques d'un ou plusieurs citoyens, soit à la Constitution, il sera condamné à la peine de la dégradation civique (1).

Excuse absolutoire.

Si néanmoins il justifie qu'il a agi par ordre de ses supérieurs pour des objets du ressort de ceux-ci, sur lesquels il leur était dû obéissance

____

(1) Les dommages-intérêts qui pourraient être prononcés à raison des attentats exprimés dans l'art 114, seront demandés, soit sur la poursuite criminelle, soit par la voie civile, et seront réglés, eu égard aux personnes, aux circonstances et au préjudice souffert, sans qu'en aucun cas, et quel que soit l'individu lésé, les dits dommages-intérêts puissent être au-dessous de vingt-cinq francs pour chaque jour de détention illégale et arbitraire et pour chaque individu (art. 117).

hiérarchique, il sera exempt de la peine, laquelle sera, dans ce cas, appliquée seulement aux supérieurs qui auront donné l'ordre.

Acte contraire à la Constitution.

ART. 118. — Si l'acte contraire à la Constitution a été fait d'après une fausse signature du nom d'un ministre ou d'un fonctionnaire public, les auteurs du faux et ceux qui en auront sciemment fait usage, seront punis des travaux forcés à temps, dont le maximum sera toujours appliqué dans ce cas.

Refus de constatation de détention illégale.

ART. 119. — Les fonctionnaires publics chargés de la police administrative ou judiciaire, qui auront refusé ou négligé de déférer à une réclamation légale tendant à constater les détentions illégales et arbitraires, soit dans les maisons destinées à la garde des détenus, soit partout ailleurs, et qui ne justifieront les avoir dénoncées à l'autorité supérieure, seront punis de la dégradation civique, et tenus des dommages-intérêts, lesquels seront réglés comme il est dit dans l'article 117 (1).

---

(1) Voir la note sous l'art. 114.

Forfaiture.

Art. 121. Seront, comme coupables de forfaiture, punis de la dégradation civique, tout officier de police judiciaire, tous procureurs généraux ou de la République, tous substituts, tous juges, qui auront provoqué, donné ou signé un jugement, une ordonnance ou un mandat tendant à la poursuite personnelle ou accusation, soit d'un ministre, soit d'un membre du Sénat, du Corps législatif ou du Conseil d'État, sans les autorisations prescrites par les lois de l'État; ou qui, hors les cas de flagrant délit ou de clameur publique, auront, sans les mêmes autorisations, donné ou signé l'ordre ou le mandat de saisir ou arrêter un ou plusieurs ministres, ou membres du Sénat, du Corps législatif ou du Conseil d'État.

Détention illégale.

Art. 122. — Seront aussi punis de la dégradation civique les procureurs généraux ou de la République, les substituts, les juges ou les officiers publics qui auront retenu ou fait retenir un individu hors des lieux déterminés par le gouvernement ou par l'administration publique, ou qui auront traduit un citoyen devant une Cour d'assises, sans qu'il ait été préalablement mis légalement en accusation.

Coalition de fonctionnaires.

Art. 123. — Tout concert de mesures contraires aux lois, pratiqué soit par la réunion d'individus ou de corps dépositaires de quelque partie de l'autorité publique, soit par députation ou correspondance entre eux, sera puni d'un emprisonnement de deux mois au moins et de six mois au plus, contre chaque coupable, qui pourra de plus être condamné à l'interdiction des droits civiques, et de tout emploi public, pendant dix ans au plus.

Art. 124. — Si, par l'un des moyens exprimés ci-dessus, il a été concerté des mesures contre l'exécution des lois ou contre les ordres du gouvernement, la peine sera le bannissement.

Si ce concert a eu lieu entre les autorités civiles et les corps militaires ou leurs chefs, ceux qui en seront les auteurs ou provocateurs seront punis de la déportation; les autres coupables seront bannis.

Art. 125. — Dans le cas où ce concert aurait eu pour objet ou résultat un complot attentatoire à la sûreté intérieure de l'État, les coupables seront punis de mort.

Forfaiture par démissions.

Art. 126. — Seront coupables de forfaiture, et punis de la dégradation civique,

Les fonctionnaires publics qui auront, par délibération, arrêté de donner des démissions dont l'objet ou l'effet serait d'empêcher ou de suspendre soit l'administration de la justice, soit l'accomplissement d'un service quelconque.

Forfaiture par immixtion.

Art. 127. — Seront coupables de forfaiture, et punis de la dégradation civique,

1º Les juges, les procureurs généraux ou de la République ou leurs substituts, les officiers de police, qui se seront immiscés dans l'exercice du pouvoir législatif, soit par des règlements contenant des dispositions législatives, soit en arrêtant ou en suspendant l'exécution d'une ou de plusieurs lois, soit en délibérant sur le point de savoir si les lois seront publiées ou exécutées;

2º Les juges, les procureurs généraux ou de la République, ou leurs substituts, les officiers de police judiciaire, qui auraient excédé leur pouvoir, en s'immisçant dans les matières attribuées aux autorités administratives, soit, en faisant des règlements sur ces matières, soit en défendant d'exécuter les ordres émanés de l'administration, ou qui, ayant permis ou ordonné de citer des administrateurs pour raison de l'exercice de leurs fonctions, auraient persisté dans l'exécution de leurs jugements ou ordonnances, nonobstant l'annulation qui en aurait été prononcée ou le conflit qui leur aurait été notifié.

ART. 130. — Les préfets, sous-préfets, maires et autres administrateurs qui se seront immiscés dans l'exercice du pouvoir législatif, comme il est dit au n° 1 de l'article 127, ou qui se seront ingérés de prendre des arrêtés généraux tendant à intimer des ordres ou des défenses quelconques à des cours ou tribunaux, seront punis de la dégradation civique.

Fausse monnaie.

ART. 132. — Quiconque aura contrefait ou altéré les monnaies d'or ou d'argent ayant cours légal en France, ou participé à l'émission ou exposition desdites monnaies contrefaites ou altérées, ou à leur introduction sur le territoire français, sera puni des travaux forcés à perpétuité.

Celui qui aura contrefait ou altéré des monnaies de billon ou de cuivre ayant cours légal en France, ou participé à l'émission ou exposition desdites monnaies contrefaites ou altérées, ou à leur introduction sur le territoire français, sera puni des travaux forcés à temps.

ART. 133. — Tout individu qui aura, en France, contrefait ou altéré des monnaies étrangères, ou participé à l'émission, exposition ou introduction en France de monnaies étrangères contrefaites ou altérées, sera puni des travaux forcés à temps.

ART. 135. — La participation énoncée aux précédents articles (1) ne s'applique point à ceux qui, ayant reçu pour bonnes des pièces de monnaies contrefaites, altérées ou colorées, les ont remises en circulation.

Toutefois, celui qui aura fait usage desdites pièces, *après en avoir vérifié ou fait vérifier les vices*, sera puni d'une amende triple au moins et sextuple au plus de la somme représentée par les pièces qu'il aura rendues à la circulation, sans que cette amende puisse, en aucun cas, être inférieure à seize francs.

Excuse absolutoire.

ART. 138. — Les personnes coupables des crimes mentionnés en l'article 132 seront exemp-

---

(1) L'objet de l'art. 134 se trouve indiqué dans notre premier chapitre, page 32.

tes de peine, si, avant la consommation de ces crimes et avant toutes poursuites, elles en ont donné connaissance et révélé les auteurs aux autorités constituées, ou si, même après les poursuites commencées, elles ont procuré l'arrestation des autres coupables.

Elles pourront néanmoins être mises, pour la vie ou à temps, sous la surveillance spéciale de la haute police.

Contrefaçon des sceaux de l'État, des billets de banque, des effets publics et des poinçons, timbres et marques.

Art. 139. — Ceux qui auront contrefait le sceau de l'État ou fait usage du sceau contrefait;

Ceux qui auront contrefait ou falsifié, soit des effets émis par le Trésor public avec son timbre, soit des billets de banque autorisés par la loi, ou qui auront fait usage de ces effets et billets contrefaits ou falsifiés, ou qui les auront introduits dans l'enceinte du territoire français;

Seront punis des travaux forcés à perpétuité.

Art. 140. — Ceux qui auront contrefait ou falsifié, soit un ou plusieurs timbres nationaux, soit les marteaux de l'État servant aux marques forestières, soit le poinçon ou les poinçons servant a marquer les matières d'or ou d'argent, ou qui auront fait usage des papiers, effets, timbres, marteaux ou poinçons falsifiés ou contrefaits, seront punis des travaux forcés à temps, dont le *maximum* sera toujours appliqué dans ce cas.

ART. 141. — Sera puni de la réclusion, quiconque s'étant indûment procuré les vrais timbres, marteaux ou poinçons ayant l'une des destinations exprimées en l'article 140, en aura fait une application ou usage préjudiciable aux droits ca intérêts de l'État.

Excuse absolutoire.

ART. 144. — Les dispositions de l'article 13. sont applicables aux crimes mentionnés dans l'article 139.

Des faux en écritures publiques ou authentiques, et de commerce ou de banque.

ART. 145. — Tout fonctionnaire ou officier public qui, dans l'exercice de ses fonctions, aura commis un faux,

Soit par fausses signatures,

Soit par altération des actes, écritures ou signatures,

Soit par supposition de personnes,

Soit par des écritures faites ou intercalées sur

des registres ou d'autres actes publics, depuis leur confection ou clôture,

Sera puni des travaux forcés à perpétuité.

Art. 146. — Sera aussi puni des travaux forcés à perpétuité, tout fonctionnaire ou officier public qui, en rédigeant des actes de son ministère, en aura frauduleusement dénaturé la substance ou les circonstances, soit en écrivant des conventions autres que celles qui auraient été tracées ou dictées par les parties, soit en constatant comme vrais des faits faux, ou comme avoués des faits qui ne l'étaient pas.

Art. 147. — Seront punis des travaux forcés à temps toutes autres personnes qui auront commis un faux en écriture authentique et publique, ou en écriture de commerce ou de banque,

Soit par contrefaçon ou altération d'écritures ou de signatures,

Soit par fabrication de conventions, dispositions, obligations ou décharges, ou par leur insertion après coup dans ces actes,

Soit par addition ou altération des clauses, de déclarations ou de faits que ces actes avaient pour objet de recevoir et de constater.

Art. 148. — Dans tous les cas exprimés au présent paragraphe, celui qui aura fait usage des actes faux sera puni des travaux forcés à temps.

Faux en écriture privée.

Art. 150. — Tout individu qui aura, de l'une des manières exprimées en l'article 147, commis un faux en écriture privée, sera puni de la réclusion.

Art. 151. — Sera puni de la même peine celui qui aura fait usage de la pièce fausse.

Art. 158 (1). — Si l'officier public était instruit de la supposition de nom lorsqu'il a délivré la feuille de route, il sera puni, savoir :

Dans le premier cas posé par l'article 156, d'un emprisonnement d'une année au moins et de quatre ans au plus ;

Dans le second cas du même article, d'un emprisonnement de deux ans au moins et de cinq ans au plus ;

---

(1) Pour l'intelligence de cet article, il importe d'avoir sous les yeux le texte des art. 15′ et 157, C. P. :

Art. 156. — Quiconque fabriquera une fausse feuille de route, ou falsifiera une feuille de route originairement véritable, ou fera usage d'une feuille de route fabriquée ou falsifiée, sera puni, savoir : — D'un emprisonnement de six mois au moins et de trois ans au plus, si la fausse feuille de route n'a eu pour objet que de tromper la surveillance de l'autorité publique ; — D'un emprisonnement d'une année au moins et de quatre ans au plus, si le trésor public a payé au porteur de la fausse feuille des frais de route qui ne lui étaient pas dus ou qui excédaient ceux auxquels il pouvait avoir droit, le tout néanmoins au-dessous de cent francs ; — Et d'un emprisonnement de deux ans au moins

Dans le troisième cas, de la réclusion.

Dans les deux premiers cas, il pourra, en outre, être privé des droits mentionnés en l'article 42 du présent Code pendant cinq ans au moins et dix ans au plus, à compter du jour où il aura subi sa peine.

Des soustractions commises par les dépositaires publics.

ART. 169. — Tout percepteur, tout commis à une perception, dépositaire ou comptable public, qui aura détourné ou soustrait des deniers publics ou privés, ou effets actifs en tenant lieu, ou des pièces, titres, actes, effets mobiliers qui étaient entre ses mains en vertu de ses fonctions, sera puni des travaux forcés à temps, si les cho-

---

et de cinq ans au plus, si les sommes indûment perçues par le porteur de la feuille s'élèvent à cent francs et au delà. — Dans ces deux derniers cas, les coupables pourront, en outre, être privés des droits mentionnés en l'article 42 du présent Code pendant cinq ans au moins et dix ans au plus, à compter du jour où ils auront subi leur peine. — Ils pourront aussi être mis, par l'arrêt ou le jugement, sous la surveillance de la haute police pendant le même nombre d'années.

Art. 157. — Les peines portées en l'article précédent seront appliquées, selon les distinctions qui y sont établies, à toute personne qui se sera fait délivrer par l'officier public une feuille de route sous un nom supposé ou qui aura fait usage d'une feuille de route délivrée sous un autre nom que le sien.

ses détournées ou soustraites sont d'une valeur au-dessus de trois mille francs.

ART. 170. — La peine des travaux forcés à temps aura lieu également, quelle que soit la valeur des deniers ou des effets détournés ou soustraits, si cette valeur égale ou excède soit le tiers de la recette ou du dépôt, s'il s'agit de deniers ou effets une fois reçus ou déposés, soit le cautionnement s'il s'agit d'une recette ou d'un dépôt attaché à une place sujette à cautionnement, soit enfin le tiers du produit commun de la recette pendant un mois, s'il s'agit d'une recette composée de rentrées successives et non sujette à cautionnement.

ART. 173. — Tout juge, administrateur, fonctionnaire ou officier public qui aura détruit, supprimé, soustrait ou détourné les actes et titres dont il était dépositaire en cette qualité, ou qui lui auront été remis ou communiqués à raison de ses fonctions, sera puni des travaux forcés à temps.

Tous agents, préposés ou commis, soit du gouvernement, soit des dépositaires publics, qui se seront rendus coupables des mêmes soustractions, seront soumis à la même peine.

Concussions commises par les fonctionnaires publics.

ART. 174. — Tous fonctionnaires, tous officiers publics, leurs commis ou préposés, tous percepteurs des droits, taxes, contributions, deniers, revenus publics ou communaux, et leurs commis ou préposés, qui se sont rendus coupables du crime de concussion, en ordonnant de percevoir ou en exigeant ou en recevant ce qu'ils savaient n'être pas dû ou excéder ce qui était dû pour droits, taxes, contributions, deniers ou revenus, ou pour salaires ou traitements, seront punis, savoir: les fonctionnaires ou les officiers publics, de la peine de la réclusion, et leurs commis ou préposés, d'un emprisonnement de deux ans au moins et de cinq ans au plus, lorsque la totalité des sommes indûment exigées ou reçues, ou dont la perception a été ordonnée, a été supérieure à trois cents francs.....

Dans tous les cas prévus par le présent article, les coupables seront condamnés à une amende dont le maximum sera le quart des restitutions et des dommages-intérêts, et le minimum le douzième.

Les dispositions du présent article sont applicables aux greffiers et officiers ministériels, lorsque le fait a été commis à l'occasion des recettes dont ils sont chargés par la loi.

Corruption des fonctionnaires publics, juges, jurés, etc.

Art. 177. — Tout fonctionnaire public de l'ordre administratif ou judiciaire, tout agent ou préposé d'une administration publique, qui aura agréé des offres ou promesses, ou reçu des dons ou présents pour faire un acte de sa fonction ou de son emploi, même juste, mais non sujet à salaire, sera puni de la dégradation civique, et condamné à une amende double de la valeur des promesses agréées ou des choses reçues, sans que ladite amende puisse être inférieure à deux cents francs.

La présente disposition est applicable à tout fonctionnaire, agent ou préposé de la qualité ci-dessus exprimée, qui, par offres ou promesses agréées, dons ou présents reçus, se sera abstenu de faire un acte qui entrait dans l'ordre de ses devoirs.

Sera puni de la même peine tout arbitre ou expert nommé soit par le tribunal, soit par les parties, qui aura agréé des offres ou promesses, ou reçu des dons ou présents pour rendre une décision ou donner une opinion favorable à l'une des parties.

Art. 178. — Dans le cas où la corruption

aurait pour objet un fait criminel emportant une peine plus forte que celle de la dégradation civique, cette peine plus forte sera appliquée aux coupables.

ART. 179. — Quiconque aura contraint ou tenté de contraindre par voies de fait ou menaces, corrompu ou tenté de corrompre par promesses, offres, dons ou présents, l'une des personnes de la qualité exprimée en l'article 177, pour obtenir soit une opinion favorable, soit des procès-verbaux, états, certificats ou estimations contraires à la vérité, soit des places, emplois, adjudications, entreprises ou autres bénéfices quelconques, soit tout autre acte du ministère du fonctionnaire, agent ou préposé, soit enfin l'abstention d'un acte qui rentrait dans l'exercice de ses devoirs, sera puni des mêmes peines que la personne corrompue.

Toutefois si les tentatives de contrainte ou corruption n'ont eu aucun effet, les auteurs de ces tentatives seront simplement punis d'un emprisonnement de trois mois au moins et de six mois au plus, et d'une amende de cent francs à trois cents francs (1).

______

(1) Il ne sera jamais fait au corrupteur restitution des choses par lui livrées, ni de leur valeur : elles seront confisquées au profit des hospices des lieux où la corruption aura été commise (art. 180.)

Art. 181. — Si c'est un juge prononçant en matière criminelle, ou un juré qui s'est laissé corrompre, soit en faveur, soit au préjudice de l'accusé, il sera puni de la réclusion, outre l'amende ordonnée par l'article 177.

Art. 182. — Si par l'effet de la corruption, il y a eu condamnation à une peine supérieure à celle de la réclusion, cette peine, quelle qu'elle soit, sera appliquée au juge ou juré coupable de corruption.

Art. 183. — Tout juge ou administrateur qui se sera décidé par faveur pour une partie ou par inimitié contre elle, sera coupable de forfaiture et puni de la dégradation civique.

Abus d'autorité.

Art. 186. — Lorsqu'un fonctionnaire ou un officier public, un administrateur, un agent ou un préposé du gouvernement ou de la police, un exécuteur des mandats de justice ou jugements, un commandant en chef ou en sous ordre de la force publique, aura, sans motif légitime, usé ou fait user de violences envers les personnes, dans l'exercice ou à l'occasion de l'exercice de ses fonctions, il sera puni selon la nature et la gravité de ses violences, et en élevant la peine suivant la règle posée par l'article 198 ci-après.

Art. 188. — Tout fonctionnaire public, agent ou préposé du gouvernement, de quelque état et grade qu'il soit, qui aura requis ou ordonné, fait requérir ou ordonner l'action ou l'emploi de la force publique contre l'exécution d'une loi ou contre la perception d'une contribution légale, ou contre l'exécution soit d'une ordonnance ou mandat de justice, soit de tout autre ordre émané de l'autorité légitime sera puni de la réclusion.

Art. 189. — Si cette réquisition ou cet ordre ont été suivis de leur effet, la peine sera le *maximum* de la réclusion.

Art. 190. — Les peines énoncées aux articles 188 et 189 ne cesseront d'être applicables aux fonctionnaires ou préposés qui auraient agi par ordre de leurs supérieurs, qu'autant que cet ordre aura été donné par ceux-ci pour des objets de leur ressort, et sur lesquels il leur était dû obéissance hiérarchique; dans ce cas, les peines portées ci-dessus ne seront appliquées qu'aux supérieurs qui les premiers auront donné cet ordre.

Art. 191. — Si, par suite desdits ordres ou réquisitions, il survient d'autres crimes punissables de peines plus fortes que celles exprimées aux articles 188 et 189, ces peines plus fortes seront appliquées aux fonctionnaires, agents ou préposés coupables d'avoir donné lesdits ordres ou fait lesdites réquisitions.

ART. 198. — Hors les cas où la loi règle spécialement les peines encourues pour crimes ou délits commis par les fonctionnaires ou officiers publics, ceux d'entre eux qui auront participé à d'autres crimes ou délits qu'ils étaient chargés de surveiller ou de réprimer, seront punis comme il suit.

S'il s'agit d'un délit de police correctionnelle, ils subiront toujours le *maximum* de la peine attachée à cette espèce de délit;

Et, s'il s'agit de crime, ils seront condamnés, savoir : à la réclusion, si le crime emporte contre tout autre coupable la peine du bannissement ou de la dégradation civique;

Aux travaux forcés à temps, si le crime emporte contre tout autre coupable la peine de la réclusion ou de la détention;

Et aux travaux forcés à perpétuité, lorsque le crime emportera contre tout autre coupable la peine de la déportation ou celle des travaux forcés à temps.

Au delà des cas qui viennent d'être exprimés, la peine commune sera appliquée sans aggravation.

Troubles appo⸗tés à l'ordre public par les Ministres des cultes.

Art. 199. — Tout ministre d'un culte qui procédera aux cérémonies religieuses d'un mariage, sans qu'il lui ait été justifié d'un acte de mariage préalablement reçu par les officiers de l'état civil, sera, pour la première fois, puni d'une amende de seize francs à cent francs.

Art. 200. — En cas de nouvelles contraventions de l'espèce exprimée en l'article précédent, le ministre du culte qui les aura commises sera puni, savoir :

Pour la première récidive, d'un emprisonnement de deux à cinq ans;

Et pour la seconde, de la détention.

Art. 201. — Les ministres des cultes qui prononceront, dans l'exercice de leur ministère, et en assemblée publique, un discours contenant la critique ou censure du gouvernement, d'une loi, d'une ordonnance ou de tout autre acte de l'autorité publique, seront punis d'un emprisonnement de trois mois à deux ans.

Art. 202. — Si le discours contient une provocation directe à la désobéissance aux lois ou autres actes de l'autorité publique, ou s'il tend à soulever ou armer une partie des citoyens contre

les autres, le ministre du culte qui l'aura prononcé sera puni d'un emprisonnement de deux à
cinq ans, si la provocation n'a été suivie d'aucun
effet; et du bannissement, si elle a donné lieu à
la désobéissance, autre toutefois que celle qui
aurait dégénéré en sédition ou révolte.

ART. 203. — Lorsque la provocation aura été
suivie d'une sédition ou révolte dont la nature
donnera lieu contre l'un ou plusieurs des coupables à une peine plus forte que celle du bannissement, cette peine, quelle qu'elle soit, sera appliquée au ministre coupable de la provocation.

ART. 204. — Tout écrit contenant des instructions pastorales, en quelque forme que ce
soit, et dans lequel un ministre du culte se sera
ingéré de critiquer ou censurer, soit le gouvernement, soit tout acte de l'autorité publique,
emportera la peine du bannissement contre le
ministre qui l'aura publié.

ART. 205. — Si l'écrit mentionné en l'article précédent contient une provocation directe à la désobéissance aux lois ou autres actes de l'autorité publique, ou s'il tend à soulever ou armer
une partie des citoyens contre les autres, le ministre qui l'aura publié sera puni de la détention.

ART. 206. — Lorsque la provocation contenue
dans l'écrit pastoral aura été suivie d'une sédi-

tion ou révolte dont la nature donnera lieu contre l'un ou plusieurs des coupables à une peine plus forte que celle de la déportation, cette peine, quelle soit, sera appliquée au ministre, coupable de la provocation.

Art. 207. — Tout ministre d'un culte qui aura, sur des questions en matières religieuses, entretenu une correspondance avec une cour ou puissance étrangère, sans en avoir préalablement informé le ministre chargé de la surveillance des cultes, et sans en avoir obtenu son autorisation, sera, pour ce seul fait, puni d'une amende de cent francs à cinq cents francs, et d'un emprisonnement d'un mois à deux ans.

Art. 208. — Si la correspondance mentionnée en l'article précédent a été accompagnée ou suivie d'autres faits contraires aux dispositions formelles d'une loi ou d'un décret, le coupable sera puni du bannissement, à moins que la peine résultant de la nature de ces faits ne soit plus forte, auquel cas cette peine plus forte sera seule appliquée.

Rébellion.

Art. 209. — Toute attaque, toute résistance avec violence et voies de fait envers les officiers ministériels, les gardes champêtres ou forestiers, la force publique, les préposés à la perception des taxes et des contributions, les porteurs de contraintes, les préposés des douanes, les séquestres, les officiers ou agents de la police administrative ou judiciaire, agissant pour l'exécution des lois, des ordres ou ordonnances de l'autorité publique, des mandats de justice ou jugements, est qualifiée, selon les circonstances, crime ou délit de rébellion.

ART. 210. — Si elle a été commise par plus de vingt personnes armées, les coupables seront punis des travaux forcés à temps; et, s'il n'y a pas eu port d'armes, ils seront punis de la réclusion.

ART. 211. —Si la rébellion a été commise par une réunion armée (1) de trois personnes ou plus jusqu'à vingt inclusivement, la peine sera la réclusion; s'il n'y a pas eu port d'armes, la peine sera un emprisonnement de six mois au moins et de deux ans au plus.

---

(1) Toute réunion d'individus pour un crime ou un délit est réputée réunion armée, lorsque plus de deux personnes portent des armes ostensibles (art. 214).

Les personnes qui se trouveraient munies d'armes cachées, et qui auraient fait partie d'une troupe ou réunion non réputée armée, seront individuellement punies comme si elles avaient fait partie d'une troupe ou réunion armée (art. 215).

Excuse absolutoire.

Art. 213. — En cas de rebellion avec bande ou attroupement, l'article 100 du présent code sera applicable aux rebelles sans fonctions ni emplois dans la bande, qui se seront retirés au premier avertissement de l'autorité publique, ou même depuis, s'ils n'ont été saisis que hors du lieu de la rébellion, et sans nouvelle résistance et sans armes.

Violences envers les dépositaires de l'autorité et de la force publique.

Art. 231. — Si les violences exercées contre les fonctionnaires et agents désignés aux articles 228 et 230 (1), ont été la cause d'effusion de sang, blessures ou maladie, la peine sera la réclusion ; si la mort s'en est suivie dans les quarante jours, le coupable sera puni des travaux forcés à perpétuité.

Art. 232. — Dans le cas même où ces violences n'auraient pas causé d'effusion de sang, blessures ou maladie, les coups seront punis de la réclusion, s'ils ont été portés avec préméditation ou de guet-à-pens.

---

(1) C'est-à-dire contre les magistrats, officiers ministériels, agents de la force publique ou contre les citoyens chargés d'un ministère de service public.

Art. 233.— Si les coups ont été portés ou les blessures faites à un des fonctionnaires ou agents désignés aux articles 228 et 230, dans l'exercice ou à l'occasion de l'exercice de leurs fonctions, avec intention de donner la mort, le coupable sera puni de mort.

Évasion de détenus.

Art. 239. — Si les détenus évadés, ou l'un d'eux, étaient prévenus ou accusés d'un crime de nature à entraîner une peine afflictive à temps, ou condamnés pour l'un de ces crimes, la peine sera, contre les préposés à la garde ou conduite, en cas de négligence, un emprisonnement de deux mois à six mois; en cas de connivence, la réclusion.

Les individus non chargés de la garde des détenus, qui auront procuré ou facilité l'évasion, seront punis d'un emprisonnement de trois mois à deux ans.

Art. 240. — Si les évadés, ou si l'un d'eux, sont prévenus ou accusés de crimes de nature à entraîner la peine de mort, ou des peines perpétuelles, ou s'ils sont condamnés à l'une de ces peines, leurs conducteurs ou gardiens seront punis d'un an à deux d'emprisonnement, en cas de négligence, et de travaux forcés à temps, en cas de connivence.

Les individus non chargés de la conduite ou de la garde qui auront facilité ou procuré l'évasion, seront punis d'un emprisonnement d'un an au moins et de cinq ans au plus.

ART. 242. — Dans tous les cas ci-dessus, lorsque les tiers qui auront procuré ou facilité l'évasion y seront parvenus en corrompant les gardiens ou géôliers, ou de connivence avec eux, ils seront punis des mêmes peines que les dits gardiens ou geôliers.

ART. 243. — Si l'évasion avec bris ou violence a été favorisée par transmission d'armes, les gardiens et conducteurs qui y auront participé seront punis des travaux forcés à perpétuité; les autres personnes, des travaux forcés à temps.

Vols à l'aide d'un bris de scellés.

ART. 253. — Tout vol commis à l'aide d'un bris de scellés sera puni comme vol commis à l'aide d'effraction (1).

---

(1) Quant aux soustractions, destructions et enlèvements de pièces ou de procédures criminelles, ou d'autres papiers, registres, actes et effets, contenus dans les archives, greffes ou dépôts, ou remis à un dépositaire public en cette

ART. 255. — Quiconque se sera rendu coupable des soustractions, enlèvement ou destructions mentionnés en l'article précedent, sera puni de la réclusion.

Si le crime est l'ouvrage du dépositaire lui-même, il sera puni des travaux forcés à temps.

ART. 256. — Si le bris de scellés, les soustractions, enlèvements ou destructions de pièces ont été commis avec violences envers les personnes, la peine sera, contre toute personne, celle des travaux forcés à temps, sans préjudice de peines plus fortes, s'il y a lieu, d'après la nature des violences et des autres crimes qui y seraient joints.

Association de malfaiteurs.

ART. 265. — Toute association de malfaiteurs envers les personnes ou les propriétés est un crime contre la paix publique.

ART. 267. — Quand ce crime n'aurait été accompagné ni suivi d'aucun autre, les auteurs, directeurs de l'association, et les commandants en chef ou en sous-ordre de ces bandes, seront punis des travaux forcés à temps.

---

qualité, les peines seront, contre les greffiers, archivistes, notaires ou autres dépositaires négligents, de trois mois à un an d'emprisonnement, et d'une amende de cent francs à trois cents francs (art. 254).

Art. 268. — Seront punis de la réclusion tous autres individus chargés d'un service quelconque dans ces bandes, et ceux qui auront sciemment et volontairement fourni aux bandes ou à leurs divisions, des armes, munitions, instruments de crime, logement, retraite ou lieu de réunion.

Violences par des mendiants ou vagabonds.

Art. 279. — Tout mendiant ou vagabond qui aura exercé ou tenté d'exercer quelque acte de violence que ce soit envers les personnes sera puni d'un emprisonnement de deux à cinq ans, sans préjudice de peines plus fortes, s'il y a lieu, à raison du genre et des circonstances de la violence.

Si le mendiant ou le vagabond qui a exercé ou tenté d'exercer les violences se trouvait, en outre, dans l'une des circonstances exprimées par l'article 277, il sera puni de la réclusion (1).

_____

(1) Voici le texte de l'art. 277 : « Tout mendiant ou vagabond qui aura été saisi travesti d'une manière quelconque, — ou porteur d'armes, bien qu'il n'en ait usé ni menacé, — ou muni de limes, crochets ou autres instruments propres soit à commettre des vols ou d'autres délits, soit à lui procurer les moyens de pénétrer dans les maisons, sera puni de deux à cinq ans d'emprisonnement. »

Meurtre.

Art. 295. — L'homicide commis volontairement est qualifié meurtre.

Assassinat.

Art. 296. — Tout meurtre commis avec préméditation ou guet-apens est qualifié assassinat.

Préméditation.

Art. 297. — La préméditation consiste dans le dessein formé, avant l'action, d'attenter à la personne d'un individu déterminé, ou même de celui qui sera trouvé ou rencontré, quand même ce dessein serait dépendant de quelque circonstance ou de quelque condition.

Guet-apens.

Art. 298. — Le guet-apens consiste à attendre plus ou moins de temps, dans un ou divers lieux, un individu, soit pour lui donner la mort, soit pour exercer sur lui des actes de violence.

Parricide.

Art. 299. — Est qualifié parricide le meurtre

L'art. 282 ajoute que les mendiants dont il s'agit, seront en outre renvoyés, après l'expiration de leur peine, sous la surveillance de la haute police pour cinq ans au moins et dix ans au plus.

des père ou mère légitimes, naturels ou adoptifs, ou de tout autre ascendant légitime.

Infanticide.

Art. 300. — Est qualifié infanticide le meurtre d'un enfant nouveau-né.

Empoisonnement.

Art. 301. — Est qualifié empoisonnement tout attentat à la vie d'une personne, par l'effet de substances qui peuvent donner la mort plus ou moins promptement, de quelque manière que ces substances aient été employées ou administrées, et quelles qu'en aient été les suites.

Art. 302. — Tout coupable d'assassinat, de parricide, d'infanticide et d'empoisonnement, sera puni de mort, sans préjudice de la disposition particulière contenue en l'article 13 relativement au parricide.

Tortures ou actes de barbarie.

Art. 303. — Seront punis comme coupables d'assassinat, tous malfaiteurs, quelle que soit leur dénomination, qui, pour l'exécution de leurs crimes, emploient des tortures ou commettent des actes de barbarie.

Art. 304. — Le meurtre emportera la peine de mort, lorsqu'il aura précédé, accompagné ou suivi un autre crime.

Le meurtre emportera également la peine de mort, lorsqu'il aura eu pour objet, soit de préparer, faciliter ou exécuter un délit, soit de favoriser la fuite ou d'assurer l'impunité des auteurs ou complices de ce délit.

En tout autre cas, le coupable de meurtre sera puni des travaux forcés à perpétuité.

Coups et blessures volontaires.

Art. 309. — Tout individu qui, volontairement, aura fait des blessures, ou porté des coups, ou commis toute autre violence, ou voie de fait, s'il est résulté de ces sortes de violences une maladie ou incapacité de travail personnel pendant plus de vingt jours, sera puni d'un emprisonnement de deux à cinq ans, et d'une amende de seize francs à deux mille francs.

Il pourra, en outre, être privé des droits mentionnés en l'article 42 du présent Code pendant cinq ans au moins et dix ans au plus, à compter du jour où il aura subi sa peine.

Quand les violences ci-dessus exprimées auront été suivies de mutilation, amputation ou privation de l'usage d'un membre, cécité, perte d'un œil ou autres infirmités permanentes, le coupable sera puni de la réclusion.

Si les coups portés ou les blessures faites volontairement, mais sans intention de donner la mort, l'ont pourtant occasionnée, le coupable sera puni de la peine des travaux forcés à temps.

Circonstances aggravantes.

ART. 310. — Lorsqu'il y aura eu préméditation ou guet-apens, la peine sera, si la mort s'en est suivie, celle des travaux forcés à perpétuité; si les violences ont été suivies de mutilation, amputation ou privation de l'usage d'un membre, cécité, perte d'un œil ou autres infirmités permanentes, la peine sera celle des travaux forcés à temps; dans le cas prévu par le premier paragraphe de l'article 309, la peine sera celle de la réclusion.

ART. 312. — L'individu qui aura volontairement fait des blessures ou porté des coups à ses père ou mère légitimes, naturels ou adoptifs, ou autres ascendants légitimes, sera puni ainsi qu'il suit :

De la réclusion, si les blessures ou les coups n'ont occasionné aucune maladie ou incapacité de travail personnel de l'espèce mentionnée en l'article 309;

Du maximum de la réclusion, s'il y a eu incapacité de travail pendant plus de vingt jours, ou préméditation, ou guet-apens;

Des travaux forcés à temps, lorsque l'article auquel le cas se référera prononcera la peine de la réclusion;

Des travaux forcés à perpétuité, si l'article prononce la peine des travaux forcés à temps.

ART. 313. — Les crimes et les délits prévus dans la présente section et dans la section précédente, (1) s'ils sont commis en réunion séditieuse, avec rébellion ou pillage, sont imputables aux chefs, auteurs, instigateurs et provocateurs de ces réunions, rébellions ou pillages, qui seront punis comme coupables de ces crimes ou de ces délits, et condamnés aux mêmes peines que ceux qui les auront personnellement commis.

Castration.

ART. 316. — Toute personne coupable du crime de castration subira la peine des travaux forcés à perpétuité.

Si la mort en est résultée avant l'expiration des quarante jours qui ont suivi le crime, le coupable subira la peine de mort.

----

(1) C'est-à-dire le meurtre et autres crimes capitaux, actes de barbarie, coups et blessures volontaires.

Avortement.

ART. 317. — Quiconque, par aliments, breuvages, médicaments, violences, ou par tout autre moyen, aura procuré l'avortement d'une femme enceinte, soit qu'elle y ait consenti ou non, sera puni de la réclusion.

La même peine sera prononcée contre la femme qui se sera procuré l'avortement à elle-même, ou qui aura consenti à faire usage des moyens à elle indiqués ou administrés à cet effet, si l'avortement s'en est suivi.

Les médecins, chirurgiens et autres officiers de santé, ainsi que les pharmaciens qui auront indiqué ou administré ces moyens, seront condamnés à la peine des travaux forcés à temps, dans le cas où l'avortement aurait eu lieu.

Celui qui aura occasionné à autrui une maladie ou incapacité de travail personnel, en lui administrant volontairement, de quelque manière que ce soit, des substances qui, sans être de nature à donner la mort, sont nuisibles à la santé, sera puni d'un emprisonnement d'un mois à cinq ans, et d'une amende de seize francs à cinq cents francs; il pourra de plus être renvoyé sous la surveillance de la haute police pendant deux ans au moins et dix ans au plus.

Si la maladie ou incapacité de travail personnel a duré plus de vingt jours, la peine sera celle de la réclusion.

Si le coupable a commis, soit le délit, soit le crime, spécifiés aux deux paragraphes ci-dessus, envers un de ses ascendants, tels qu'ils sont désignés en l'article 312, il sera puni, au premier cas, de la réclusion, et, au second cas, des travaux forcés à temps.

Crimes excusables.

ART. 321. — Le meurtre ainsi que les blessures et les coups sont excusables, s'ils ont été provoqués par des coups et violences graves envers les personnes.

ART. 322. — Les crimes et délits mentionnés au précédent article sont également excusables, s'ils ont été commis en repoussant pendant le jour l'escalade ou l'effraction des clôtures, murs ou entrée d'une maison ou d'un appartement habité ou de leurs dépendances.

Si le fait est arrivé pendant la nuit, ce cas est réglé par l'article 329.

ART. 323. — Le parricide n'est jamais excusable.

ART. 324. — Le meurtre commis par l'époux sur l'épouse, ou par celle-ci sur son époux, n'est pas excusable, si la vie de l'époux ou de l'épouse qui a commis le meurtre n'a pas été mise en péril dans le moment même où le meurtre a eu lieu.

Néanmoins, dans le cas d'adultère de la femme, le meurtre commis par l'époux sur son épouse, ainsi que sur son complice, à l'instant où il le surprend en flagrant délit dans la maison conjugale, est excusable.

ART. 325. — Le crime de castration, s'il a été immédiatement provoqué par un outrage violent à la pudeur, sera considéré comme meurtre ou blessures excusables.

ART. 326. — Lorsque le fait d'excuse sera prouvé,

S'il s'agit d'un crime emportant la peine de mort, ou celle des travaux forcés à perpétuité, ou celle de la déportation, la peine sera réduite à un emprisonnement d'un an à cinq ans.

S'il s'agit de tout autre crime, elle sera réduite à un emprisonnement de six mois à deux ans.

Dans ces deux premiers cas, les coupables pourront de plus être mis, par l'arrêt ou le jugement, sous la surveillance de la haute police pendant cinq ans au moins et dix ans au plus.

S'il s'agit d'un délit, la peine sera réduite à

un emprisonnement de six jours à six mois (1).

Attentat à la pudeur sans violence.

ART. 331. — Tout attentat à la pudeur consommé ou tenté sans violence sur la personne d'un enfant de l'un ou de l'autre sexe, âgé de moins de treize ans, sera puni de la réclusion.

Sera puni de la même peine l'attentat à la pudeur commis par tout ascendant sur la personne d'un mineur, même âgé de plus de treize ans, mais non émancipé par mariage.

Viol et attentat à la pudeur avec violence.

ART. 332. — Quiconque aura commis le crime de viol sera puni de travaux forcés à temps.

Si le crime a été commis sur la personne d'un

---

(1) Il n'y a ni crime ni délit, lorsque l'homicide, les blessures et les coups étaient ordonnés par la loi et commandés par l'autorité légitime (art. 327), ou lorsqu'ils étaient commandés par la nécessité actuelle de la légitime défense de soi-même ou d'autrui (art. 328).

Sont compris dans les cas de nécessité actuelle de défense, les deux cas suivants : — 1° Si l'homicide a été commis, si les blessures ont été faites, ou si les coups ont été portés en repoussant pendant la nuit l'escalade ou l'effraction des clôtures, murs ou entrée d'une maison ou d'un appartement habité ou de leurs dépendances ; — 2° Si le fait a eu lieu en se défendant contre les auteurs de vols ou de pillages exécutés avec violence (art. 329).

enfant au-dessous de l'âge de quinze ans accomplis, le coupable subira le maximum de la peine des travaux forcés à temps.

Quiconque aura commis un attentat à la pudeur, consommé ou tenté avec violence contre des individus de l'un ou de l'autre sexe, sera puni de la réclusion.

Si le crime a été commis sur la personne d'un enfant au-dessous de l'âge de quinze ans accompli, le coupable subira la peine des travaux forcés à temps.

Art. 333. — Si les coupables sont les ascendants de la personne sur laquelle a été commis l'attentat, s'ils sont de la classe de ceux qui ont autorité sur elle, s'ils sont ses instituteurs ou ses serviteurs à gages, ou serviteurs à gages des personnes ci-dessus désignées, s'ils sont fonctionnaires ou ministres d'un culte, ou si le coupable, quel qu'il soit, a été aidé dans son crime par une ou plusieurs personnes, la peine sera celle des travaux forcés à temps, dans le cas prévu par le paragraphe 1er de l'article 331, et des travaux forcés à perpétuité, dans les cas prévus par l'article précédent.

Bigamie.

Art. 340. — Quiconque étant engagé dans les

liens du mariage en aura contracté un autre avant la dissolution du précédent, sera puni de la peine des travaux forcés à temps.

L'officier public qui aura prêté son ministère à ce mariage, connaissant l'existence du précédent, sera condamné à la même peine.

Arrestation illégale et séquestration.

Art. 341. — Seront punis de la peine des travaux forcés à temps, ceux qui, sans ordre des autorités constituées et hors les cas où la loi ordonne de saisir des prévenus, auront arrêté, détenu ou séquestré des personnes quelconques.

Quiconque aura prêté un lieu pour exécuter la détention ou séquestration subira la même peine.

Art. 342. — Si la détention ou séquestration a duré plus d'un mois, la peine sera celle des travaux forcés à perpétuité.

Excuse atténuante.

Art. 343. — La peine sera réduite à l'emprisonnement de deux ans à cinq ans, si les coupables des délits mentionnés en l'article 341, non encore poursuivis de fait, ont rendu la liberté à la personne arrêtée, séquestrée ou détenue, avant le dixième jour accompli depuis celui de l'arrestation, détention ou séquestration. Ils pourront néanmoins être renvoyés sous la surveillance de la haute police, depuis cinq ans jusqu'à dix ans.

Circonstances aggravantes.

ART. 344. — Dans chacun des deux cas suivants :

1° Si l'arrestation a été exécutée avec le faux costume, sous un faux nom, ou sur un faux ordre de l'autorité publique;

2° Si l'individu arrêté, détenu ou séquestré, a été menacé de la mort,

Les coupables seront punis des travaux forcés à perpétuité.

Mais la peine sera celle de la mort, si les personnes arrêtées, détenues ou séquestrés, ont été soumises à des tortures corporelles.

Enlèvement de mineurs, recel, suppression ou substitution d'enfants.

ART. 345. — Les coupables d'enlèvement, de recélé ou suppression d'un enfant, de substitution d'un enfant à un autre, ou de supposition d'un enfant à une femme qui ne sera pas accouchée, seront punis de la réclusion.

S'il n'est pas établi que l'enfant ait vécu, la

peine sera d'un mois à cinq ans d'emprisonnement.

S'il est établi que l'enfant n'a pas vécu, la peine sera de six jours à deux mois d'emprisonnement.

Seront punis de la réclusion ceux qui, étant chargés d'un enfant, ne le représenteront point aux personnes qui ont le droit de le réclamer.

Exposition et délaissement d'enfants.

ART. 351. — Si, par suite de l'exposition et du délaissement prévus par les articles 349 et 350 (1) l'enfant est demeuré mutilé ou estropié, l'action sera considérée comme blessures volontaires à lui faites par la personne qui l'a exposé et délaissé; et si la mort s'en est suivie, l'action sera considérée comme meurtre : au premier cas, les coupables subiront la peine applicable aux blessures volontaires; et au second cas, celle du meurtre.

---

(1) Art. 349. — Ceux qui auront exposé et délaissé en un lieu solitaire un enfant au-dessous de l'âge de sept ans accomplis, ceux qui auront donné l'ordre de l'exposer ainsi, si cet ordre a été exécuté, seront, pour ce seul fait, condamnés à un emprisonnement de six mois à deux ans, et à une amende de seize francs à deux cents francs.

Art. 350. — La peine portée au précédent article sera de deux à cinq ans; et l'amende de cinquante francs à quatre cents francs, contre les tuteurs ou tutrices, instituteurs ou institutrices de l'enfant exposé et délaissé par eux ou par leur ordre.

Enlèvement ou détournement de mineurs.

ARR. 354. — Quiconque aura, par fraude ou par violence, enlevé ou fait enlever des mineurs, ou les aura entraînés, détournés ou déplacés, ou les aura fait entraîner, détourner ou déplacer des lieux où ils étaient mis par ceux à l'autorité ou à la direction desquels ils étaient soumis ou confiés, subira la peine de la réclusion.

ART. 355. — Si la personne ainsi enlevée ou détournée est une fille au-dessous de seize ans accomplis, la peine sera celle des travaux forcés à temps.

ART. 356. — Quand la fille au-dessous de seize ans aurait consenti à son enlèvement, ou suivi volontairement le ravisseur, si celui-ci était majeur de vingt-un ans ou au-dessus, il sera condamné aux travaux forcés à temps.

Si le ravisseur n'avait pas encore vingt-un ans, il sera puni d'un emprisonnnement de deux à cinq ans.

Faux témoignage.

ART. 361.—Quiconque sera coupable de faux témoignage en matière criminelle, soit contre l'accusé, soit en sa faveur, sera puni de la peine de la réclusion.

Si néanmoins l'accusé a été condamné à une peine plus forte que celle de la réclusion, le faux témoin qui a déposé contre lui subira la même peine.

ART. 364. — Le faux témoin, en matière criminelle, qui aura reçu de l'argent, une récompense quelconque ou des promesses, sera puni des travaux forcés à temps, sans préjudice de l'application du deuxième paragraphe de l'article 361.

Le faux témoin, en matière correctionnelle ou civile, qui aura reçu de l'argent, une récompense quelconque ou des promesses, sera puni de la réclusion.

Le faux témoin, en matière de police, qui aura reçu de l'argent, une récompense quelconque ou des promesses, sera puni d'un emprisonnement de deux à cinq ans, et d'une amende de cinquante francs à deux mille francs.

Il pourra l'être aussi des peines accessoires, mentionnées en l'article 362 (1).

Dans tous les cas, ce que le faux témoin aura reçu sera confisqué.

Subornation de témoins.

ART. 365. — Le coupable de subornation de

---

(1) C'est-à-dire privé de tout ou partie de ses droits civiques et placé sous la surveillance de la haute police.

témoins sera passible des mêmes peines que le faux témoin.

Vols qualifiés.

'Art. 381. — Seront punis des travaux forcés à perpétuité les individus coupables de vols commis avec la réunion des cinq circonstances suivantes :

1° Si le vol a été commis la nuit;

2° S'il a été commis par deux ou plusieurs personnes;

3° Si les coupables ou l'un d'eux étaient porteurs d'armes apparentes ou cachées;

4° S'ils ont commis le crime, soit à l'aide d'effraction extérieure (1) ou d'escalade (2), ou

---

(1) Est qualifié *effraction*, tout forcement, rupture, dégradation, démolition, enlèvement de murs, toits, planchers, portes, fenêtres, serrures, cadenas, ou autres ustensiles ou instruments servant à fermer ou à empêcher le passage, et de toute espèce de clôture, quelle qu'elle soit. (art. 393).

Les effractions extérieures sont celles à l'aide desquelles on peut s'introduire dans les maisons, cours, basses-cours, enclos ou dépendances, ou dans les appartements ou logements particuliers (art 395).

(2) Est qualifiée *escalade*, toute entrée dans les maisons, bâtiments, cours, basses-cours, édifices quelconques, jardins, parcs et enclos, exécutée par dessus les murs, portes, toitures ou tout autre clôture. — L'entrée par une ouverture souterraine, autre que celle qui a été établie pour servir d'entrée, est une circonstance de même gravité que l'escalade (art. 397).

de fausses clefs (1), dans une maison, appartement, chambre ou logement habités (2) ou servant à l'habitation, ou leurs dépendances, soit en prenant le titre d'un fonctionnaire public ou d'un officier civil ou militaire, ou après s'être revêtus de l'uniforme ou du costume du fonctionnaire ou de l'officier, ou en alléguant un faux ordre de l'autorité civile ou militaire;

5° S'ils ont commis le crime avec violence ou menace de faire usage de leurs armes.

ART. 382. — Sera puni de la peine des travaux forcés à temps tout individu coupable de vol commis à l'aide de violence. Si la violence à l'aide de laquelle le vol a été commis a laissé des traces de blessures ou de contusions, cette circonstance suffira pour que la peine des travaux forcés à perpétuité soit prononcée.

ART. 383. — Les vols commis sur les cne-

____

(1) Sont qualifiés *fausses clefs*, tout crochets, rossignols, passe-partout, clefs imités, contrefaites, altérées, ou qui n'ont pas été destinées par le propriétaire, locataire, aubergiste ou logeur, aux serrures, cadenas, ou aux fermetures quelconques auxquelles le coupable les aura employés. (art. 398).

(2) Est réputé *maison habitée*, tout bâtiment, logement, loge, cabane, même mobile, qui, sans être actuellement habité, est destiné à l'habitation, et tout ce qui en dépend, comme cours, basses-cours, granges, écuries, édifices qui y sont enfermés, quel qu'en soit l'usage, et quand même ils auraient une clôture particulière dans la clôture ou en ceinture générale (art. 399).

mins publics emporteront la peine des travaux forcés à perpétuité, lorsqu'ils auront été commis avec deux des circonstances prévues dans l'article 381.

Ils comporteront la peine des travaux forcés à temps, lorsqu'ils auront été commis avec une seule de ces circonstances.

Dans les autres cas, la peine sera celle de la réclusion.

ART. 384. — Sera puni de la peine des travaux forcés à temps, tout individu coupable de vol commis à l'aide d'un des moyens énoncés dans le n° 4 de l'article 381, même quoique l'effraction, l'escalade et l'usage des fausses clefs, aient eu lieu dans des édifices, parcs ou enclos (1) non servant à l'habitation et non dépendant des maisons habitées, et lors même

---

(1) Est réputé *parc* ou *enclos*, tout terrain environné de fossés, de pieux, de claies, de planches, de haies vives ou sèches, ou de murs de quelque espèce de matériaux que ce soit, quelques que soient la hauteur, la profondeur, la vétusté, la dégradation de ces diverses clôtures, quand il n'y aurait pas de porte fermant à clef ou autrement, ou quand la porte serait à claire-voie et ouverte habituellement (art. 391).

Les parcs mobiles destinés à contenir du bétail dans la campagne, de quelque matière qu'ils soient faits, sont aussi réputés enclos; et, lorsqu'ils tiennent aux cabanes mobiles ou autres abris destinés aux gardiens, ils sont réputés dépendants de maison habitée (art. 392).

que l'effraction n'aurait été qu'intérieure (1).

ART. 385. — Sera également puni de la peine des travaux forcés à temps tout individu coupable de vol commis avec deux des trois circonstances suivantes :

1° Si le vol a été commis la nuit ;

2° S'il a été commis dans une maison habitée, ou dans un des édifices consacrés aux cultes légalement établis en France ;

3° S'il a été commis par deux ou plusieurs personnes ;

Et si, en outre, le coupable, ou l'un des coupables, était porteur d'armes apparentes ou cachées.

ART. 386. — Sera puni de la peine de la réclusion tout individu coupable de vol commis dans l'un des cas ci-après :

1° Si le vol a été commis la nuit, et par deux ou plusieurs personnes, ou s'il a été commis avec une de ces deux circonstances seulement, mais

---

(1) Les effractions intérieures sont celles qui, après l'introduction dans les lieux mentionnés en l'article précédent, sont faites aux portes ou clôtures du dedans, ainsi qu'aux armoires ou autres meubles fermés. — Est compris dans la classe des effractions intérieures le simple enlèvement des caisses, boîtes, ballots sous toile et corde, et autres meubles fermés, qui contiennent des effets quelconques, bien que l'effraction n'ait pas été faite sur le lieu (art. 396).

en même temps dans un lieu habité ou servant
à l'habitation, ou dans les édifices consacrés aux
cultes légalement établis en France;

2° Si le coupable ou l'un des coupables était
porteur d'armes apparentes ou cachées, même
quoique le lieu où le vol a été commis ne fût ni
habité ni servant à l'habitation, et encore quoique
le vol ait été commis le jour et par une seule
personne;

3° Si le voleur est un domestique ou un
homme de service à gages, même lorsqu'il aura
commis le vol envers des personnes qu'il ne servait pas, mais qui se trouvaient, soit dans la
maison de son maître, soit dans celle où il l'ac-
compagnait; ou si c'est un ouvrier, compagnon
ou apprenti dans la maison, l'atelier ou le maga-
sin de son maître; ou un individu travaillant
habituellement dans l'habitation où il aura volé;

4° Si le vol a été commis par un aubergiste,
un hôtelier, un voiturier, un batelier, ou un de
leurs préposés, lorsqu'ils auront volé tout ou
partie des choses qui leur étaient confiées à ce
titre.

Extorsion de signature ou d'écrit.

Art. 400. — Quiconque aura estorqué par
force, violence ou contrainte, la signature ou la

remise d'un écrit, d'un acte, d'un titre, d'une pièce quelconque contenant ou opérant obligation, disposition ou décharge, sera puni de la peine des travaux forcés à temps.

Quiconque, à l'aide de la menace écrite ou verbale, de révélations ou d'imputations diffamatoires, aura extorqué ou tenté d'extorquer, soit la remise de fonds ou valeurs, soit la signature ou remise des écrits énumérés ci-dessus, sera puni d'un emprisonnement d'un an à cinq ans et d'une amende de cinquante francs à trois mille francs.

Le saisi qui aura détruit, détourné ou tenté de détruire ou de détourner de objets saisis sur lui et confiés à sa garde, sera puni des peines portées en l'article 406 (1).

Il sera puni des peines portées en l'article 401, si la garde des objets saisis et qu'il aura détruits ou détournés ou tenté de détruire ou de détourner avait été confiée à un tiers.

Les peines de l'article 401 seront également applicables à tout débiteur, emprunteur ou tiers

---

(1) Peines de l'art. 406 : Emprisonnement de deux mois au moins, de deux ans au plus et amende qui ne peut excéder le quart des restitutions et des dommages-intérêts, ni être moindre de vingt-cinq francs. Interdiction facultative pendant cinq ans au moins et dix ans au plus des droits civiques.

donneur de gage qui aura détruit, détourné ou tenté de détruire ou de détourner des objets par lui donnés à titre de gages (1).

Celui qui aurait recélé sciemment les objets détournés, le conjoint, les ascendants et descendants du saisi, du débiteur, de l'emprunteur ou tiers donneur de gage qui l'auront aidé dans la destruction, le détournement ou dans la tentative de destruction ou de détournement de ces objets, seront punis d'une peine égale à celle qu'il aura encourue.

Banqueroutes.

ART. 402. — Ceux qui, dans les cas prévus par le Code de commerce, seront déclarés coupables de banqueroute, seront punis ainsi qu'il suit :

Les banqueroutiers frauduleux, seront punis de la peine des travaux forcés à temps.

Les banqueroutiers simples seront punis d'un emprisonnement d'un mois au moins et de deux ans au plus.

Art. 403. — Ceux qui, conformément au Code de commerce, seront déclarés complices de

---

(1) Les peines de l'art. 401 sont énumérées dans notre chapitre VI, en note, sous l'art. 311 Inst. crim.

banqueroute frauduleuse, seront punis de la même peine que les banqueroutiers frauduleux.

ART. 404. — Les agents de change et courtiers qui auront fait faillite seront punis de la peine des travaux forcés à temps; s'ils sont convaincus de banqueroute frauduleuse, la peine sera celle des travaux forcés à perpétuité (1).

Abus de blanc-seing.

ART. 407. — Quiconque abusant d'un blanc-seing qui lui aura été confié, aura frauduleusement écrit au-dessus une obligation ou décharge, cu tout autre acte pouvant compromettre la per-

______

(1) Sera déclaré banqueroutier frauduleux, et puni des peines portées au Code pénal, tout commerçant failli qui aura soustrait ses livres, détourné ou dissimulé une partie de son actif, ou qui, soit dans ses écritures, soit par des actes publics ou des engagements sous signature privée, soit par son bilan, se sera *frauduleusement* reconnu débiteur de sommes qu'il ne devait pas. (Art. 591 Code de commerce.)

Art. 593 du même Code. — Seront condamnés aux peines de la banqueroute frauduleuse :

1° Les individus convaincus d'avoir, dans l'intérêt du failli, soustrait, recélé ou dissimulé tout ou partie de ses biens, meubles ou immeubles; le tout sans préjudice des autres cas prévus par l'art. 60 du Code pénal;

2° Les individus convaincus d'avoir frauduleusement présenté dans la faillite et affirmé, soit en leur nom, soit par interposition de personnes, des créances supposées;

3° Les individus qui, faisant le commerce sous le nom d'autrui ou sous un nom supposé, se sont rendus coupables de faits prévus en l'article 591.

sonne ou la fortune du signataire, sera puni des peines portées en l'article 405 (1).

Dans le cas où le blanc-seing ne lui aurait pas été confié, il sera poursuivi comme faussaire et puni comme tel.

Abus de confiance.

ART. 408. — Quiconque aura détourné ou dissipé, au préjudice des propriétaires, possesseurs ou détenteurs, des effets, deniers, marchandises, billets, quittances ou tous autres écrits contenant ou opérant obligation ou décharge, qui ne lui auraient été remis qu'à titre de louage, de dépôt, de mandat, de nantissement, de prêt à usage, ou pour un travail salarié ou non salarié, à la charge de les rendre ou représenter, ou d'en faire un usage ou un emploi déterminé, sera puni des peines portées en l'article 406 (2).

____

(1) L'art. 405, précité réprime les faits d'escroquerie, en punissant les auteurs de ce délit d'un emprisonnement d'un an au moins et de cinq ans au plus, et d'une amende de cinquante francs au moins et de trois mille francs au plus. Le coupable pourra être, en outre, à compter du jour où il aura subi sa peine, interdit, pendant cinq ans au moins et dix ans au plus, des droits mentionnés en l'art. 42 du Code pénal. — Nous rappelons que les termes de ce dernier article se trouvent dans notre chapitre Ier, sous l'art. 2 § 9 de la loi du 21 novembre 1872.

(2) Voir l'énumération ci-dessus de ces peines, sous l'art. 406 C. P.

Si l'abus de confiance prévu et puni par le précédent paragraphe a été commis par un officier public ou ministériel, ou par un domestique, homme de service à gages, élève, clerc, commis, ouvrier, compagnon ou apprenti, au préjudice de son maître, la peine sera celle de la réclusion.

Le tout sans préjudice de ce qui est dit aux articles 254, 255 et 256, relativement aux soustractions et enlèvements de deniers, effets ou pièces, commis dans les dépôts publics (2).

Crimes des Fournisseurs.

ART. 430. — Tous individus, chargés, comme membres de compagnie ou individuellement, de fournitures, d'entreprises ou régies pour le compte des armées de terre et de mer, qui, sans y avoir été contraints par une force majeure, auront fait manquer le service dont ils sont chargés, seront punis de la peine de la réclusion et d'une amende qui ne pourra excéder le quart des dommages-intérêts, ni être au-dessous de cinq cents francs ; le tout sans préjudice de peines plus fortes en cas d'intelligence avec l'ennemi.

ART. 431. — Lorsque la cessation du service proviendra du fait des agents des fournisseurs,

---

(2) Voyez, plus haut, p. 182 du présent chapitre.

les agents seront condamnés aux peines portées par le précédent article.

Les fournisseurs et leurs agens seront également condamnés, lorsque les uns et les autres auront participé au crime.

ART. 432 —. Si des fonctionnaires publics ou des agens préposés ou salariés du gouvernement ont aidé les coupables à faire manquer le service, ils seront punis de la peine des travaux forcés à temps; sans préjudice de peines plus fortes en cas d'intelligence avec l'ennemi.

Incendie.

ART. 434. — Quiconque aura volontairement mis le feu à des édifices, navires, bateaux, magasins, chantiers, quand ils sont habités ou servent à l'habitation, et généralement aux lieux habités ou servant à l'habitation, qu'ils appartiennent ou n'appartiennent pas à l'auteur du crime, sera puni de mort.

Sera puni de la même peine quiconque aura volontairement mis le feu, soit à des voitures ou wagons contenant des personnes, soit à des voitures ou wagons ne contenant pas des personnes, mais faisant partie d'un convoi qui en contient.

Quiconque aura volontairement mis le feu à

des édifices, navires, bateaux, magasins, chantiers, lorsqu'ils ne sont ni habités ni servant à l'habitation, ou à des forêts, bois, taillis ou récoltes sur pied, lorsque ces objets ne lui appartiennent pas, sera puni de la peine des travaux forcés à perpétuité.

Celui qui, en mettant ou en faisant mettre le feu à l'un des objets énumérés dans le paragraphe précédent et à lui-même appartenant, aura volontairement causé un préjudice quelconque à autrui, sera puni des travaux forcés à temps; sera puni de la même peine celui qui aura mis le feu sur l'ordre du propriétaire.

Quiconque aura volontairement mis le feu, soit à des pailles ou récoltes en tas ou en meules, soit à des bois disposés en tas ou en stères, soit à des voitures ou wagons chargés ou non chargés de marchandises, ou autres objets mobiliers et ne faisant point partie d'un convoi contenant des personnes, si ces objets ne lui appartiennent pas, sera puni des travaux forcés à temps.

Celui qui, en mettant ou en faisant mettre le feu à l'un des objets énumérés dans le paragraphe précédent et à lui-même appartenant, aura volontairement causé un préjudice quelconque à autrui, sera puni de la réclusion; sera puni de la même peine celui qui aura mis le feu sur l'ordre du propriétaire.

Celui qui aura communiqué l'incendie à l'un des objets énumérés dans les précédents paragraphes, en mettant volontairement le feu à des objets quelconques appartenant soit à lui, soit à autrui, et placés de manière à communiquer ledit incendie, sera puni de la même peine que s'il avait directement mis le feu à l'un desdits objets.

Dans tous les cas, si l'incendie a occasionné la mort d'une ou de plusieurs personnes se trouvant dans les lieux incendiés au moment où il a éclaté, la peine sera la mort.

ART. 435. — La peine sera la même, d'après les distinctions faites en l'article précédent, contre ceux qui auront détruit, par l'effet d'une mine, des édifices, navires, bateaux, magasins ou chantiers.

Destruction d'édifices et explosion de machines à vapeur.

ART. 437. — Quiconque volontairement, aura détruit ou renversé par quelque moyen que ce soit, en tout ou en partie, des édifices, des ponts, digues ou chaussées ou autres constructions qu'il savait appartenir à autrui, ou causé l'explosion d'une machine à vapeur, sera puni de la réclusion et d'une amende qui ne pourra excéder le quart des restitutions et indemnités ni être au-dessous de cent francs.

S'il y a eu homicide ou blessures, le coupable sera, dans le premier cas, puni de mort, et, dans le second, puni de la peine des travaux forcés à temps.

Destruction de titres.

ART. 439. — Quiconque aura volontairement brûlé ou détruit d'une manière quelconque, des registres, minutes ou actes originaires de l'autorité publique, des titres, billets, lettres de change, effets de commerce ou de banque, contenant ou opérant obligation, disposition ou décharge, sera puni ainsi qu'il suit :

Si les pièces détruites sont des actes de l'autorité publique, ou des effets du commerce ou de banque, la peine sera la réclusion.

S'il s'agit de toute autre pièce, le coupable sera puni d'un emprisonnement de deux à cinq ans, et d'une amende de cent francs à trois cents francs.

Pillage.

ART. 440. — Tout pillage, tout dégât de denrées ou marchandises, effets, propriétés mobilières, commis en réunion ou en bande et à force ouverte, sera puni des travaux forcés à temps; chacun des coupables sera de plus condamné à une amende de deux cents francs à cinq mille francs.

ART. 441. — Néanmoins ceux qui prouveront avoir été entraînés par des provocations ou sollicitations à prendre part à ces violences, pourront n'être punis que de la peine de la réclusion.

Chefs instigateurs ou provocateurs.

ART. 442. — Si les denrées pillées ou détruites sont des grains, grenailles ou farines, substances farineuses, pain, vin ou autre boisson, la peine que subiront les chefs, instigateurs ou provocateurs seulement, sera le maximum des travaux forcés à temps, et celui de l'amende prononcée par l'article 440.

CHAPITRE X

DES DÉLITS DE PRESSE DÉFÉRÉS AU JURY

(Extrait de la loi du 29 décembre 1875.)

ART. 1. — Toute attaque, par l'un des moyens énoncés en l'art. 1 de la loi du 17 mai 1819 (1),

---

(1) *Art. 1 de la loi du 17 mai 1819 :*
« Quiconque, soit par des discours, des cris ou menaces

soit contre les lois constitutionnelles, soit contre les droits et les pouvoirs du gouvernement de la République qu'elles ont établi; sera punie des peines édictées par l'art. 1 du décret du 11 août 1848 (1).

L'art. 463 du Code pénal sera applicable dans les cas prévus par l'article précédent.

---

proférés dans des lieux ou réunions publics, soit par des écrits, des imprimés, des dessins, des gravures, des peintures ou emblèmes vendus ou distribués, mis en vente, ou exposés dans des lieux ou réunions publics, soit par des placards et affiches exposés aux regards du public, aura provoqué l'auteur ou les auteurs de toute action qualifiée crime ou délit à la commettre, sera réputé complice et puni comme tel. »

Les art. 16, 17 et 19 de la même loi punissent la diffamation envers : 1° Tout dépositaire ou agent de l'autorité publique, pour des faits relatifs à ses fonctions; 2° Les ambassadeurs, ministres plénipotentiaires, envoyés, chargés d'affaires ou autres agents diplomatiques accrédités près du Gouvernement, d'un emprisonnement de 8 jours à 18 mois et d'une amende de 50 fr. à 3,000 fr, ou de l'une de ces deux peines seulement, selon les circonstances.

L'injure publique contre ces mêmes personnes est punie d'un emprisonnement de cinq jours à un an et d'une amende de 25 fr. à 2,000 fr., ou de l'une de ces deux peines seulement.

(1) *Art. 1 du décret du 11 août 1848 :*
Toute attaque, par l'un des moyens énoncés en l'art. 1 de la loi du 17 mai 1819, contre les droits et l'autorité de l'Assemblée nationale, contre les droits et l'autorité que les membres du Pouvoir exécutif tiennent des décrets de l'Assemblée, contre les institutions républicaines et la Constitution, contre le principe de la souveraineté du peuple et du suffrage universel, sera punie d'un emprisonnement de trois mois à cinq ans, et d'une amende de 300 francs à 6,000 francs.

ART. 2. — Quiconque se sera rendu complice, par l'un des moyens énoncés en l'art. 60 du Code pénal (1), des infractions prévues par l'article 6 de la loi du 27 juillet 1849, sera puni des peines portées en cet article (2).

ART. 3. — L'interdiction de vente et de distribution sur la voie publique ne pourra plus être édictée par l'autorité administrative commemesure particulière contre un journal déterminé (3).

ART. 4. — La poursuite en matière de délits commis par la voie de la presse ou par les moyens de publicité prévus par l'art. 1 de la loi du 17 mai 1819, continuera d'avoir lieu conformément au chapitre III, articles 16 à 23, de la

---

(1) Voir les termes de l'article 60 dans notre chap. IX, page 118.

(2) *Art. 6 de la loi précitée :*
Tous distributeurs ou colporteurs de livres, écrits, brochures, gravures et lithographies devront être pourvus d'une autorisation qui leur sera délivrée, pour le département de la Seine, par le préfet de police, et pour les autres départements, par les préfets.

Ces autorisations pourront toujours être retirées par les autorités qui les auront délivrées.

Les contrevenants seront condamnés, par les tribunaux correctionnels, à un emprisonnement d'un mois à six mois et à une amende de vingt-cinq francs à cinq cents francs, sans préjudice des poursuites qui pourraient être dirigées pour crimes ou délits, soit contre les auteurs ou éditeurs de ces écrits, soit contre les distributeurs ou colporteurs eux-mêmes.

(3) Cette disposition abroge virtuellement l'art. 6 de la loi de 1849, en ce qui touche les journaux.

loi du 27 juillet 1849, sauf les restrictions suivantes (1) :

---

(1) *Art. 16 à 23, chap. III de la loi du 27 juillet 1849 :*
Art. 16. — Le ministère public aura la faculté de faire
citer directement à trois jours, outre un jour par cinq
myriamètres de distance, les prévenus devant la Cour
d'assises, même après qu'il y aura eu saisie.

La citation contiendra l'indication précise de l'écrit ou
des écrits, des imprimés, placards, dessins, gravures,
peintures, médailles ou emblèmes incriminés, ainsi que
l'articulation et la qualification des délits qui ont donné
lieu à la poursuite.

Dans le cas où une saisie aurait été ordonnée ou exécutée, copie de l'ordonnance ou du procès-verbal de ladite
saisie sera notifiée au prévenu en tête de la citation, à
peine de nullité.

Art. 17. — Si le prévenu ne comparait pas au jour fixé
par la citation, il sera jugé par défaut par la Cour d'assises, sans assistance ni intervention de jurés.

L'opposition à l'arrêt par défaut devra être formée dans
les trois jours de la signification à personne ou à domicile,
outre un jour par cinq myriamètres de distance, à peine de
nullité.

L'opposition emportera de plein droit citation à la première audience.

Si, à l'audience où il doit être statué sur l'opposition, le
prévenu n'est pas présent, le nouvel arrêt rendu par la
Cour sera définitif.

Art. 18. — Toute demande en renvoi, pour quelque cause
que ce soit, tout incident sur la procédure suivie, devront
être présentés avant l'appel et le tirage au sort des jurés,
à peine de forclusion.

Art. 19. — Après l'appel et le tirage au sort des jurés,
le prévenu, s'il a été présent à ces opérations, ne pourra
plus faire défaut.

En conséquence, tout arrêt qui interviendra, soit sur la
forme, soit sur le fond, sera définitif, quand bien même le
prévenu se retirerait de l'audience et refuserait de se défendre. Dans ce cas, il sera procédé avec le concours du
jury, et comme si le prévenu était présent.

ART. 5. — Les tribunaux correctionnels connaîtront :

1° Des délits de diffamation, d'outrage et d'injure publique, *contre toute personne et tout corps constitué* (1);

2° Du délit d'offense envers le président de

Art. 20. — Aucun pourvoi en cassation sur les arrêts qui auront statué, soit sur les demandes en renvoi, soit sur les incidents de procédure, ne pourra être formé qu'après l'arrêt définitif, et en même temps que le pourvoi contre cet arrêt, à peine de nullité.

Art. 21. — Le pourvoi en cassation devra être formé dans les vingt-quatre heures au greffe de la Cour d'assises; vingt-quatre heures après, les pièces seront envoyées à la Cour de cassation. Dans les dix jours qui suivront l'arrivée des pièces au greffe de la Cour de cassation, l'affaire sera instruite et jugée d'urgence, toutes autres affaires cessantes.

Art. 22. — Si, au moment où le ministère public exerce son action, la session de la Cour d'assises est terminée, et s'il ne doit pas s'en ouvrir d'autres à une époque rapprochée, il pourra être formé une Cour d'assises extraordinaires par ordonnance motivée du premier président. Cette ordonnance prescrira le tirage au sort des jurés, conformément à la loi.

Les dispositions de l'art. 81 du décret du 6 juillet 1810 seront applicables aux Cours d'assises extraordinaires formées en exécution du paragraphe précédent.

Art. 23. — L'art. 463 du Code pénal est applicable aux délits prévus par la présente loi.

Lorsqu'en matière de délits, le jury aura déclaré l'existence des circonstances atténuantes, la peine ne s'élèvera jamais au-dessus de moitié du maximum déterminé par la loi.

(1) Le législateur de 1871 avait déjà réservé à la juridiction correctionnelle le délit de diffamation envers les particuliers et celui d'injure verbale envers toute personne, même les fonctionnaires publics. La loi nouvelle attribue à la même juridiction la diffamation, l'outrage et l'injure publique

la République ou l'une des deux Chambres, ou envers la personne d'un souverain ou du chef d'un gouvernement étranger;

3° De tous délits de publication ou reproduction de nouvelles fausses, de pièces fabriquées, falsifiées ou mensongèrement attribuées à des tiers;

4° Du délit de provocation à commettre un

---

même envers les fonctionnaires et les corps constitués, soit que ces délits aient été commis verbalement, soit qu'ils l'aient été par la voie de la presse. — (Dufaure).

L'Art. 6 de la loi du 25 mars 1822, dispose que l'outrage fait publiquement, d'une manière quelconque, à raison de leurs fonctions ou de leur qualité, soit à un ou plusieurs des membres de l'une des deux chambres, soit à un fonctionnaire public, soit à un ministre d'un culte reconnu, sera puni d'un emprisonnement de quinze jours à deux ans et d'une amende de 100 fr. à 4,000 fr. — *Le même délit envers un juré*, à raison de ses fonctions ou envers un témoin, à raison de sa déposition, sera puni d'un emprisonnement de dix jours à un an et d'une amende de 50 fr. à 3,000 fr., ajoute cet article. Si l'outrage a été accompagné des excès ou violences prévus par le § 2 de l'art. 228 et par les art. 231, 232 et 233, du Code pénal, le coupable sera puni conformément audit code, (Voir *notre* chap. VII, p.118 et notre chap. IX, page 179).

L'art. 6 s'applique même à l'outrage commis envers un ancien fonctionnaire public. (Nancy, 19 mai et 21 juin 1875; Sirey, *Recueil des lois et arrêts*, même année).

Aux termes de l'art. 10 de la loi du 9 septembre 1835, il est interdit de rendre compte des délibérations intérieures *soit des jurés*, soit des cours et tribunaux. L'infraction à ces diverses prohibitions sera poursuivie devant les tribunaux correctionnels et punie d'un emprisonnement d'un mois à un an et d'une amende de cinq cents francs à cinq mille francs.

délit, suivie ou non suivie d'effet (Article 3 de la loi du 17 mai 1819 (1);

5° Du délit d'apologie de faits qualifiés crimes ou délits par la loi (Article 5 de la loi du 27 juillet 1849 (2);

6° Des délits commis contre les bonnes mœurs par la publication, l'exposition, la distribution et la mise en vente d'écrits, dessins ou images obscènes (3);

7° Des cris séditieux publiquement proférés;

8° Des infractions purement matérielles aux

(1) Art. 3. — Quiconque aura, par l'un des mêmes moyens, (il s'agit de ceux énoncés en l'article 1er de la loi du 17 mai 1819) provoqué à commettre un ou plusieurs délits, sans que ladite provocation ait été suivie d'aucun effet, sera puni d'un emprisonnement de trois jours à deux années, et d'une amende de 30 francs à 4,000 francs, ou de l'une de ces deux peines seulement, selon les circonstances, sauf les cas dans lesquels la loi prononcerait une peine moins grave contre l'auteur même du délit, laquelle sera alors appliquée au provocateur.

(2) Art. 5. — Il est interdit d'ouvrir ou annoncer publiquement des souscriptions ayant pour objet d'indemniser des amendes, frais, dommages et intérêts prononcés par des condamnations judiciaires. La contravention sera punie, par le tribunal correctionnel, d'un emprisonnement d'un mois à un an et d'une amende de cinq cents francs à mille francs.

(3) Les auteurs, éditeurs, distributeurs ou vendeurs d'écrits ou d'images obscènes, n'avaient aucun droit aux garanties que la loi accorde aux écrivains politiques. Les Tribunaux correctionnels en feront justice; mais la loi n'a voulu viser que les excitations directes à la débauche, les délits d'outrage à la morale publique et religieuse qui n'auraient pas ce caractère restent donc de la compétence des Cours d'assises. — (Dufaure).

lois, décrets et règlements sur la presse (1).

ART. 6. — Dans le cas d'offense envers les Chambres ou l'une d'elles, et de diffamation ou d'injures contre les cours, tribunaux ou autres corps constitués, la poursuite aura lieu d'office; elle aura lieu pour diffamation ou injures contre tous dépositaires ou agents de l'autorité publique, soit sur la plainte de la partie offensée, soit d'office sur la demande adressée au ministre de la justice par le ministre dans le département duquel se trouve le fonctionnaire diffamé ou injurié.

En cas d'offense contre la personne des souverains ou chefs des gouvernements étrangers, la poursuite aura lieu soit à la requête des souverains ou chefs des gouvernements étrangers, soit d'office sur leur demande adressée au mi-

---

Aux termes de l'art. 8 de la loi du 17 mai 1819, tout outrage à la morale publique et religieuse, ou aux bonnes mœurs, par l'un des moyens énoncés en l'art. 1er de la dite loi, est puni d'un emprisonnement d'un mois à un an, et d'une amende de 16 francs à 500 francs.

(1) Tous les délits qui n'ont pas été compris dans l'art. 5 de la loi seront, comme par le passé, déférés à la Cour d'assises. On peut dire que le jury demeure pour les délits de presse le juge ordinaire, en ce sens que la juridiction des Tribunaux correctionnels ne peut s'étendre au delà des exceptions prévues par la loi et que si un doute pouvait s'élever sur la limite des deux juridictions, il devrait être résolu en faveur de la compétence du jury. — (Dufaure).

nistre des affaires étrangères et par celui-ci au ministre de la justice.

ART. 7. — La preuve des faits diffamatoires, dans le cas où elle est autorisée par la loi, aura lieu devant le tribunal correctionnel, conformément aux articles 20 à 25 de la loi du 26 mai 1819.

Les délais prescrits par ces articles courront à partir du jour où la citation aura été donnée (1).

ART. 8. — Tout crime ou délit commis par la voie de la presse sera porté devant la cour d'assises du département où le dépôt de l'écrit doit être effectué, si la session est ouverte et si les délais permettent de donner la citation en temps utile.

Dans le cas contraire, les crimes et délits seront déférés à la cour d'assises du ressort de la cour d'appel qui sera ouverte ou qui s'ouvrira le

----

(1) *Art. 20 à 25 de la loi du 26 mai 1819 :*

Art. 20. — Nul ne sera admis à prouver la vérité des faits diffamatoires, si ce n'est dans le cas d'imputations contre les dépositaires ou agents de l'autorité, ou contre toutes personnes ayant agi dans un caractère public, des faits relatifs à leurs fonctions. Dans ce cas, les faits pourront être prouvés par-devant la Cour d'assises par toutes les voies ordinaires, sauf la preuve contraire par les mêmes voies.

La preuve des faits imputés met l'auteur de l'imputation à l'abri de toute peine, sans préjudice des peines prononcées contre toute injure qui ne serait pas nécessairement dépendante des mêmes faits.

Art. 21. — Le prévenu qui voudra être admis à prouver la vérité dans le cas prévu par le précédent article devra,

plus prochainement, et si deux cours d'assises sont ouvertes en même temps dans le même ressort, à la cour d'assises la plus rapprochée.

En cas de défaut, la compétence sur opposition sera réglée conformément aux dispositions qui précèdent.

ART. 9. — L'appel contre les jugements ou le pourvoi contre les arrêts des cours d'appel et des cours d'assises, qui auront statué tant sur des questions de compétence que sur tous autres incidents, ne seront formés, à peine de nullité, qu'après le jugement ou l'arrêt définitif et en

---

dans les huit jours qui suivront la notification de l'arrêt de renvoi devant la Cour d'assises, ou de l'opposition à l'arrêt par défaut rendu contre lui. faire signifier au plaignant :

1° Les faits articulés et qualifiés dans cet arrêt, desquels il entend prouver la vérité ;

2° La copie des pièces ;

3° Les noms, professions et demeures des témoins par lesquels il entend faire sa preuve.

Cette signification contiendra élection de domicile près la Cour d'assises ; le tout à peine d'être déchu de la preuve.

Art. 22. — Dans les huit jours suivants, le plaignant sera tenu de faire signifier au prévenu, au domicile par lui élu, la copie des pièces, et les noms, professions et demeures des témoins par lesquels il entend faire la preuve contraire, le tout également sous peine de déchéance.

Art 23. — Le plaignant en diffamation ou injure pourra faire entendre des témoins qui attesteront sa moralité : les noms, professions et demeures de ces témoins seront notifiés au prévenu ou à son domicile, un jour au moins avant l'audition.

même temps que l'appel ou le pourvoi contre lesdits jugements ou arrêts.

Les tribunaux et les cours passeront outre au jugement du fond, sans s'arrêter ni avoir égard aux appels ou pourvois formés contrairement aux prescriptions du présent article (1).

Le prévenu ne sera point admis à faire entendre des témoins contre la moralité du plaignant.

Art. 24. — Le plaignant sera tenu, immédiatement après l'arrêt de renvoi, d'élire domicile près la Cour d'assises et de notifier cette élection au prévenu et au ministère public; à défaut de quoi toutes significations seront faites valablement au plaignant au greffe de la Cour.

Lorsque le prévenu sera en état d'arrestation, toutes notifications, pour être valables, devront lui être faites à personne.

Art. 25. — Lorsque les faits imputés seront punissables selon la loi, et qu'il y aura des poursuites commencées à la requête du ministère public, ou que l'auteur de l'imputation aura dénoncé ces faits, il sera, durant l'instruction, sursis à la poursuite et au jugement du délit de diffamation.

(1) Telles sont les dispositions de la trente-huitième loi sur la presse! Depuis 1789 jusqu'au 3 janvier 1876, date de sa promulgation, on comptait déjà sous la dénomination de chartes, lois, décrets, ordonnances, actes, notes et arrêtés, cent treize dispositions différentes concernant la même matière.

D'après M. Dufaure, auteur du projet de la loi nouvelle, celle-ci n'est pas encore destinée à fixer définitivement les principes applicables en matière de presse; c'est une loi d'urgence dont le but a été de permettre la levée de l'état de siége.

Une loi précédente, celle du 15 avril 1871, ayant le même objet et qui restitua aux jurés, après vingt ans d'attente, la connaissance générale des délits de presse, était également provisoire!

Quoi qu'il en soit, nous espérons voir étendre désormais de plus en plus la juridiction du jury, et conséquemment, les magistrats mêlés de moins en moins à la politique. « L'histoire récente nous apprend — a dit M. le sénateur Bertauld, séance du 27 décembre 1875 — que, suivant que le jury ou la juridiction correctionnelle prévaut, nous avons un gouvernement libéral, ou un gouvernement qui ne l'est pas. » Le lendemain, notre honorable confrère M⁰ Leblond ajoutait : « Le rôle de la magistrature, c'est de rester dans le calme, dans l'austérité de l'étude, c'est de demeurer impassible au milieu des agitations politiques. Elle doit y rester étrangère ; elle ne doit pas même les juger, et quand elle y intervient, quand elle y prend part, elle abdique le grand rôle austère qui lui a été confié par la loi. »

Dès son entrée au ministère de la justice en 1871, M. Dufaure proposa le retour à la législation de 1819 et défendit aux juges de paix de prendre part aux luttes politiques. On se rappelle qu'avant le 4 septembre 1870, ils recevaient, au contraire, l'ordre de faire de la propagande électorale.

Le 7 janvier 1876, les parquets des Cours d'appel reçurent, de cet illustre garde des sceaux, les instructions suivantes concernant l'exécution de la loi du 29 décembre 1875 :

« Vous vous appliquerez, monsieur le procureur général, à faire respecter la volonté du législateur, qui n'a point été de sacrifier la juridiction du jury en matière de presse, mais seulement de la restreindre aux délits ayant un caractère vraiment politique ou social, tels que les attaques contre les lois constitutionnelles, l'excitation à la haine et au mépris du gouvernement, l'excitation à la haine et au mépris des citoyens les uns contre les autres, etc. Il ne faudrait pas que, cédant à un esprit systématique de défiance contre le jury, vos substituts cherchassent dans les exceptions apportées par la loi à sa compétence un moyen de supprimer à peu près complètement la juridiction elle-même. Les magistrats, j'en ai la conviction, seront d'ailleurs unanimes pour sentir tout ce qu'ils auraient à perdre à redevenir juges des procès ayant un caractère ou une tendance purement politique.... La magistrature, en se renfermant dans le cercle qui lui est tracé par la loi nouvelle, restera protégée contre ses propres entraînements et contre tout soupçon de partialité. »

APPENDICE

DOCUMENTS LÉGISLATIFS

EXTRAIT DES PROCÈS-VERBAUX DU CONSEIL D'ÉTAT
SOUS LE PREMIER EMPIRE (1).

*Discussion sur l'abolition ou le maintien de l'institution
du jury.*

Le 29 mai 1804, Napoléon I⁰ʳ ordonna à la
section de législation de rédiger une série de
questions fondamentales en matière criminelle,
pour l'élaboration d'un nouveau Code.

Le 5 juin suivant, le Conseil se réunit après
avoir préparé son travail.

---

(1) Recueillis par le baron Locré, secrétaire-général du Conseil
d'État t. XXIV, p. 11 et suiv.

Voici le texte du procès-verbal, sauf quelques passages sans intérêt.

SA MAJESTÉ préside la séance.

S. A. I. LE PRINCE CONNÉTABLE, LL. AA. SS. AR-CHICHANCELIER de l'EMPIRE et le PRINCE ARCHI-TRÉSORIER,

Sont présents.

M. BIGOT-PRÉAMENEU présente les questions dont la rédaction a été ordonnée.

... Elles sont ainsi conçues :

1re QUESTION. — *L'institution du Jury sera-t-elle conservée ?*

. . . .

La première question est soumise à la discussion.

M. SIMÉON dit que cette question ne s'élève que parce que l'épreuve que l'on a faite de l'instruction par jurés n'a point été heureuse, et qu'il a même fallu la suspendre dans un grand nombre de départements. On dit que c'est la faute de l'esprit de parti, que ce n'est point le vice de la théorie.

Examinons donc et la théorie en elle-même, et s'il est facile d'en écarter les inconvénients dans la pratique.

Le jugement par jurés doit, ce semble, être le plus ancien, et remonter presqu'à l'origine des sociétés. Un crime était commis ; le peuple le constatait et le jugeait, ou en masse ou par des délégués choisis au sort, ou de toute autre manière.

Il n'y avait point alors de magistrats, ou il n'y en avait point en nombre suffisant ; ou le peuple jaloux de sa souveraineté, et pouvant l'exercer facilement, ne voulait pas se dessaisir du pouvoir de juger.

L'idée que les jurés offrent plus de garantie pour la

sûreté de l'innocent, ou pour la punition du coupable, n'était pas encore née.

Le hasard ou le besoin du moment a formé presque toutes les institutions anciennes. On en étudie et on n'en recherche les défauts et les avantages qu'à mesure que la civilisation s'avance. C'est alors qu'on découvre ou qu'on prête des motifs à leur établissement.

Nous avions eu des jurés en France dans le jugement des pairs, avant qu'on s'occupât beaucoup de la science et de la perfection de la loi. Nous nous écartâmes de cette institution à mesure que nous eûmes des justices réglées, des magistrats, des hommes qui se consacrèrent à l'étude et à l'application des lois.

Les Anglais sont le seul peuple qui ait retenu l'établissement des jurés.

Il y sont fortement attachés; d'abord, parce qu'ils le sont beaucoup à tout ce qui est établi, et qu'ils ont un grand éloignement pour le changement; ensuite, parce que, quoique leurs jurés soient dirigés et influencés, bien plus que les nôtres, par les grands juges qui sont les délégués du Roi, ils croient que cette institution les garantit mieux de l'arbitraire que ne le feraient des jugements rendus par des magistrats sans jurés.

Au commencement de la révolution, on fit des réformes utiles dans notre procédure criminelle, en introduisant dans l'information des adjoints qui surveillaient le juge instructeur, en rendant la confrontation publique, en donnant à l'accusé des défenseurs, et en lui communiquant toutes les pièces.

Le désir du mieux qui nous a fait tant de mal dans la révolution, fit ensuite proposer les jurés; et sans doute cette proposition était séduisante, puisqu'elle fut soutenue par des hommes très-distingués, et qu'ils l'emportèrent sur l'opposition d'hommes non moins recommandables.

Nous en vînmes donc à établir que s'il est besoin de magistrats, d'hommes consommés pour décider les causes civiles, tout homme, à peu près, peut décider les causes criminelles; qu'il n'y faut pas d'habitude, mais uniquement du bon sens et de la probité.

Sous le prétexte que les hommes qui ont fait une profession et une science de l'art de juger, combinaient avec trop de moyens et d'habileté les motifs de leurs décisions, on voulut que des hommes étrangers à l'examen des affaires vinssent assister à des débats, souvent de plusieurs jours, entre des témoins, des accusés et leurs défenseurs; qu'occupés à la fois à fixer dans leur esprit ce qu'ils entendaient, à épier tous les mouvements des témoins et des accusés, et à combiner les faits et les assertions contraires, ils se formassent, sans aucun secours que celui de leur mémoire et de quelques notes, une opinion de laquelle dépendent la vie et l'honneur de l'accusé.

Quelle que soit la manière d'instruire une cause criminelle et d'en amener le jugement, question différente de celle que nous examinons, où est l'avantage d'avoir pour juges criminels des simples citoyens plutôt que des magistrats?

On dit que les magistrats s'endurcissent par l'habitude de juger, qu'ils présument toujours le crime, qu'ils ne voient que des coupables.

Quoiqu'on ait relevé à bon droit quelques erreurs graves de nos anciens tribunaux criminels, on peut affirmer qu'elles étaient extrêmement rares, qu'elles étaient moins dues à la prétendue dureté des juges qu'à l'imperfection des débats, à de faux témoignages, à de violents indices d'après lesquels des jurés auraient également pu se tromper. Si l'on conservait par écrit les bases de la conviction des jurés, comme on gardait celle des arrêts dans la procédure écrite, on entendrait aussi beaucoup de reproches contre les jurés, et autant peut-être sous des rapports de sévérité que sous ceux d'indulgence. Mais tout disparaît avec eux ; ils ne laissent de traces de leur jugement que son exécution.

On avait anciennement prévenu la crainte de l'endurcissement des juges par l'établissement de la Tournelle (1). Ils se reposaient et se rafraîchissaient l'âme par le service successif dans la chambre civile et dans la chambre criminelle. On avait donné depuis une nouvelle et plus forte garantie à la conscience des juges et à la sûreté des accusés par la publicité de la confrontation.

Mais quand on redoute tant de sévérité des juges, comme si l'habitude seule de trouver des coupables rendait injuste et prévaricateur, n'a-t-on pas à craindre l'inhabitude des jurés, leur indulgence, leur mollesse?

Des juges, dit-on, chercheront des coupables. Pourquoi? qu'y gagnent-ils? Est-ce donc un plaisir de condamner?

Mais les jurés appelés une ou deux fois à un jugement criminel, effrayés de l'importance de fonctions insolites pour eux, et des suites de leurs déclarations, ne se trouveraient-ils pas heureux d'absoudre? Il n'y aura pas seulement sûreté pour l'innocence, il y aura impunité pour le crime.

____

(1) Chambre criminelle ainsi nommée, parce que les magistrats y siégeaient à tour de rôle.

On a beaucoup dit dans la discussion de l'Assemblée Constituante, qu'il vaut mieux que cent coupables échappent qu'un innocent périsse.

Cette assertion a un tel vernis d'humanité qu'on n'ose pas la discuter, de peur de se faire accuser de barbarie.

Cependant le but de la justice n'est ni la perte d'un innocent, ni l'impunité d'un coupable : il est de rendre à chacun ce qu'il mérite.

Pas plus que les jurés, les magistrats ne veulent la perte d'un innocent; non moins qu'eux, ils rechercheront les preuves de l'innocence, ils les démêleront, avec plus de sagacité, des pièges de l'accusation.

Moins que les jurés, ils s'en laisseront imposer par des dépositions fausses, ou par des accusés ou des défenseurs habiles et astucieux.

Tout le monde est d'accord que c'est de la conviction que doit dépendre le jugement criminel; le magistrat est-il donc moins susceptible de conviction, ou sa conviction est-elle plus suspecte que celle du juré.

C'est ce qu'il faut examiner. Rarement on fait bien ce qu'on n'est pas accoutumé de faire.

Je me défierai donc plus d'un juré que d'un magistrat qui me dira qu'il est convaincu.

Quoiqu'il ne s'agisse que de savoir si l'accusé est coupable ou non, pour arriver à ce résultat simple, ne faut-il pas beaucoup d'attention, de combinaisons et de réflexions?

Voyez ce qui se passe tous les jours dans la société : y a-t-il beaucoup d'hommes en état d'y soutenir une discussion sur des faits moins compliqués que ceux d'une accusation, et d'une bien moindre importance?

Le juré prononcera, sans doute, d'après sa conviction ; mais souvent sa conviction sera celle d'un homme léger qui se détermine sur le premier aperçu, sur la physionomie de la cause, si ce n'est quelquefois sur celle de l'accusé ou des témoins.

Rarement le juré, quelque attention qu'il apporte aux débats, est en état de prononcer autrement que par une sorte d'instinct. Rarement il est en état de rendre compte de ses motifs comme le ferait un magistrat, un homme accoutumé à analyser, à raisonner.

Aussi, qu'arrive-t-il? Un ou deux jurés entraînent les autres. S'il y a quelqu'un parmi eux qui ait plus l'habitude de la discussion, il fait le jugement.

Les magistrats, au contraire, quoiqu'il y ait aussi parmi eux divers degrés de talents et d'habileté, sont plus à armes égales. Tous ont l'habitude d'exercer cet esprit de critique nécessaire pour discerner le vrai d'avec le faux, au milieu d'assertions et de témoignages contraires. Ils ont pour former leur conviction, tous les avantages que les débats fournissent aux jurés; ils ont de plus l'avantage de l'expérience.

Quoi qu'on dise de leur prétendu endurcissement, auquel l'opinion oppose la pitié et l'embarras d'un homme appelé pour la première fois, ou de loin en loin, à un jugement criminel, il voit, dans leur conviction éclairée plus de garantie pour l'innocence contre les pièges de la calomnie, et plus de sûreté pour la tranquillité publique par la punition des crimes.

Il n'échappe à personne que le juré n'est responsable qu'à sa conscience. Il se perd dans la foule, après avoir jugé. Le magistrat, non moins responsable à sa conscience, l'est encore au gouvernement qui l'a nommé, au public qui le voit tous les jours en évidence; il cherche dans son intégrité une considération dont il a besoin, et ce qui est aussi capable de rassurer l'innocence que de faire pâlir le crime.

Il semble qu'il est plus important dans les affaires criminelles que dans les affaires civiles, d'être jugé par des hommes instruits et revêtus d'un caractère permanent, que par des hommes inexpérimentés et obscurs. Il me semble que les jurés ne sont préférables qu'à défaut de magistrats, ou dans les pays où les magistrats seraient regardés comme des instruments de la tyrannie.

Mais il est facile de produire beaucoup d'arguments pour et contre sur ce qui est de simple théorie. Venons à ce que l'expérience nous a montré.

Nous avons fait l'essai des jurés : a-t-il répondu à nos espérances ?

Beaucoup d'accusations s'élèvent contre cette institution, elles sont appuyées sur des faits : la défense ne l'est que sur la théorie de ses partisans, et sur l'exemple de ses succès en Angleterre.

Ce ne serait pas la première fois que nous éprouverions que les institutions bonnes chez un peuple, ou parce qu'elles conviennent à son caractère et à ses mœurs, ou parce qu'il y est accoutumé (et l'habitude forme une seconde nature), ne sont pas bonnes chez un peuple dont le caractère et les usages sont différents.

On dit que c'est l'esprit de parti qui a défiguré chez nous le jury; mais la plupart des crimes ne tenaient pas à l'esprit de parti : beaucoup de vols, de meurtres, de faux ont été commis par des gens qui n'étaient d'aucun parti, non en haine de la révolution et contre l'intérêt public, mais uniquement par corruption et contre l'intérêt privé : beaucoup ont été mal jugés, et il a fallu créer des tribunaux spéciaux ou suspendre les jurys.

Le motif de la supension a été pris, il est vrai, des circonstances : on a mieux aimé attribuer à une cause passagère la nécessité d'attaquer une institution établie par les Constitutions de l'État, que de s'appuyer sur ses vices ou sur son opposition avec nos mœurs. On ne prenait que des mesures provisoires. On a allégué un motif passager : mais à présent qu'il s'agit d'examiner la chose à fond, on peut dire que, même après l'extinction de l'esprit de parti, le jury n'offre point les avantages qu'on s'en promet.

Il ne les offre pas, parce que, dans beaucoup d'affaires qui n'appartiennent à aucun parti, il a donné un grand nombre de mauvais jugements.

Pourquoi ferions-nous une nouvelle expérience, s'il est probable que nous aurions les mêmes résultats, et si d'ailleurs, abstraction faite de l'esprit de parti, le jury ne présente pas dans la pratique les avantages que la théorie y suppose?

L'esprit de parti éteint, le commun des hommes acquerra-t-il plus de capacité pour exercer sur les débats cette conduite éclairée qui conduit à la vérité?

La conviction de l'homme inexpérimenté vaudra-t-elle mieux que celle du magistrat qui ne la formera point, comme on l'avait supposé dans la discussion à l'Assemblée Constituante, sur des preuves appelées légales, mais avec les mêmes moyens, les mêmes éléments que le juré, et d'après les débats?

L'esprit de parti éteint, les citoyens auront-ils plus d'empressement à remplir des fonctions pénibles et par l'attention qu'elles exigent et par leurs résultats?

Un des estimables auteurs du projet du nouveau Code Criminel a dit qu'il y a plus d'esprit public en France qu'on n'en suppose; que l'on voit partout des citoyens empressés à remplir des fonctions gratuites et assujettissantes. Oui, on est volontiers administrateur d'hospice, membre d'un conseil de préfecture; mais y a-t-il beaucoup d'empressement à être juré? Sur cent personnes, quatre-vingts cherchent à éluder cette charge publique, et plus encore s'en acquittent mal.

Quand on ne chercherait plus à s'y soustraire, et qu'on trouverait par les moyens, la contrainte donnerait-elle de la capacité?

Qu'on interroge des gens instruits qui ont été jurés, ils diront qu'ils se sont presque toujours trouvés avec des hommes n'ayant pas la capacité suffisante.

L'institution du jury a sans doute encore des partisans de la plus grande autorité : elle en a dans Paris, où il y a plus de moyens de la mieux exercer; mais qu'on ne croie pas que l'opinion générale dans les départements soit pour elle. A Paris, le talent s'empare des promesses d'une théorie brillante : on se dirige, dans les départements, par ce que l'on voit et ce que l'on éprouve, et non par ce que l'on espère.

Enfin, à moins qu'on ne démontre que c'est à l'esprit de parti que l'on doit tous les inconvénients éprouvés du jury, quoiqu'il n'ait eu à s'exercer que sur bien peu de crimes politiques, pourquoi confirmer définitivement cette institution au moment où le Gouvernement a été forcé de la suspendre pour une bonne partie de la France et pour une multitude d'accusations?

A moins de la démonstration que l'orateur demande, et qui lui paraît presque impossible, le Gouvernement ne tomberait-il pas dans une espèce de contradiction, en établissant dans le Code Criminel ce qu'il a suspendu pour deux ans, à compter de la paix générale?

Sur le tout, où est l'avantage réel du jury?

Est-il à ce que chacun soit juge à son tour des crimes commis? à ce qu'on ignore par qui l'on sera jugé? Si cela ôte quelques ressources aux brigues de la sollicitation, cela donne aussi la chance d'avoir des juges incapables.

Le véritable avantage des jurés, celui que l'on fit valoir avec plus de succès lors de leur établissement, c'est le débat en leur présence; mais ce débat peut avoir lieu en présence des juges comme des jurés. Les juges auront donc les mêmes moyens que les jurés, et ils auront de plus la capacité que donne l'habitude de juger.

On reconnaît qu'il faut à des jurés un magistrat qui dirige les débats, et qui, par les questions qu'il leur soumet, les éclaire dans leurs fonctions. Les magistrats, si on leur permettait d'exprimer leur conviction, n'auraient pas besoin de jurés pour la former. Les jurés ne sont donc pas nécessaires pour rendre un bon jugement criminel, à moins qu'on ne les regarde comme les garants de la prévarication et de la tyrannie des juges; qu'on ne croie, qu'il n'y a de justice au criminel que si elle est rendue par de simples citoyens.

Les jurés sont, dit-on, des juges du fait; mais les magistrats sont-ils incapables de l'être, eux qui, s'ils n'étaient pas magistrats, seraient jurés? Vous suspectez donc les magistrats : vous les suspectez en haine de la vieille doctrine de quelques auteurs, qui, appliquant des règles de probabilité aux causes criminelles, avaient disserté, comme on le fait encore dans toutes les discussions de fait, sur les présomptions, les indices et les preuves; vous les suspectez, comme s'ils n'étaient pas éclairés avec le siècle, et comme s'ils étaient capables d'additionner des semi-preuves pour en former les preuves complètes qui leur manqueraient ; vous les suspectez pour des abus qui avaient cessé, et auxquels les sages réformes de 1789 avaient mis de nouveaux obstacles.

La publicité de la procédure et des débats, voilà les véritables garants de la sûreté individuelle. Avec cette publicité, on sera mieux et plus sûrement jugé par des hommes en ayant charge et en faisant l'étude et profession, que par des premiers venus. Il n'y a qu'à avoir des juges en nombre suffisant : ils n'auront pas d'autres règles de leur conviction que les jurés; ils la formeront aussi bien et mieux.

. . . .

M. Berlier dit que, malgré la désavantageuse position où il se trouve, en faisant une réponse improvisée à un discours préparé et très-bien fait, il croit pourtant que la bonté de l'institution qu'il défend prévaudra sur l'habileté de l'orateur qui vient de l'attaquer.

Puisqu'on insiste sur l'extrême habileté qu'il faut avoir pour démêler les faits résultant d'une accusation criminelle et pour les juger, il faut bien distinguer ce que cette proposition tend à confondre.

Sans doute, pour amener la connaissance des faits par une iustruction sage et mesurée, il faut un tact qui ne s'acquiert que par l'expérience : aussi reconnait-on que les directeurs, tant près le jury d'accusation que près celui du jugement, doivent être des hommes exercés, des magistrats permanents.

Mais quand la procédure est bien faite, et qu'on l'a environnée de tous les éclaircissements dont la cause est susceptible, faut-il autre chose que de la droiture et du bon sens, pour prononcer si l'accusé est coupable ou non?

Voilà la délégation faite aux jurés; et certes, elle ne saurait excéder la portée de leurs lumières.

La séparation du fait et du droit met chaque chose à sa place, et évite surtout l'établissement d'une corporation d'hommes exclusivement chargée de prononcer sur la vie et l'honneur des citoyens, et toujours enclins à une extrême sévérité par l'endurcissement qui naît de l'habitude.

A la vérité, *M. Siméon* vient d'avancer que les affections douces étaient ordinairement le partage de l'instruction et des études : *M. Berlier* ne nie point cette proposition; mais il ne faut pas en faire une fausse application.

Sans doute, la profonde ignorance et la barbarie tiennent de bien près; sans doute aussi l'instruction façonne les hommes, et leur ôte leur âpreté naturelle ; mais il faut convenir que si quelque chose peut la leur rendre, c'est de se trouver perpétuellement en face d'individus poursuivis pour des crimes.

A ce sujet, *M. Berlier* cite le trait d'un lieutenant criminel, très-honnête homme, qui, pour prouver combien sa carrière avait été utilement remplie, se complaisait à rappeler le nombre de malfaiteurs qu'il avait fait pendre, et qui, invité à dire combien de personnes avaient été absoutes pendant son long exercice, répondit n'en avoir point tenu note. Cette histoire est celle de tous les hommes placés dans la même position.

Mais, a-t-on dit, l'ordre public veut être vengé; et il le sera plus sûrement par des tribunaux composés d'hommes exercés, que par des jurés quelquefois inhabiles et souvent trop compatissants.

L'ordre public veut être vengé, sans doute, mais il

doit l'être avec prudence et discrétion; car si un inno-cent était condamné, ce ne serait point seulement un malheur particulier, mais un malheur public : et la société est blessée au cœur, quand chacun de ses membres est averti, par une funeste erreur, des dan-gers qui le menacent. L'ordre public lui-même est donc mieux servi par une institution qui laisserait échapper quelques coupables que par celle qui expo-serait l'innocent.

M. Siméon a argumenté de diverses lois qui ont ou suspendu l'instruction du jury en certains lieux, ou restreint son activité dans tous, et il a conclu qu'il fallait y renoncer sous peine d'inconséquence.

A cet égard, *M. Berlier* observe que l'argument peut être rétorqué; car si l'on peut faire la part aux circonstances par des raisons momentanées, pourquoi détruire le principe et priver nos neveux du bénéfice de l'institution?

Au surplus, que propose-t-on? une instruction par des juges permanents, combinée avec le décret du mois d'octobre 1789 et avec quelques autres modi-fications.

Il est heureux que les idées de retour n'aillent pas jusqu'à faire revivre ces barbares ordonnances qui in-terdisaient la publicité de la procédure et la défense des accusés.

Le décret de 1789 était indubitablement préférable à l'ordonnance de 1670; mais en résultait-il assez de bien pour donner lieu à *M. Siméon* d'appliquer ici l'adage, que *le mieux est l'ennemi du bien?*

Peut-être si nous vivions sous l'empire de la loi de 1789, la prudence, ennemie des innovations et des essais, conseillerait-elle d'y rester; mais le pas a été franchi, et la même prudence nous détena bien davantage de renoncer à une amélioration fort chérement acquise.

En vain, pour nous calmer sur les dangers des tribunaux sans jurés en matière criminelle, dangers que l'expérience avait aussi fait connaître autrefois, et que nos nouvelles institutions n'ont point fait oublier, *M. Siméon* a-t-il dit que nous vivons dans un siècle éclairé où la doctrine des preuves légales et les distinctions de la conscience de l'homme et celle du juge ne sauraient renaître.

Le célèbre et malheureux *Thouret*, dans l'un des discours qu'il prononça à l'Assemblée Constituante sur la matière que le Conseil discute, développa toute l'intensité du système que l'opinant combat.

Nulle loi n'enjoignit aux juges criminels de se dépouiller de leur conviction *morale* pour s'en rapporter aux *preuves légales*; cependant, les preuves légales prévalurent souvent.

Le procès de *Bradier Simard* et *Lardoise*, antérieur de bien peu d'années à la révolution, en fournit un exemple bien frappant. L'un des juges de ce procès, qui résistait à la condamnation, fut réprimandé par le président, qui lui dit que *c'était une prévarication dans son ministère de céder à la preuve faite par deux témoins non reprochés.*

Dans cette même affaire, ne voit-on pas un réquisitoire de l'avocat général *Séguier*, où, expliquant ce fameux rescrit de *Trajan*, portant qu'*il vaut mieux absoudre un coupable que condamner un innocent*, il énonce cette proposition formelle, qu'un *accusé qui a contre lui la déposition de deux témoins, n'est pas cet innocent dont le rescrit a parlé.*

Enfin, le mémoire justificatif des accusés, mémoire où l'on combattait la doctrine des preuves légales, ne fût-il pas condamné à être brûlé par un arrêt du parlement de Paris, rendu le 11 août 1786, toutes les chambres assemblées?

Or, continue *M. Berlier*, puisque de nos jours, et dans un siècle de lumières, de pareilles maximes ont été consacrées, comment se confier à la prédiction de *M. Siméon*, lorsqu'il avance qu'elles ne renaîtront point?

Quiconque a étudié le cœur humain prononcera le contraire. Quand on est appelé à faire toute sa vie la même chose, on se prescrit des règles, et on les suit étroitement; mais celui qui statue accidentellement n'est gêné par aucun système qu'il ait pu se former. Il suit nécessairement l'impulsion de sa conscience; il n'a qu'elle pour guide. Tel est le jury; et autant sa conviction morale est au-dessus des épreuves légales, autant l'institution des jurés en matière criminelle est au-dessus de toute institution qui les exclurait.

S. S. LE PRINCE ARCHICHANCELIER DE L'EMPIRE dit que les avantages qu'on peut attendre du jury, et les inconvénients qu'on en doit craindre, dépendent beaucoup de l'organisation qu'on lui donnera; il faut qu'elle soit combinée de manière que les jurés ne puissent pas échapper aux reproches en alléguant qu'ils ont obéi à leur conscience, et que ce vain prétexte ne serve jamais de voile à leur corruption.

La distinction entre le fait et le droit est chimérique dans l'usage : généralement les jurés s'occupent aussi du droit, et examinent toujours quel sera le résultat de leur déclaration. Les jurés sont, pour l'ordinaire, des hommes honnêtes, mais peu instruits : c'est un fait que l'expérience a justifié. On n'a pas tardé à reconnaître que cette institution ne présente pas dans la pratique tous les avantages qu'elle offre dans la théorie; et c'est d'après cette vue que les lois rendues depuis 1789 ont toujours tendu à atténuer l'organisation que l'Assemblée Constituante lui avait donnée; il faut donc changer l'organisation que le jury avait reçu par la loi du 16 septembre 1791.

Mais, puisqu'il est nécessaire d'admettre des changements, il sera sage d'examiner l'usage de la procédure non écrite. A cet égard, on doit observer qu'il est expressément bizarre de faire des dépenses énormes pour une procédure dont il ne reste aucune trace, et qu'on est obligé de recommencer en entier, si la Cour de Cassation annule le jugement pour quelques irrégularités souvent assez légères; il n'est pas moins étonnant que la loi attache si peu d'effet à l'instruction faite par le magistrat de sûreté et par le directeur du jury d'accusation, qu'on ne puisse pas s'en servir, même pour éclairer le jury.

Voici, au surplus, comment on pourrait établir la procédure par écrit. L'instruction faite par le magistrat de sûreté ferait charge contre l'accusé, sauf l'épreuve des débats. Les débats ne seraient pas écrits; mais les aveux de l'accusé et les variations des témoins seraient consignés dans le procès-verbal, et signés par eux. Par ce moyen, l'instruction serait conservée pour servir au nouveau procès qui aurait lieu si le jugement était cassé.

On a beaucoup fait valoir la facilité que l'institution du jury donne aux accusés de faire reconnaître leur innocence; il importe, sans doute, de donner aux accusés les plus grandes garanties. De là dépend la

sûreté de tout citoyen, quel que soit le rang qu'il ait
dans l'État; mais il n'importe pas moins de donner des
garanties à l'ordre public et de pourvoir à sa conservation, en empêchant que le crime demeure impuni.

Cependant, il n'en sera pas ainsi tant que le système
actuel demeurera dans sa force, tant que les jurés se
persuaderont qu'ils sont absolument maîtres du sort
de l'accusé; et voilà pourquoi de bons esprits s'élèvent
contre l'institution du jury. Ainsi, si l'on veut la conserver, on doit l'organiser de manière que les jurés
n'exercent pas un pouvoir plus arbitraire que les
juges, et que leurs prévarications soient facilement reconnues. Sous ce rapport, il convient de se réduire à
cette seule question : *L'accusé est-il coupable?*

Il est encore une autre modification non moins importante : que l'absolution d'un accusé ne soit pas
toujours pour lui un triomphe complet; mais que les
juges trouvent dans la loi le pouvoir de le mettre sous
un *plus ample informé.* On ne doit pas craindre de
reprendre quelques dispositions de l'ordonnance de
1670; elle n'était point défectueuse dans toutes ses
parties. Les vices qu'on lui a principalement reprochés
avec justice étaient le secret de la procédure et l'état
de dégradation et d'abandon dans lequel elle faisait
paraître l'accusé. La privation de conseils et de défenseurs, l'interrogatoire sur la sellette, ne doivent certainement pas être rétablis; mais il n'en est pas de
même du récolement, dans lequel un témoin peut se
corriger; de la confrontation, où il est permis à l'accusé de reprocher les témoins et de discuter les dépositions. Avec quelques modifications, les articles de
l'ordonnance de 1670 sur ce sujet peuvent être utilement employés dans notre législation nouvelle pour

faire disparaître les principaux inconvénients du jury, quoique peut-être en soi il n'y ait pas moins de danger d'appeler accidentellement aux procès criminels des juges sans expérience, surtout si on leur donne trop de latitude, que de faire prononcer par des juges permanents.

La question de savoir si l'on conservera le jury paraît donc devoir être ajournée, comme subordonnée à la manière de le composer et à l'organisation qui sera proposée.

M. Dupuy dit qu'on pourrait hésiter davantage, si l'institution du jury n'avait pas encore été éprouvée; mais que depuis le temps qu'elle existe, on est en état d'en apprécier les avantages et les inconvénients, et que l'expérience a tellement démontré que les inconvénients l'emportent sur les avantages, qu'on a été obligé de modifier ou d'abandonner cette institution. S'il était besoin de fortifier notre expérience personnelle par des exemples qui nous sont étrangers, on pourrait juger des résultats du jury par ce qui se passe chez les Anglais; il n'est point de pays où il y ait une plus mauvaise police et moins de sûreté pour les individus.

Mais c'est dans cette matière surtout qu'il importe de se régler sur le caractère national. Les Français sont naturellement doux et sensibles, et ces vertus empêcheront toujours de remplir avec exactitude convenable un ministère rigoureux. Quiconque a suivi la marche des tribunaux criminels sera de cette opinion. Les jurés arrivent avec des intentions droites et pures; mais bientôt la pitié affaiblit en eux l'inflexibilité que leurs fonctions exigent; ils regrettent d'être obligés de frapper un individu même coupable : conduits par ce sentiment, ils cherchent à se faire illusion et à le trouver innocent. Des juges permanents, au contraire, ne sont pas accessibles à cette faiblesse.

Qu'on ne craigne pas cependant cette dureté qu'on leur suppose. Quelques exemples, mais peu nombreux, ont pu faire naître une telle prévention ; mais l'opinant assure que pendant un laps de temps assez considérable qu'il a été membre d'un tribunal, il n'a aperçu dans les juges qu'humanité et justice.

M. CRETET dit qu'il conçoit difficilement comment un peuple aussi éclairé que les Anglais pourrait demeurer fortement attaché à une institution qui aurait tous les inconvénients qu'on reproche au jury. On pense, en général, qu'ils ont emprunté de la France cette forme de procédure, et qu'elle a été établie chez eux par Guillaume-le-Conquérant ; du moins paraît-il certain qu'elle a remplacé la plus terrible des justices, la justice féodale, qui permettait aux seigneurs de condamner à l'instant, et sans aucune forme. C'est pour écarter le seigneur qu'on a soumis chaque individu au jugement de ses pairs ; ce changement était d'autant plus nécessaire, que la justice féodale était au point que même les simples maires de ville avaient le droit de l'exercer. On conçoit que ces circonstances ont dû donner beaucoup de prix à l'institution du jury.

Mais pourquoi aujourd'hui que ces temps sont éloignés, et que l'institution ne peut plus devenir précieuse par l'effet des circonstances, les Anglais en sont-ils encore si jaloux ? Il y a lieu de croire que c'est parce que rien n'est plus terrible que de donner à quelques hommes le droit perpétuel de vie et de mort sur tous les autres Un tel usage ne peut se concilier avec l'égalité, et porte l'empreinte de l'oppression ; il est effrayant, en effet, de se trouver sans cesse placé auprès d'un individu dans la main duquel repose le pouvoir de prononcer sur notre sort. Le législateur doit, sans doute, saisir le moyen qui lui est présenté de délivrer les citoyens d'un sentiment si pénible ; il trouve ce moyen dans le jury, et il l'y trouve dégagé de tous dangers, si l'on admet les sages modifications proposées par *S. A. S. le Prince Archichancelier.*

D'ailleurs, il faut craindre dans les tribunaux l'usage des jurisprudences.

On répond que cet usage ne saurait s'introduire, si l'on transforme les juges en jurés, et qu'on ne les force point de plier leur conscience au système des preuves légales.

Mais ne peut-il pas arriver que chaque tribunal se crée des principes, et ne se fasse un corps de doctrine sur le choix des circonstances qui doivent entraîner l'absolution ou la condamnation ? Il résulterait de là qu'un accusé serait réputé coupable ou innocent, suivant le tribunal auquel il serait présenté ; et ce n'est point ici une vaine hypothèse. A Paris, on a vu la Tournelle criminelle alternativement indulgente ou sévère, suivant le caractère du magistrat par lequel elle était présidée. Tous ces dangers n'existent pas, lorsque des citoyens, sans habitudes formées sur la manière d'être convaincu, sont appelés accidentelle-ment aux jugements criminels, et ne s'occupent que d'un fait qui leur est soumis.

Il paraîtrait donc convenable de conserver le jury, en le modifiant d'après les propositions faites par *S. A. S. le Prince Archichancelier ;* car il faut se rap-peler que les abus qu'on a reprochés à cette institution viennent surtout de l'usage de poser la question intentionnelle, et de ce que les jurés ne voyaient pas derrière leur décision un pouvoir qui eût le droit d'en corriger la dureté. Ce pouvoir existe aujourd'hui; SA MAJESTÉ a le droit de faire grâce.

SA MAJESTÉ demande quelles sont, parmi les proposition de *S. A. S. le Prince Archichancelier*, celles qui se trouvent appuyées.

M. TREILLARD dit que si l'on proposait de donner au jury la forme qu'il avait reçue de l'Assemblée Constituante, il n'hésiterait pas à voter contre cette institution; qu'il la réclame, au contraire, si, par une bonne organisation, on parvient à en corriger les abus. La manière de composer le jury, et la multiplicité des questions sur lesquelles il devait prononcer, donnaient certainement lieu à des abus; peut-être que l'unanimité exigée par la loi n'était pas sans inconvénient, mais il n'est pas aussi clair que ce fût là un vice, et ce point mérite d'être examiné.

M. *Treillard* pense, avec son *S. A. S. le Prince Archichancelier*, que les débats doivent avoir pour base l'instruction faite devant le magistrat de sûreté, et qu'il suffit de consigner au procès-verbal les variations des témoins et de l'accusé. Cependant il n'est pas exact de dire, que dans l'état actuel des choses, les faux témoins demeurent impunis : le président du tribunal et l'accusateur public ont sous les yeux les dépositions écrites; s'ils s'aperçoivent que le témoin varie, et si, par les interpellations qu'ils lui font, ils sont convaincus de sa mauvaise foi, on dresse procès-verbal, et le faussaire est livré à la justice. Il faut néanmoins bien se garder de rétablir contre les témoins les dispositions rigoureuses des anciennes ordonnances. Alors, ils se dédisaient à la confrontation, ils étaient poursuivis criminellement; ainsi il leur était impossible de corriger les erreurs de leur mémoire, ni de mentir impunément à leur conscience et à la vérité.

Au reste, la conservation ou la suppression du jury doit être discutée avec beaucoup de suite, et d'après une série de questions sur le mode de lui donner une organisation qui écarte les difficultés dont on a parlé.

En soi, cette institution est bonne; on en a reconnu l'excellence tant qu'elle n'a pas été dénaturée par les partis.

C'est de l'organisation qu'ils lui ont donnée que sont nés tous les abus qu'on lui reproche. La justice civile elle-même n'avait point échappé à leurs atteintes, et l'on peut dire qu'il n'existait plus de bons tribunaux en France. Mais le temps où régnaient les factions est déjà loin. Aujourd'hui que le législateur peut suivre les conseils de la sagesse, et rétablir le jury dans toute sa pureté, la nation verrait peut-être avec quelque surprise une institution aussi libérale effacée du code de ses lois sous un chef qu'elle sait être fortement attaché aux sentiments les plus libéraux. On peut donc faire un nouvel essai dans des circonstances aussi favorables, et si cette dernière épreuve ne réussissait pas, alors la nation entière serait convaincue que le jury ne peut pas être conservé.

Mais, dit-on, le caractère national se prête difficilement aux rigoureuses fonctions du juré; chacun cherche à s'en éloigner.

Il est un moyen bien simple de vaincre cette répugnance; c'est de n'admettre aux fonctions publiques que des citoyens qui ne se seront pas refusés à celles de juré.

Sa Majesté dit qu'on n'a point répondu à ce qu'a

avancé *M. Siméon*, que les juges n'étant point forcés de prononcer d'après des preuves légales, ne sont plus que des jurés ; mais qu'ils sont plus exercés et mieux choisis ; que ce serait de tels citoyens qu'il faudrait prendre pour jurés s'ils n'étaient point revêtus du caractère de juges.

M. TREILLARD dit qu'en effet, en renonçant à la doctrine des preuves légales, les juges deviennent des jurés ; qu'alors la question se réduit à savoir lesquels doivent être préférés des jurés perpétuels ou des jurés accidentels ; que ceux-ci partagent avec les autres la facilité de se former une opinion sur la vérité d'un fait, et qu'ils ont sur eux l'avantage de n'apporter à l'examen de ce fait, ni ces préventions, ni cette dureté que donne l'habitude, et qui inspire à tous les citoyens des craintes d'autant mieux fondées que ces jurés ne changent jamais.

M. Treillard ajoute qu'il n'y a que très-peu de différence entre les propositions de *S. A. S. Archichancelier* et le projet de la commission.

M. PORTALIS pense que le jury doit être supprimé ; il n'admet les modifications qui ont été proposées que dans le cas où le Conseil n'adopterait pas son opinion.

On fait valoir en faveur du jury l'attachement des Anglais, qui, dit-on, sont trop éclairés pour ne pas repousser cette institution si elle entraînait tous les inconvénients qu'on suppose.

Ce n'est point sur cette conviction que les Anglais ont formé leur sentiment, car leurs meilleurs jurisconsultes n'ont pas une opinion favorable au jury, mais la nation y tient, parce que depuis sa révolution, elle le considère comme la prérogative du peuple contre les accusations de conspiration, sujet à l'égard duquel elle aime l'impunité.

Parmi nous, l'intérêt politique est à couvert par l'institution de la haute-cour. Il ne reste aux jurés que la connaissance des crimes vils et bas, qui n'ont aucun rapport aux opinions de partis. Or quel intérêt pourraient avoir des juges à condamner un innocent sur une accusation de vol, de meurtre et d'autres délits semblables ?

Mais, dit-on, un juge d'habitude contracte une certaine dureté de caractère qui le rend moins circonspect lorsqu'il s'agit de condamner.

Il est certain, au contraire, que la science et l'instruction adoucissent les mœurs, et qu'un juge éclairé hésitera là ou un juré ignorant ne verra point de doute. Il n'est pas étonnant que les jurés soient naturellement portés à l'indulgence : on répugne à quitter sa retraite pour venir prononcer un jugement de condamnation ; mais quand l'habitude de voir des coupables ferait incliner le juge vers la sévérité, l'intérêt de se ménager l'estime publique, qu'on n'acquiert qu'en montrant des lumières et de l'équité, balancera toujours en lui les effets de l'habitude. Les jurés sont esclaves des coteries, des opinions vulgaires ; le magistrat du moins vit dans une région plus élevé, où il est inaccessible à ces mobiles.

Le jury, dit-on encore, ne juge que d'après certains systèmes de conviction, d'où est née cette doctrine des preuves légales et des fractions de preuves que nous avons empruntée des Italiens.

On se trompe dans l'idée qu'on se forme de cette doctrine, lorsqu'on suppose qu'elle forçait le juge de condamner dès que deux témoins étaient unanimes sur le même fait. Ce n'est pas ainsi qu'il faut l'entendre. Elle se bornait à empêcher le juge de condamner quand il n'y avait pas au moins deux témoins ; elle ne violentait point sa conviction, elle l'empêchait seulement de s'égarer, car la conscience, ce sentiment intime qui est dans tous les hommes, doit guider les juges comme les jurés. Les jurés ne sont donc que des juges si, comme eux, ils prononcent d'après leur conscience. Si, en les y renvoyant, on veut leur accorder le droit de juger comme ils voudront, on tombe dans une absurdité. La conscience ne doit pas être considérée là comme un sixième sens qui se dirige par des règles arbitraires : juges et jurés, tous ceux qui prononcent doivent se décider d'après les preuves qui convainquent la raison ; car la conscience ne peut parler qu'après que la raison est éclairée.

Ces principes posés, quel avantage y a-t-il de préférer les jurés aux juges ?

Si on examine la question dans la pratique, on trouvera que plusieurs magistrats qui ont également présidé des tribunaux criminels, les uns regardent le jury comme une institution utile, les autres comme une institution dangereuse ; et cette dernière opinion est partagée par la Cour de Cassation. En Angleterre, le jury est la cause de beaucoup de désordres.

Dans la théorie, le juge, qui ne dépouille jamais son caractère, craint de l'entacher par une sévérité excessive ; le juré qui, après avoir rempli ses fonctions, se perd dans la foule, s'embarrasse peu d'être trop sévère ou trop indulgent.

Quelle difficulté, d'ailleurs, à bien composer le jury ! A Paris, on peut y parvenir. En est-il de même dans les départements ? Non. En général, notre caractère national nous donne une telle répugnance à coopérer à des jugements criminels, que souvent on fuit le lieu où un crime vient d'être commis, afin de ne pas être appelé comme témoin. Tout cet appareil de procédure criminel blesse la délicatesse française ; elle ne fait aucune impression sur les Anglais, qui ne sont ni aussi sensibles ni aussi délicats.

M. Defermon dit qu'il se rappelle dans quels termes la question du jury a été présentée à l'Assemblée Constituante. On était frappé des abus de la forme de procéder qui existait alors : on voulait l'anéantir, mais on voulait en donnant des garanties aux innocents, assurer néanmoins la punition des coupables, et l'on pensait qu'il fallait la confier à ceux qui avaient le plus d'intérêt à réprimer le crime : c'est dans cet esprit qu'on a institué le jury.

On demande ce que c'est que ce sentiment de la conscience d'après lequel les jurés doivent se déterminer. Ce sentiment est celui qui subjugue l'âme par la raison. Ainsi quand deux témoins viendraient dire qu'ils ont vu commettre un vol à un citoyen qui distribue son bien aux indigents, et dont la vie entière repousse de semblables inculpations, la conscience du jury ne lui permettrait pas de les croire.

Au reste, tant que l'institution du jury n'a pas été viciée, elle n'a eu que des résultats avantageux. Les abus sont venus de la fausse direction qu'on lui a donnée dans la suite, et de la trop grande multiplicité des questions. Il est possible d'en tarir la source et de conserver cette forme de procédure, qui d'ailleurs n'est pas comme on le prétend, repoussée par l'opinion publique.

M. Regnaud (de Saint-Jean d'Angely) dit que, quand

il a proposé de rédiger deux projets, l'un dans le sens
de la conservation du jury, l'autre dans le sens opposé,
il voulait convaincre le Conseil, d'un côté, qu'on peut
corriger les inconvénients qu'on reproche au jury; de
l'autre, qu'on tomberait au contraire, dans des inconvénients graves, si on le supprimait.

Autrefois les jugements crimine's étaient sujets à
l'appel *à minimâ*. Cette garantie était sans doute nécessaire à l'accusé, mais les juges d'appel ne pouvaient
pas se prononcer avec une pleine connaissance de
cause. La contenance de l'accusé, sa moralité, toutes
les circonstances enfin qui avaient pu déterminer les
premiers juges, étaient perdus pour eux.

Maintenant, si l'on veut que les juges locaux jugent
en souverain et sans appel, il faudra beaucoup multiplier les tribunaux, afin qu'ils puissent prononcer d'a-
près ces connaissances locales qui donnent de si grandes lumières : il faudra les rendre nombreux, afin que
la sûreté des citoyens ne se trouve pas compromise.
Alors on rencontrera de grandes difficultés, car, puisqu'on a tant de peine à trouver assez de bons juges
pour composer des tribunaux moins nombreux et
moins multipliés, comment en trouvera-t-on un nombre beaucoup plus considérable ? D'ailleurs, la manière dont les tribunaux locaux procèdent aujourd'hui
dans les matières de police correctionnelles, ne permet pas d'espérer que des attributions bien plus étendues soient bien placées entre leurs mains.

Si l'on admet l'appel, l'accusé, surtout lorsqu'il
n'aura pas de fortune, sera mal représenté par un défenseur, et la connaissance de sa moralité, qui ne par-
viendra pas jusqu'à ses juges, ne militera pas en sa
faveur auprès d'eux.

Il faut prendre garde en outre que les juges sont inamovibles ; ainsi, s'ils manquaient de connaissances, de probité ou de caractère, quel malheur pour les citoyens d'un arrondissement de demeurer à jamais sous la puissance de semblables magistrats ?

Telles seraient les conséquencs de la suppression du jury.

Il faut peser maintenant les inconvénients qu'on reproche à cette institution, et voir s'il est possib'e de les réformer.

Depuis 1789 jusqu'en 1791, on a essayé d'apporter à la forme de procéder introduite par l'ordonnance de 1670, les seules modifications dont elle fût susceptible. Cette épreuve n'a pas été heureuse, alors, on a établi le jury, et cette institution a obtenu l'assentiment général.

Depuis, la révolution ayant pris une autre direction, le jury a perdu son impartialité et son indépendance ; il s'est trouvé influencé par les partis et par les passions. Cette influence n'existe plus, et l'on peut espérer de ramener le jury à l'esprit de son institution, si l'on s'attache à le bien composer.

Déjà on s'est occupé de ce point important, et l'on a décidé que les jurés seraient pris dans les listes nationales ; à défaut de ces listes, on a les colléges électoraux, qui sont composés de citoyens choisis, et où l'on trouvera de bons éléments.

Il sera encore nécessaire de ne plus désigner les jurés dès le premier de chaque mois, car c'est parce qu'ils étaient connus trop tôt que les défenseurs et les amis des accusés parvenaient à les corrompre.

Les jurés se renfermeront dans leurs fonctions si, au lieu de leur proposer des questions complexes, on les réduit à prononcer sur ces deux points de fait : *Le crime a-t-il été commis ? l'accusé en est-il coupable ?* La question intentionnelle est devenue inutile depuis que le droit de faire grâce a été rétabli ; mais si l'on veut calmer l'imagination des jurés et empêcher qu'ils ne calculent les résultats de leur déclaration, qu'on donne au juge plus de latitude pour l'application de la peine et qu'on le renferme entre un *minimum* et un *maximum*.

On ne doit plus craindre la partialité assez ordinaire aux jurés dans les crimes d'Etat. Il existe une haute-cour composée d'hommes qui, par sentiment et par intérêt, tiennent à l'ordre des choses sous lequel nous vivons, et qui se porteront toujours à le maintenir.

Cependant il est possible de soustraire à la connaissance du jury certains délits et de les soumettre à des tribunaux d'exception. Le droit d'être jugé par des jurés est un droit de cité ; dès lors, les vagabonds et les gens sans aveu ne peuvent le réclamer. Rien ne s'oppose à ce qu'on établisse pour eux une justice prévôtale, pourvu qu'elle soit mieux organisée et moins rapide que l'ancienne. Le crime de faux devrait aussi être renvoyé à ces tribunaux.

Avec ces précautions et dans ces limites, et encore avec le droit de suspendre le jury dans les départements où des circonstances particulières rendraient une telle mesure nécessaire, cette institution n'aura que des avantages ; et, du moins, doit-on à l'opinion de la nation d'en faire une épreuve nouvelle.

M. Bigot-Préameneu dit qu'il convient, avant tout, de bien saisir l'état des choses.

Il est certain que la réforme de l'ancien mode de procéder a été faite dans les vues les plus libérales ;

mais le seul article des nouvelles institutions qui ait obtenu l'assentiment général, c'est la publicité de l'instruction ; cependant, dans les premiers temps, le jury a bien rempli ses devoirs, mais ces temps ont été courts ; il y avait alors un élan qui s'est arrêté au moment où la France est devenue la proie des factions. Bientôt on a reconnu que cette institution était insuffisante pour rétablir l'ordre, et il a fallu recourir à d'autres moyens. C'est ainsi qu'en l'an VIII et en l'an IX, temps où le brigandage et le crime de faux se multiplièrent d'une manière effrayante, on s'est vu forcé d'en ôter la connaissance aux jurés, et de la donner à des tribunaux plus capables de réprimer des crimes si dangereux. S'il n'y avait un vice inhérent à l'institution même, comment la voix publique qui s'élevait contre tant de désordres, en accusait-elle en même temps les jurés ?

Mais quel est ce vice ? C'est que ni l'accusé ni la société ne trouvent de garantie suffisante dans le jury.

La garantie de l'accusé repose sur la probité et sur la lumière de ses juges. Or, la capacité de saisir les faits et de les combiner pour arriver à la vérité, est peut-être le plus difficile, et, par une suite nécessaire, le plus rare des talents. On ne peut donc pas le supposer dans tous ceux qui sont appelés à remplir les fonctions de juré ; et cependant, tous ne jugent que d'après leur conviction intime. Il est impossible de détruire les réflexions que *M. Portalis* vient de proposer sur ce sujet. Au reste, on a calomnié l'ancienne législation, lorsqu'on a supposé qu'elle ne permettait pas au juge d'absoudre quand il y avait deux témoins : elle lui défendait seulement de condamner si deux témoins au moins ne déposaient pas du fait.

On dit que les jurés sont éclairés par le résumé des débats ; mais ce résumé, qui est nécessaire, est terrible pour l'accusé, par l'influence qu'il donne au président.

Qu'on passe ensuite de l'audience dans la salle des jurés, et l'on ne pourra voir sans effroi l'ascendant qu'un juré éloquent et éclairé exerce sur des hommes ou plus timides ou moins instruits. Le sort de l'accusé est dans ses mains. C'est parce que les jurés ont en général peu de lumières, qu'on a été forcé de multiplier les questions : leur faible intelligence réclamait ce secours. Si à leur place vous appelez des magistrats, l'accusé est sûr du moins de n'avoir que des juges instruits. Rien ne peut suppléer pour lui cette garantie. Vainement on a cherché à la lui donner en conservant les jurés ; on a limité le choix entre ceux dont les contributions ou le loyer s'élèvent à un certain taux ; on a décidé que les jurés seraient pris sur les listes municipales, aucun de ces moyens n'a réussi. Et, en effet, si l'on ne voulait appeler à ces fonctions que les citoyens capables de les exercer, on ne trouverait pas un nombre suffisant de jurés.

A l'égard de l'intérêt de la société, il est rarement aperçu par le commun des hommes ; rarement ils en sont touchés. On en peut juger par la répugnance avec laquelle chacun accepte le ministère de juré. On ne voit que le désagrément de se commettre avec ceux de sa ville, et l'on absout là où l'intérêt social exigerait que l'on condamnât. Les juges, au contraire, sont pénétrés de leurs devoirs, et les remplissent avec courage.

M. CRETET dit qu'on établit une différence beaucoup trop grande entre l'intelligence des juges et celle des jurés, et qu'on donne à la nation un caractère trop uniforme.

Les juges sont aussi des Français. Le caractère national n'influerait pas moins sur eux qué sur les jurés, s'il était vrai qu'il fît trop pencher vers l'indulgence ; mais ce caractère se diversifie suivant les contrées. Il n'est pas le même à Anvers qu'à Marseille, et en général il n'est pas unique. Partout cependant on répugne également à coopérer à des jugements criminels, ce sentiment est même dans les témoins. Néanmoins, il doit être moins fort aujourd'hui qu'autrefois, parce que l'on ne se trouve plus en présence d'un accusé chargé de chaînes, et de juges dont la sévérité faisait trembler même ceux desquels ils recueillaient le témoignage.

Qu'on attribue aux juges une intelligence exclusive dans les questions de droit civil, parce qu'elles dépendent de la science du droit que tous ne possèdent pas également, on le conçoit ; mais il n'en est pas de même dans les questions de fait qui sont le sujet des procès criminels. Tous ceux dont le jugement a été formé par une éducation libérale, sont assez éclairés pour les décider.

Tout dépend dans cette matière du choix des jurés : s'il est fait avec les précautions convenables, il ne sera pas plus difficile de trouver des citoyens capables de remplir ces fonctions, qu'il ne l'est d'en trouver qui soient propres aux fonctions municipales.

M. Béranger dit qu'il faut sans doute posséder la science des lois pour pouvoir prononcer l'application de la peine, mais que tout homme qui a le sens droit est capable de décider du fait, parce qu'il suffit de la conscience dirigée par la raison et les probabilités.

Mais ce serait armer les juges de profession d'un pouvoir trop redoutable, que de les appeler à statuer sur ce fait, en leur permettant de n'alléguer d'autres motifs de leur jugement que leur conviction intime, que leur conscience. On ne peut donc leur confier le jugement du fait, sans rétablir le système des preuves légales. Mais puisqu'on reconnaît que ce système est pernicieux, il en résulte qu'il ne faut pas constituer des jurés permanents, et qu'il faut revenir au jury.

Ce qui s'est passé depuis la révolution, ou ne prouve rien contre cette institution, ou prouve également contre les tribunaux qui ne seraient composés que de juges.

On se récrie contre la question intentionnelle, et avec raison. On ne peut cependant blâmer l'Assemblée Constituante de l'avoir introduite. A cette époque, il était nécessaire de placer quelque part le droit de faire grâce qu'on ôtait au Roi; mais ce motif n'existe plus, et maintenant la question d'intention peut être supprimée sans inconvénient.

Au reste, on s'est trompé sur le principe du jury, lorsqu'on a dit que le but de cette institution est de faire juger chacun par ses pairs; elle n'a d'autre objet que de donner une garantie à l'accusé, et il n'y a pas lieu de distinguer, sous ce rapport, la sûreté publique de la sûreté individuelle, car si cette dernière est menacée, l'autre se trouve nécessairement compromise. C'est cependant cette erreur sur le principe du jury qui a fait prendre les jurés indistinctivement parmi tous les citoyens, parce que tous sont les pairs de l'accusé, et de là est résulté que des hommes incapables se sont trouvés appelés à ces fonctions. Mais pour arriver à une bonne composition du jury, il suffira de circonscrire le choix entre ceux qui, par leur situation, offrent plus de garantie. On pourrait le renfermer entre les plus imposés. Il faudrait aussi donner beaucoup de latitude aux récusations. On y parviendrait en appelant les jurés en nombre double de celui qui est nécessaire pour le jugement. L'accusé aurait le droit d'en récuser le quart sans motifs. Le procureur impérial choisirait sur le reste.

M. Ségur dit qu'il sera toujours difficile à un homme qui n'a pas étudié les règles des jugements et qui n'a pas acquis l'habitude de juger, de prononcer, même sur des faits.

Il ne faut pas croire, au surplus, que l'institution du jury soit défendue par l'opinion publique. On aurait tort de tirer cette conséquence de ce qui s'est passé à l'Assemblée Constituante. Alors les esprits saisissaient avec avidité toutes les innovations. Cette première ferveur est maintenant calmée. Aujourd'hui on répugne à remplir les fonctions de juré, et certainement chacun s'en éloignera, s'il n'est forcé de les accepter pour arriver aux autres fonctions publiques.

Cependant, comme les innovations ne sont jamais sans inconvénients, et que le jury se trouve établi, on peut essayer si, avec les modifications proposées par *S. A. S le Prince Archichancelier*, cette institution est susceptible de produire des effets plus heureux. En circonscrivant le choix, en supprimant la question intentionnelle, peut-être n'aura-t-elle pas les mêmes inconvénients. Si l'on échoue dans cette nouvelle tentative, alors l'expérience aura démontré que le jury ne peut pas être conservé.

M. Frochot dit que ce qui attache la nation à l'institution du jury, c'est que, quoiqu'elle ait pu être l'occasion de quelques absolutions scandaleuses, du moins elle a l'avantage de ne jamais mettre l'accusé à la discrétion des passions particulières.

S. A. I. LE PRINCE CONNÉTABLE partage l'opinion de *M. Treillard.* Il dit que toujours il a entendu parler du jury comme d'un des principaux avantages que les Français aient tirés de la révolution, comme d'une des plus sûres garanties de la liberté.

M. BERLIER dit que plus la discussion avance, plus il se vérifie que l'institution du jury est bonne, et susceptible seulement de quelques améliorations.

Il lui a été pourtant fait un nouveau reproche dont il convient de le défendre : *M. Bigot-Préameneu* a paru n'y point trouver deux degrés de juridiction dont on jouit en simple matière civile ; c'est une erreur, car l'examen qui a lieu devant le jury d'accusation ne peut être considéré que comme un premier degré de juridiction, et n'est en effet que cela.

Au reste, depuis qu'il a été annoncé que les jurés seraient pris dans des colléges électoraux, les plus fortes objections ont dû disparaître : 1° plus d'incapacité à redouter, c'est l'élite des citoyens, et l'institution ne demande que du bon sens et de la droiture ; 2° plus d'excessive indulgence à craindre, car. par leur fortune présumée, les membres des colléges sont intéressés à venger l'ordre public des atteintes qui lui seraient portées.

Ajoutons à cela, continue *M. Berlier,* deux salutaires innovations ; d'abord, la réduction de toutes les questions à une seule : *L'accusé est-il coupable ?* et en second lieu, l'établissement d'un *maximum* et d'un *minimum* de peines, l'institution sera prodigieusement améliorée.

M. Berlier insiste sur ce dernier établissement. Pourquoi, dit-il, les jurés ont-ils été quelquefois trop indulgents? c'est qu'ils étaient effrayés de la gravité de la peine; mais quand la peine pourra être modérée par les juges, les jurés feront leur devoir, comme les juges feront ensuite le leur, et l'ordre public sera satisfait.

M. JOLLIVET dit que si l'on ne trouve pas un moyen de forcer ceux qui seront désignés pour jurés à accepter ces fonctions, les personnes éloignées du siége du tribunal se dispenseront de les exercer, tant à cause de la répugnance qu'elles inspirent, que parce qu'elles les déplaceraient trop de leurs affaires. Il résultera de là que les jurés seront nécessairement pris dans la ville où le tribunal tient ses séances; qu'en conséquence, ce seront toujours les mêmes individus, et qu'on aura des jurés permanents. L'institution du jury semble donc ne convenir qu'aux grandes villes.

M. JOLLIVET ajoute que l'expérience lui a fourni l'observation qu'il vient de faire. Il a remarqué que dans les départements, les jurés appelés des campagnes se rendent rarement à leur poste, et que même la crainte de s'exposer à des vengeances particulières fortifie les autres motifs dont il a parlé.

SA MAJESTÉ déclare d'abord qu'elle ne regarde point le Conseil comme engagé par la détermination qui va être prise; et que si, en organisant le système, on rencontre des obstacles imprévus, le Conseil pourra revenir sur sa première opinion.

De part et d'autre, on a allégué des raisons trèsfortes pour et contre l'institution des jurés; mais *on ne peut se dissimuler qu'un gouvernement tyrannique aurait beaucoup plus d'avantages avec des jurés qu'avec des juges, qui sont moins à sa disposition, et qui toujours lui opposent plus de résistance.* Aussi les tribunaux les plus terribles avaient-ils des jurés. *S'ils eussent été composés de magistrats, les habitudes et les formes auraient été un rempart contre les condamnations injustes et arbitraires.* La dureté que peut donner l'exercice continuel de ces fonctions est peu à craindre lorsque la procédure est publique, qu'il y a des défenseurs et des débats.

Cependant Sa Majesté admet le jury, s'il est possible de parvenir à le bien composer.

C'est un grand inconvénient d'appeler aux fonctions de juré des hommes peu exercés, et de les livrer à un commissaire impérial, ainsi qu'à des avocats qui le sont beaucoup. Il faudrait n'admettre pour défenseurs devant le jury que des personnes qui n'eussent point l'habitude du barreau ; car, si plusieurs avocats répètent successivement les mêmes faits devant les jurés et les présentent avec adresse, point de doute qu'ils n'arrivent à séduire ces esprits inexpérimentés. Ils n'auraient pas le même avantage sur des juges de profession.

Il serait nécessaire aussi d'organiser des tribunaux d'exception pour connaître des délits commis par des individus non domiciliés ou réunis en bande. La répression de pareils accusés est au-dessus de la force des jurés : ils se laisseraient trop facilement intimider. Il est même possible que la crainte séduise leur conscience, et la dispose à donner plus de poids aux vaines excuses des accusés. Les tribunaux d'exception ne peuvent être dangereux lorsque le tribunal de cassation prononce sur la compétence.

M. TREILHARD pense que l'établissement des tribu-

naux d'exception s'allie parfaitement bien avec l'institution du jury, pourvu que les délits dont ces tribunaux doivent connaître soient indiqués avec précision.

M. BERLIER dit qu'il lui semble inutile de créer des
tribunaux spéciaux pour les espèces proposées.

En effet, s'il ne s'agit que de délits isolés, quel que
soit le lieu où ils ont été commis et les personnes qui
sont prévenues, cela ne paraît appeler aucune mesure
extraordinaire ; mais s'il s'agissait de délits multipliés
qui fussent le résultat d'une association de brigands,
et portés au point de jeter la terreur dans l'âme des
jurés, l'institution pourrait être localement et temporairement suspendue par une loi ; alors les tribunaux
prononceraient sans jurés. Ce remède prévu par la
Constitution, doit empêcher de recourir à tout autre.

M. TREILHARD répond que ce moyen est trop extraordinaire.

Le CONSEIL adopte en principe que l'institution du
jury sera conservée (1).

. . . .

Dans une séance postérieure, du 30 octobre
1804, la question de savoir si le jury serait conservé fut de nouveau agitée. Mais après une
très-courte discussion à laquelle Napoléon Ier
prit encore part, le Conseil déclara maintenir
la délibération prise le 5 juin précédent.

Malgré cette deuxième résolution, la question
fut encore débattue et tranchée favorablement
deux autres fois au Conseil d'Etat, séances des
30 janvier et 6 février 1808.

EXPOSÉ DES MOTIFS

ET PREMIER PROJET DE LA LOI DU 21 NOVEMBRE 1872.

Ce projet a été présenté le 30 mai 1872 par M. Thiers, président de la République française, et par M. Dufaure garde des sceaux, ministre de la justice et auteur dudit exposé, dont nous donnons immédiatement le texte.

Messieurs, lorsque l'on considère les attributions importantes que nos lois donnent au jury statuant en matière criminelle, on s'étonne à bon droit de la mobilité des règles qui ont présidé à sa composition. L'erreur, en pareille matière peut avoir les plus graves conséquences sociales, et comment ne pas craindre l'erreur au milieu de changements si fréquents et si multipliés?

Il nous paraît inutile de refaire, dans cet exposé, l'histoire souvent faite des différentes formes sous lesquelles on a cru trouver pour le jury, depuis 1790, les deux conditions essentielles de cette institution : une indépendance absolue et une intelligence suffisante.

Deux lois, fondées sur des principes opposés, ont été mises en pratique dans ces dernières années; l'une porte la date du 7 août 1848; le gouvernement impérial l'a remplacée par celle du 4 juin 1853, qui elle-même a disparu devant un décret du 14 octobre 1870 faisant revivre sans modification la loi de 1848.

Nous avons emprunté à ces deux lois la plupart des dispositions que nous soumettons à votre examen. Nous croyons garantir mieux que la première l'intelligence du jury et son indépendance mieux que la seconde.

La loi de 1848 part d'un principe, à nos yeux très-contestable : selon l'article 1er « tous les Français âgés de 30 ans, jouissant des droits civils et politiques, seront portés sur la liste générale du jury sauf les cas d'incapacité ou de dispense prévus par les articles suivants. » Ainsi, d'après cet article, on est juré comme on est électeur, par le droit qui résulte de la qualité de Français, de l'âge et de la capacité civile et politique ; puisqu'on est porté sur la liste générale du jury on est sans doute présumé capable d'en accomplir les devoirs.

Nous considérons, au contraire, qu'être juré n'est pas un droit, mais l'exercice d'une haute et difficile fonction et que la condition *sine quâ non* pour en être investi est d'être réellement capable de la bien remplir ; que la capacité, loin de se présumer a besoin d'être reconnue et que, sous ce rapport, la loi du 4 juin 1853, qui ne faisait dériver de l'âge de 30 ans et de la jouissance des droits civils et politiques qu'une aptitude à être juré et non un droit et qui subordonnait ensuite l'inscription sur la liste à une désignation par une commission est préférable, en principe, à la loi du 7 août 1848.

Il est vrai d'ajouter que, dans le système de cette loi dernière, l'effet résultant du droit d'être juré qui y est proclamé n'est pas très-important ; il consiste uniquement à être inscrit sur la liste générale des jurés, liste dressée dans chaque commune et comprenant tous ceux que n'atteint pas une cause d'incapacité ou de dispense. Mais il ne donne pas à ceux qui y sont portés le droit d'être compris dans le tirage au sort des jurés qui devront être appelés à siéger pour chaque session.

Ce tirage au sort n'a lieu qu'entre les jurés qui sont inscrits sur une liste annuelle dressé par une commission dont les membres sont désignés par la loi.

Cette commission choisit, comme elle l'entend les jurés de la liste annuelle parmi les jurés de la liste générale. Elle n'est pas tenue d'épuiser successivement tous les noms de celle-ci, de telle sorte que tel pourrait figurer toute sa vie sur la liste générale sans être jamais inscrit sur la liste annuelle, et qu'en définitive, le législateur de 1848 aboutit à ce résultat contradictoire, de reconnaître qu'être juré est un droit pour tout Français, et, cependant, de subordonner l'exercice de ce droit au choix d'une commission.

Il est plus sincère de ne pas proclamer comme un droit ce qui, dans la pratique, peut aussi devenir illusoire, et, par suite, nous écartons comme inutile cette liste générale des jurés, dressée dans chaque commune. Elle ne contient aucun renseignement qu'il ne soit aisé de se procurer autrement, et, plus d'une fois, elle n'a servi qu'à permettre à ceux qui avaient le désir de ne pas être jurés, d'obtenir, de la complaisance du maire de leur commune, de n'y pas être inscrits, et de prévenir par là que le choix de la commission se portât sur leur nom.

La loi de 1848 a confié à une commission cantonale,

se réunissant au chef-lieu de canton, la désignation des jurés qui composeront la liste annuelle.

Cette commission est composée du conseiller général du canton qui en est président, du juge de paix, vice-président, et de deux membres du conseil municipal de chaque commune du canton désignés spécialement à cet effet.

La liste dressée par la commission cantonale est définitive. Aucun recours ni révision ne peuvent être exercés contre les choix de la commission et la réunion de toutes les listes cantonales forme la liste générale du département, sur laquelle on procède au tirage au sort pour composer le jury de chaque session.

Nous n'approuvons ni la composition de la commission ni le pouvoir absolu et sans contrôle dont elle est investie.

Pour ce qui est de la composition de la commission, en y faisant entrer deux membres du conseil municipal de chaque commune, on la rend trop nombreuse; il n'y a aucun avantage, à aller chercher des conseillers municipaux, délégués *ad hoc,* plutôt que d'appeler le maire, qui est le représentant naturel de la commune, celui qui en connaîtra généralement le mieux les habitants.

D'autre part, la présidence accordée au conseiller général du canton, lui donne, dans la commission, une influence prépondérante et presque exclusive dont il est à craindre qu'il ne fasse usage dans un intérêt politique. Les délégués des communes, issus comme lui de l'élection, se rangeront presque nécessairement à son avis, et le juge de paix, placé entre eux et le conseiller général, y sera le plus souvent annulé, alors que son influence dans une question qui intéresse la bonne administration de la justice par les auxiliaires qu'il s'agit de lui choisir, serait aussi légitime que désirable. Nous ne repoussons pas l'intervention du conseiller général dans la formation de la liste des jurés, mais nous montrerons qu'elle peut être mieux utilisée ailleurs que dans la commission cantonale.

Surtout avec une commission composée comme elle l'est, en vertu de la loi de 1848, et même quelle que fût sa composition, il nous paraît dangereux d'attribuer un caractère définitif aux choix de la commission cantonale et de ne les soumettre à aucune révision ni contrôle. Il est à craindre qu'ils ne soient pas toujours suffisamment dégagés des préoccupations locales, et nous n'hésitons pas à emprunter à la loi de 1853 une disposition très-sage qui consiste à ne confier aux commissions cantonales que le soin de dresser une liste préparatoire, et qui réserve à une commission d'arrondissement le droit de reviser les listes cantonales et de former avec elles la liste définitive des jurés de l'arrondissement.

Autant nous approuvons le principe de la double commission, préparatoire au canton et de révision à l'arrondissement, autant nous répudions l'esprit dans lequel la loi de 1853 avait composé ces commissions. Nous le caractérisons d'un mot en disant qu'il plaçait la formation de la liste des jurés dans la dépendance complète de l'administration préfectorale. En effet, au canton, la commission était composée du juge de paix, président, et de tous les maires du canton. Or, si on considère qu'à cette époque, et presque jusqu'aux derniers jours de l'Empire, les maires des plus petites communes étaient nommés par le Gouvernement et pouvaient être pris en dehors du conseil municipal, que, d'ailleurs, le caractère exclusivement judiciaire des juges de paix n'était pas respecté, que les préfets avaient souvent plus de part à leur nomination que leurs supérieurs hiérarchiques directs, on est conduit à reconnaître que, dans une commission cantonale ainsi composée, l'élément électif n'était pas sérieusement représenté, que l'élément judiciaire y était très-amoindri et que l'influence vraiment prépondérante était celle de l'administration.

Tout cela est bien changé aujourd'hui : les maires sont élus dans presque toutes les communes de France par les conseils municipaux et là même où ils restent, par exception, à la nomination du Gouvernement, ils ne peuvent être choisis que dans le sein des conseils municipaux. En même temps, les juges de paix ont été rendus à leurs fonctions purement judiciaires et vous voulez bien concourir avec nous à les tenir absolument étrangers à la politique.

Ainsi ont disparu les objections si graves que soulevait la composition de la commission cantonale telle qu'elle résultait de la loi de 1853 et par exemple frappant de l'influence que les institutions générales et politiques d'un pays exercent sur l'application de chacune de ses lois particulières, ce qui était si critiquable sous le régime impérial peut être aujourd'hui conservé avec avantage.

Désormais, en effet, l'action préfectorale est exclue de la commission cantonale, et il n'y reste que les deux éléments qui doivent, selon nous, concourir à la formation de la liste du jury, l'élément judiciaire et l'élément électif.

Le premier, représenté par l'autorité judiciaire du

canton, le juge de paix, nous garantit que la commission sera appelée à rechercher dans ses choix les
conditions de moralité, de dignité, de fermeté et d'intelligence qu'on doit attendre de magistrats mêmes
temporaires.

Le second, représenté par les maires, garantira aux
citoyens que les jurés ne seront pas choisis sous l'empire d'une pression ou d'une préoccupation gouverne-
mentale exclusive, mais qu'ils seront l'image fidèle et
sincère du pays dont ils émanent. A l'inverse de ce
qui se produisait sous l'empire, alors que l'élément
électif était en quelque sorte exclu de la commission
cantonale, on peut craindre aujourd'hui que l'élément
électif n'y soit, au contraire, trop prédominant, et bien
que nous comptions sur l'autorité morale du juge de
paix pour compenser son infériorité numérique dans
le vote, nous vous proposons de fortifier l'élément judiciaire en donnant entrée à la commission aux deux
suppléants du juge de paix, qui, par leur connaissance
du canton, apporteront un contingent de renseignements
très-utiles.

Plus critiquable encore était la composition de la
commission de révision ou d'arrondissement telle
qu'elle était organisée par la loi de 1853. Elle se composait, en effet, des juges de paix de l'arrondissement,
présidés par le préfet ou le sous-préfet.

Ici l'intervention administrative était directe et toute-
puissante, car, ainsi que nous l'avons déjà dit, la position faite aux juges de paix sous l'empire leur permettait bien difficilement d'y résister. Quant à l'élément électif, il faisait absolument défaut dans la
commission.

Nous excluons de la commission d'arrondissement,

comme nous l'avons fait pour la commission cantonale, toute ingérence administrative, et nous n'y donnons place qu'à l'élément judiciaire et à l'élément électif. Ils y seront l'un et l'autre représentés, dans un parfait équilibre, par le conseil général et le juge de paix de chacun des cantons de l'arrondissement, et pour bien marquer le caractère judiciaire de l'œuvre à laquelle il s'agit de procéder, nous substituons à la présidence du préfet ou du sous-préfet celle du magistrat le plus élevé de l'arrondissement, le président du tribunal civil. Une commission ainsi composée nous paraît offrir les meilleures garanties que les choix auxquels elle s'arrêtera et qui constitueront la liste définitive des jurés de l'arrondissement seront éclairés, impartiaux et inspirés par un véritable sentiment des nécessités de la justice.

En dégageant ainsi les commissions qui forment la liste annuelle du jury de l'élément administratif qui y dominait depuis 1853, nous n'avons pas, à Dieu ne plaise, le dessein d'affaiblir l'autorité du haut fonctionnaire qui représente à la tête de chaque département le pouvoir central, mais nous croyons que l'autorité est d'autant plus forte qu'elle est mieux définie, qu'elle ne gagne rien à s'étendre au-delà de ses limites naturelles, et qu'enfin le pouvoir exécutif et le pouvoir judiciaire perdent ensemble aux empiètements de l'un et à l'assujettissement de l'autre.

La loi de 1848 a fixé un juré par 200 habitants le nombre des jurés qui doivent figurer sur la liste annuelle sans que le nombre total puisse excéder 3,000 dans le département de la Seine et 1,500 dans les autres départements.

Le nombre de 3,000 nous paraît justifié par la population du département de la Seine et par la permanence nécessaire des assises. Elles exigent, en effet, pour 24 sessions ordinaires par an, 864 jurés, le chiffre de 3,000 n'est pas excessif si l'on veut laisser une marge suffisante au tirage au sort.

Le maximum de 1,500 jurés qui est atteint dans un grand nombre de départements, c'est-à-dire dans tous ceux dont la population égale ou dépasse 300,000 habitants (62 départements, recensement de 1866), nous paraît être, au contraire, hors de proportion avec les besoins du service lequel n'exige pour les quatre sections d'assises ordinaires que 144 jurés. La liste annuelle pour le département de la Seine contenant à peu près trois fois autant de noms qu'en exigent les listes de session, pourquoi en faudrait-il dix fois plus dans les autres départements? Ne craint-on pas, par-là, d'abaisser sans nécessité ni avantage sérieux le niveau moyen intellectuel et moral du jury? Aussi proposons-nous de fixer à un juré par 500 habitants le nombre des jurés qui doivent figurer sur la liste annuelle, sans toutefois que le nombre total puisse être inférieur à 400 et supérieur à 600. Nous satisferons ainsi à tous les besoins du service et nous laisserons une marge convenable aux chances du tirage au sort.

L'énumération des causes qui rendent un citoyen indigne d'être juré nous a paru meilleure et plus complète dans la loi de 1853 que dans la loi de 1848 et nous l'avons reproduite en empruntant toutefois à la loi de 1848 cette disposition que les condamnations à l'emprisonnement pour délits politiques ou de presse n'entraîneront l'incapacité d'être juré qu'autant que cette incapacité aura été prononcée par le jugement de condamnation.

Les autres dispositions du projet sont à peu de chose près la reproduction des lois précédentes; nous vous les soumettons pour vous demander une législation complète sur ce sujet d'une extrême importance : la formation des listes du jury.

Nous ne nous sommes décidés à y toucher qu'après avoir consulté les meilleurs appréciateurs de l'action du jury en matière criminelle, les premiers présidents et les présidents habituels d'assises de la magistrature inamovible, les procureurs généraux et leurs principaux substituts dans les parquets.

Ils sont d'accord pour approuver les changements que nous vous prions de consacrer.

PROJET DE LOI

Titre Ier. — *Des conditions requises pour être juré.*

Art. 1er. — Nul ne peut remplir les fonctions de juré, à peine de nullité des sentences auxquelles il aurait concouru, s'il n'est âgé de trente ans accomplis, s'il ne jouit des droits politiques, civils et de famille, et s'il est dans un des cas d'indignité ou d'incompatibilité établis par les deux articles suivants.

Art. 2. — Sont indignes d'être jurés :

1° Les individus qui ont été condamnés soit à des peines afflictives et infamantes, soit à des peines infamantes seulement;

2° Ceux qui ont été condamnés à des peines correctionnelles pour faits qualifiés crimes par la loi;

3° Les militaires condamnés au boulet ou aux travaux publics;

4° Les condamnés à un emprisonnement de trois mois au moins; toutefois les condamnations pour délits politiques ou de presse n'entraîneront l'incapacité qu'autant que le jugement l'aura prononcée;

5° Les condamnés à l'emprisonnement, quelle que soit sa durée, pour vol, escroquerie, abus de confiance, soustraction commise par des dépositaires publics, attentats aux mœurs prévus par les articles 330 et 334 du code pénal, usures, délits commis contre les mœurs par la publication, l'exposition, la distribution et la mise en vente de dessins, gravures, lithographies, peintures et emblèmes; vagabondage ou mendicité, pour infraction aux dispositions des articles 38, 41, 43 et 45 de la loi sur le recrutement de l'armée et aux dispositions des articles 318 et 423 du code pénal et de l'article 1er de la loi du 27 mars 1851;

6° Ceux qui sont en état d'accusation ou de contumace;

7° Les notaires, greffiers et officiers ministériels destitués;

8° Les faillis non réhabilités;

9° Ceux auxquels les fonctions de juré ont été interdites en vertu de l'article 396 du Code d'instruction criminelle et de l'article 42 du Code pénal :

10° Ceux qui sont sous mandat d'arrêt ou de dépôt;

11° Sont incapables, pour cinq ans seulement à dater de l'expiration de leur peine, les condamnés à un emprisonnement d'un mois au moins.

Art. 3. — Les fonctions de juré sont incompatibles avec celles de député, ministre, membre du conseil d'État, sous-secrétaire d'État ou secrétaire général d'un ministère, préfet et sous-préfet, conseiller de préfecture, juge titulaire, officier du ministère public près les cours et tribunaux de première instance, commissaire de police, ministre d'un culte reconnu par l'État, militaire de l'armée de terre ou de mer en activité de service et pourvu d'emploi, fonctionnaire ou préposé du service actif des douanes, des contributions indirectes, des forêts de l'État et de l'administration des télégraphes, instituteur primaire communal.

Art. 4. — Ne peuvent être jurés : les domestiques et serviteurs à gages, ceux qui ne savent pas lire et écrire en français, les interdits, les individus pourvus d'un conseil judiciaire, ceux qui sont placés dans un établissement public d'aliénés, en vertu de la loi du 30 juin 1838; les personnes affectées d'une surdité telle qu'elles ne puissent suivre les détails d'une instruction orale (1).

Art. 5. — Sont dispensés des fonctions de juré :

1° Les septuagénaires; 2° ceux qui ont besoin pour vivre de leur travail manuel et journalier.

TITRE II. — *De la composition de la liste annuelle.*

Art. 6. — La liste annuelle du jury comprend : pour le département de la Seine 3,000 jurés; pour les autres départements, 1 juré par 500 habitants, sans toutefois que le nombre des jurés puisse être inférieur à 400 et supérieur à 600.

La liste ne peut comprendre que des citoyens ayant leur domicile dans le département.

Art. 7. — Le nombre des jurés pour la liste annuelle est réparti, par arrondissement et par canton, proportionnellement au tableau officiel de la population. Cette répartition est faite par arrêté du préfet

---

(1) Voir le rapport de la Commission, p... et notre chap. 1, p. 53.

pris sur l'avis conforme de la commission départementale au mois de juillet de chaque année.

A Paris, la répartition est faite entre les arrondissements et 'es quartiers.

En adre sant au juge de paix l'arrêté de répartition,
le préfet lui fait connaître les noms des jurés du canton désignés par le sort pendant l'année courante.

Art. 8. — Une commission composée, dans chaque
canton, du juge de paix président, des suppléants du
juge de paix et des maires de toutes les communes du
canton, dresse une liste préparatoire de la liste annuelle. Cette liste contient un nombre de noms double
de celui fixé pour le contingent du canton.

. Dans les cantons formés d'une seule commune, la
commission est composée, indépendamment du juge
de paix et de ses suppléants, du maire de la commune
et de deux conseillers désignés par le conseil municipal.

. Dans les communes divisées en plusieurs cantons, il
y a autant de commissions que de cantons. Chacune
de ces commissions est composée, indépendamment
du juge de paix et de ses suppléants, du maire de la
ville ou d'un adjoint délégué par lui, de deux conseillers municipaux désignés par le conseil, et des maires
des communes rurales comprises dans le canton.

Art. 9. — A Paris, des listes préparatoires sont dressées pour chaque quartier par une commission composée du juge de paix de l'arrondissement ou d'un suppléant du juge de paix président, du maire de l'arrondissement ou d'un adjoint, du conseiller municipal
nommé dans le quartier, et, en outre, de quatre personnes désignées par ces trois premiers membres parmi
les jurés qui ont été portés l'année précédente sur la

liste de l'arrondissement et qui ont leur domicile dans le quartier.

Art. 10. — Les commissions chargées de dresser les listes préparatoires se réunissent dans la première quinzaine du mois d'août.

Les listes sont dressées en deux originaux dont l'un reste déposé au greffe du tribunal civil de l'arrondissement.

Dans le département de la Seine, le second original des listes dressées par les commissions de canton ou de quartier, est envoyé au greffe du tribunal de la Seine.

Le public est admis à prendre connaissance des listes préparatoires pendant les quinze jours qui suivent le dépôt de ces listes au greffe de la justice de paix.

Art. 11. — La liste annuelle des jurés est dressée, pour chaque arrondissement, par une commission composée du président du tribunal civil ou d'un juge délégué par lui, président, des juges de paix et des conseillers généraux de l'arrondissement.

A Paris, la commission est composée, pour chaque arrondissement, du président du tribunal civil de la Seine ou d'un juge ou juge suppléant délégué par lui, président, du juge de paix de l'arrondissement et de ses suppléants, du maire et de ses adjoints, des quatre conseillers municipaux de l'arrondissement.

Les commissions de Saint-Denis et de Sceaux sont présidées par un juge ou un juge suppléant du tribunal civil de la Seine, délégué par le président de ce tribunal.

Art. 12. — La commission chargée de dresser la liste annuelle des jurés de l'arrondissement se réunit dans la première quinzaine de septembre sur la convocation faite par le président du tribunal civil. Elle peut porter sur cette liste même des noms de personnes qui n'ont point été inscrites sur les listes préparatoires des commissions cantonales. Elle a également la faculté d'élever ou d'abaisser, pour chaque canton, le contingent proportionnel fixé par le préfet, sans toutefois que la réduction ou l'augmentation puisse excéder le quart du contingent du canton ni modifier le contingent de l'arrondissement.

Les décisions sont prises à la majorité ; en cas de partage, la voix du président est prépondérante.

Art. 13. — La liste d'arrondissement définitivement arrêtée est signée séance tenante. Elle est transmise, avant le 1er décembre au greffe de la cour ou du tribunal chargé de la tenue des assises.

Art. 14. — Une liste spéciale des jurés suppléants pris parmi les jurés de la ville où se tiennent les assises est aussi formée chaque année, en dehors de la liste annuelle du jury.

Elle comprend deux cents jurés pour Paris, cinquante pour les autres départements.

Cette liste est dressée par la commission de l'arrondissement où se tiennent les assises.

A Paris, chaque commission d'arrondissement arrête une liste de quinze jurés suppléants.

Art. 15. — Le premier président de la cour d'appel ou le président du tribunal chef-lieu d'assises, dresse au mois de décembre la liste annuelle du département, par ordre alphabétique, conformément aux listes d'arrondissements. Il dresse également la liste spéciale des jurés suppléants.

Art. 16. — Le juge de paix de chaque canton est tenu d'instruire immédiatement le président de la cour ou du tribunal chef-lieu d'assises, des décès ou des incapacités légales qui frapperaient les membres dont les noms sont portés sur la liste annuelle.

Dans ce cas, il est statué conformément à l'article 390 du code d'instruction criminelle.

TITRE III. — *De la composition de la liste du jury pour chaque session.*

Art. 17. — Sont excusés, sur leur demande, ceux qui ont rempli les fonctions de juré pendant l'année courante et l'année précédente.

Art. 18. — Dix jours au moins avant l'ouverture des assises, le premier président de la cour d'appel ou le président du tribunal du chef-lieu judiciaire, dans les villes où il n'y a pas de cour d'appel, tire au sort, en audience publique, sur la liste annuelle, les noms des trente-six jurés qui forment la liste de la session. Il tire, en outre, quatre jurés suppléants sur la liste spéciale.

Art. 19. — Si au jour indiqué pour le jugement, le nombre des jurés est réduit à moins de trente par suite d'absence ou pour toute autre cause, ce nombre est complété par les jurés suppléants, suivant l'ordre de leur inscription; en cas d'insuffisance, par des jurés tirés au sort, en audience publique, parmi les jurés inscrits sur la liste spéciale; subsidiairement parmi les jurés de la ville inscrits sur la liste annuelle.

Dans le cas prévu par l'art 90 du décret du 6 juillet 1810, le nombre des jurés titulaires est complété par un tirage au sort fait, en audience publique, parmi les jurés de la ville inscrits sur la liste annuelle.

Art. 20. — L'amende de 500 fr. prononcée par le deuxième paragraphe de l'article 396 du code d'instruction criminelle peut être réduite par la cour à 200 fr., sans préjudice des autres dispositions de cet article.

Titre IV. — *Dispositions générales.*

Art. 21. — La loi du 4 juin 1853 et le décret du 14 octobre 1870 sont abrogés.

Les dispositions du code d'instruction criminelle qui ne sont pas contraires à la présente loi continueront d'être exécutées.

La liste générale du jury et la liste annuelle, dressées pour l'année 1872, seront valables pour cette année.

RAPPORT

Fait au nom de la commission chargée d'examiner le projet de loi ci-dessus, par M. Albert Desjardins, membre de l'Assemblée nationale. (Séance du 5 juillet 1872).

I. — Il n'est pas de fonctions plus hautes que celles du jury, appelé par la loi même de son institution à statuer sur les crimes, c'est-à-dire sur les infractions les plus graves, et à prononcer les peines les plus sévères, remis par la loi du 15 avril 1871 en possession du droit de juger les delits de la presse; il n'est pas de tribunal dont la composition soit plus importante.

Les règles qui président actuellement à cette composition sont contenues dans le décret du 7 août 1848, remis en vigueur par un décret du 14 octobre 1870.

Dans la pratique, le décret du 7 août n'a pas produit de bons résultats. Des faits répétés, des témoignages de la plus haute valeur prouvent que sous son empire, de 1848 à 1853, en 1871 et en 1872, l'administration de la justice criminelle est devenue plus défectueuse, que les jurés ont perdu en lumières et en fermeté.

Cet abaissement n'a pas de quoi surprendre, si l'on reconnaît que le principe même du décret est faux, qu'il devait produire des conséquences fâcheuses, que les efforts tentés pour en corriger en partie les inconvénients aux prix d'une inconséquence, ne pouvaient complétement réussir.

Ce principe est que tout citoyen français est juré à un certain âge, comme à un certain âge il est électeur, en vertu d'un droit propre. Il est consacré par l'article 1er du décret de 1848 en ces termes : « Tous les Français, âgés de trente ans, jouissant des droits civils et politiques seront portés sur la liste générale du jury. »

Le pouvoir de juger appartient à la société qui l'exerce par l'intermédiaire de ses délégués. Elle seule a l'autorité nécessaire pour rétablir le droit sans troubler l'ordre. L'individu n'a pas plus de titre pour rendre ou faire rendre la justice à autrui que pour se la rendre à soi-même. C'est précisément quand il est citoyen, membre d'un État digne de ce nom, qu'il doit reconnaître et respecter un pouvoir judiciaire.

Peut-il exiger que la société le prenne pour délégué? une telle prétention ne saurait se soutenir. Dans tout État, les pouvoirs publics, en réglant l'ordre des juridictions et la composition des tribunaux, ne doivent se proposer qu'un objet : obtenir une administration de la justice aussi bonne que possible, et la première condition qui s'impose à eux, c'est de n'appeler aux fonctions de juges que ceux qui, par leur intelligence et leur fermeté, sont capables de les remplir. S'ils manquaient à cette condition par respect pour un droit prétendu, ils violeraient leurs droits bien plus certains, bien plus respectables, celui de la société, celui des justiciables.

Il n'y a nulle raison pour restreindre ces principes aux juridictions permanentes, ils s'appliquent aux juridictions temporaires et particulièrement au jury. Le législateur a institué le jury parce qu'il a pensé que dans certains cas, la justice serait mieux rendue, si l'arrêt était demandé, non à des juges de profession, mais à un certain nombre de citoyens, pris en dehors de la magistrature. Encore faut-il que ces citoyens aient un certain degré de capacité; sinon, l'on est assuré que la justice sera mal rendue, et l'institution, loin d'être un bienfait, sera un fléau. Il ne faut pas oublier que nous avons réservé l'intervention du jury pour les infractions les plus graves : ce n'était pas avec l'intention d'en exposer le jugement aux plus grandes chances d'erreur.

Il est vrai que dès avant 1848, les électeurs formaient de droit la principale des catégories dans lesquelles étaient pris les jurés. Mais c'est qu'alors l'électorat était lui-même une espèce de fonction attachée à une présomption de capacité. Quand le législateur de 1827 voulut modifier le code d'instruction criminelle, restreindre le pouvoir jusqu'alors illimité des préfets et enfermer leurs choix dans un certain nombre de catégories, il laissa naturellement au premier rang ceux que la loi, en raison de leurs lumières supposées, déclarait aptes à gouverner le pays. Le cens ne tarda point à être abaissé, mais il continua à faire présumer l'aptitude des citoyens, d'abord à la fonction d'électeur et, par voie de conséquence à la fonction de juré.

L'électorat changea de caractère en 1848 et devint un droit accordé indistinctement à tous, le suffrage universel. Le même changement s'introduisit dans la législation sur le jury. Il ne pouvait se justifier par les mêmes motifs. Que chacun soit appelé à participer par son vote au gouvernement de l'État dont il fait partie, parce qu'il supporte les charges publiques, parce qu'il ressent personnellement toutes les conséquences de la politique, bonne ou mauvaise, qui est suivie, il ne s'ensuit pas que chacun doive prendre sa part de ce pouvoir judiciaire, si redoutable pour ceux sur qui il s'exerce, quand il ne s'exerce pas avec intelligence et impartialité.

Le principe était faux, il était difficile qu'il ne fût pas appliqué d'une manière défectueuse. Il fallait dresser dans toutes les communes la liste générale des citoyens qui devenaient jurés par cela seul qu'ils étaient électeurs. Les maires furent naturellement chargés de ce soin, mais on ne put partout obtenir d'eux l'exacte observation des prescriptions légales. On eut à reprocher à quelques-uns leur négligence, à d'autres leur complaisance, à d'autres leur esprit de parti. Le législateur avait été, par la nature des choses, forcé de retirer à un assez grand nombre de citoyens la faculté qu'il avait commencé par accorder à tous. Il avait exclu, non-seulement les hommes âgés de moins de trente ans, mais encore ceux qui ne savent pas lire et écrire en français; il avait fait une énumération d'incapacités, assez longue, quoique insuffisante. Il arriva souvent qu'on ne tint nul compte de ces dispositions essentielles.

La liste générale comprenait un grand nombre d'illettrés. En certains endroits, ceux qui jouissaient de quelque influence en profitèrent pour se faire effacer de la liste où ils auraient dû être portés. Là où les passions politiques dominaient, où l'on prévoyait des procès et où l'on préparait des acquittements, on fut disposé à faire disparaître les noms de ses adversaires, ou même ceux des citoyens simplement impartiaux, fermes et clairvoyants, pour y laisser ceux des hommes en qui l'on avait confiance ou que tout au moins l'on ne redoutait pas. Le législateur avait prévu les défaillances locales et organisé, conformément aux précédents, un système de recours qui devait paraître satisfaisant, mais qui fut illusoire : on s'accoutuma aux irrégularités et l'on ne prit point l'habitude des réclamations.

L'Assemblée constituantes de 1848, avec une sagesse dont il faut lui savoir gré, voulut concilier le principe du jury universel et la nécessité de donner à la société comme aux accusés de sérieuses garanties. Elle n'admit point que la liste de session fût tirée au sort sur la liste générale, comme l'avait proposé le Gouvernement. Elle établit une liste intermédiaire, choisie chaque année par une commission cantonale sur la liste générale et permanente. Par là elle entra dans une voie excellente, mais où le principe même qu'elle avait adopté ne lui permit pas d'aller assez loin. Sa liste annuelle fut beaucoup trop nombreuse, parce qu'elle craignit de paraître sacrifier le droit proclamé en tête de la loi. L'article 9 fut ainsi conçu : « La liste annuelle du jury pour chaque département comprendra un juré pour 200 habitants, en prenant pour base le tableau officiel de la population; toutefois le nombre

total des jurés ne pourra excéder 3,000 dans le département de la Seine et 1,500 dans les autres départements. »

Il est reconnu presque unanimement que cette proposition forçat ou permit de comprendre dans la liste
annuelle des hommes peu capables ou même peu dignes de siéger aux assises. Le nombre des jurés était
excessif ; il fut, de plus, mal réparti ; l'article 10 portait
que la répartition se ferait entre les cantons, proportionnellement au nombre des jurés portés sur la liste
générale. Ainsi les irrégularités de la liste générale se
firent ressentir dans la liste annuelle ; les cantons où
la première était plus complète, et c'étaient ordinairement les cantons urbains, eurent dans la seconde un
contingent supérieur à celui qui devait leur revenir, et
firent quelquefois prédominer l'influence au sein du
jury.

La formation de la liste annuelle fut confiée à une
commission composée : 1º du conseiller général, président, 2º du juge de paix, vice-président, 3º de deux
membres du conseil municipal de chaque commune du
canton désignés spécialement par ce conseil. L'autorité
publique, le pouvoir judiciaire n'étaient représentés au
sein de cette commission que par le juge de paix ; l'é-
lément électif y dominait à peu près exclusivement ;
il n'avait pas seulement à indiquer ou à contrôler les
choix ; il avait à en décider, et sa décision était souveraine.

L'intervention de la politique dans la désignation des
jurés est incontestablement regrettable ; or les pouvoirs
électifs, sortis de la politique, s'en inspirent presque
toujours, et ce n'est pas pour choisir les juges des affaires où elle est intéressée qu'ils la mettraient de côté.

Faut-il leur abandonner sans réserve ce qu'on retire à l'administration, de crainte que la justice ne fasse pas le seul objet de ses préoccupations? Les passions locales contribuent aussi souvent que la politique à troubler la sûreté du jugement. Toutes les causes qui agissent à la commune pour produire des irrégularités dans la liste générale, agissent au canton pour fausser la liste annuelle. Le législateur comptait sur la réciprocité de la surveillance, mais il aurait dû s'attendre aussi à la réciprocité des concessions.

Chaque commune était représentée par deux conseillers municipaux expressément délégués, mais les commissions se sont trouvées trop nombreuses; les deux délégués de chaque commune se sont fortifiés l'un l'autre contre le contrôle de tous; dans beaucoup de pays, les inconvénients qui sont inhérents à l'intervention des pouvoirs électifs, qui se développent d'autant plus que la part faite à ceux-ci est plus considérable, se sont encore accrus par l'institution d'une élection spéciale appelant l'attention de tous sur l'opération qui allait se faire, fournissant une occasion de lutte aux partis politiques ou locaux, préparant les actes de complaisance et les choix exclusifs.

La commission cantonale fut unique et souveraine, tel était le respect qu'on rendait au principal électif? Il n'y eut pas plus de moyens pour corriger son œuvre, quand elle était défectueuse, qu'il n'y en avait pour la guider dans les opérations par lesquelles elle la préparait.

Nous avons ainsi, en marquant les traits essentiels de la législation de 1848, signalé les graves inconvénients qui ont semblé à votre commission, comme au Gouvernement, ne pas permettre de la maintenir plus longtemps.

II. — La commission n'a pas, plus que le Gouvernement, trouvé dans le passé un système auquel il fût possible de revenir purement et simplement. Ce n'est pas que les lois aient manqué sur le jury. Elles ont été presque aussi nombreuses que nos régimes constitutionnels et la mobilité de notre organisation politique s'est malheureusement communiquée à notre organisation judiciaire.

Nous ne remonterons pas jusqu'aux lois révolutionnaires et consulaires, qui n'ont pas eu de durée et qui se rattachaient à des institutions à jamais détruites.

Trois grandes lois ont régi l'institution du jury depuis soixante-dix ans, code d'instruction criminelle, loi du 2 mai 1827, loi du 4 juin 1853. Toutes les trois ont trop donné à l'autorité administrative. Le code indiquait des catégories mais n'offrait aucun moyen de savoir si le préfet s'y renfermait, l'autorisait même à en sortir, et mettait chaque affaire à sa discrétion, en réduisant à soixante le nombre des citoyens qu'il avait à désigner sous sa responsabilité, sur toutes réquisitions des présidents d'assises. La loi de 1827 réalisa un grand progrès en prescrivant de réunir sur deux listes générales, d'une part les électeurs, d'autre part les citoyens appartenant à diverses catégories, en prenant des mesures pour que ces listes fussent exactement dressées, en établissant la liste annuelle qui devait en être extraite, qui n'était nullement subordonnée aux affaires à juger, mais qui continuait à dépendre des préfets.

Enfin la loi de 1853, à laquelle le Gouvernement a eu raison de faire de nombreux emprunts, a rompu avec le système des catégories et cherché la garantie dont la société ne pouvait se passer dans le choix proposé par une première commission, et décidé par une seconde ; mais en composant la première du juge de paix et des maires, nommés par le Gouvernement, la seconde des juges de paix de l'arrondissement, sous la présidence du préfet et du sous-préfet, elle a donné lieu de croire qu'elle subordonnait au pouvoir administratif la formation d'un corps judiciaire.

Deux des membres de la commission ont pensé que, aucun des systèmes adoptés jusqu'à présent n'ayant pu s'imposer à la conscience publique et survivre au régime constitutionnel qui l'avait établi, il fallait adopter résolûment un système tout contraire : ils ont demandé que les jurés fussent désignés directement par la loi elle-même.

Le jury, et surtout un jury qui connaît des débats politiques, a-t-il été dit, sera toujours suspect, tant que ses membres seront choisis par une autorité, quelle qu'elle soit, par un fonctionnaire ou par une commission. Il pourra être impartial, il ne passera point pour l'être. Le mode que propose le projet actuel pour la composition des commissions est peut-être le meilleur, mais le meilleur est mauvais : qui sait quel esprit dominera dans les commissions? Il variera suivant les départements. Il y a là de quoi faire réfléchir également tous les partis. La politique ne sera ou ne paraîtra jamais étrangère aux choix; on n'évitera pas non plus les exemptions de complaisance, les désignations vexatoires, les exclusions injurieuses. Pour prévenir ces dangers réels, comme pour donner à l'opinion publique la seule satisfaction qui puisse lui imposer silence, réservons pour la loi la désignation des jurés, non plus pris individuellement, mais classés par grandes catégories.

Un plan complet dans le détail ne nous a pas été présenté. On a pensé qu'il ne serait pas difficile, si l'idée première était adoptée, de l'organiser, en s'attachant par exemple aux marques de confiance que les citoyens auraient données, dans des élections de diverse nature, à quelques-uns d'entre eux, à certaines présomptions de capacité, résultant de grades acquis ou de fonctions exercées.

Ce système ne se confond pas avec celui de 1827, qui chargeait le préfet d'extraire des catégories une liste annuelle. Il n'y aurait pas de liste annuelle, d'après nos honorables collègues : le tirage au sort de la liste de session se ferait directement sur la liste générale composée des diverses catégories.

La commission a pensé que ce système, séduisant en apparence, offrait des difficultés d'application insurmontables. Il est toujours malaisé d'établir des catégories. Elles ont infailliblement quelque chose d'arbitraire et par suite de choquant. Elles risquent d'être trop larges ou trop étroites; mais, si larges qu'on les fasse, il y a toujours des citoyens qu'il est regrettable d'en écarter; si étroites qu'elles soient, il y a toujours des noms qu'il est fâcheux d'y porter.

On veut offrir une satisfaction à l'opinion publique, mais sait-on ce qu'elle en pensera? Ne comprendra-t-elle pas que, en créant des conditions, on crée des exclusions? et n'est-il pas bien plus rassurant pour elle que les jurés puissent être pris indistinctement dans tous les rangs de la société? Le jury ne perdra-t-il pas encore de son autorité, quand l'accès en sera légalement fermé au plus grand nombre des citoyens? Il n'est pas indifférent de savoir comment serait appliqué le système dans le détail, de qui se composeraient les catégories. Les indications données à la commission n'ont pu la satisfaire. Il lui a semblé notamment que, en appelant au jury ceux qui auraient été nommés à certaines fonctions électives, la loi, loin de se réserver la désignation des jurés, la remettrait aux citoyens, en la faisant dépendre d'une élection à deux degrés, ordinairement inconsciente.

III. — Au système nouveau qui nous était proposé comme aux systèmes contenus dans les lois antérieures, nous n'avons pas hésité à préférer le projet du Gouvernement; nous en résumons les traits principaux.

Le juré n'exerce pas un droit; il remplit une fonction publique, aussi délicate qu'importante. En principe, tout citoyen est apte à recevoir la délégation de la société; aucun n'est fondé à la réclamer. Il n'y a donc pas lieu de dresser une liste générale.

La loi détermine, elle-même, certaines conditions auxquelles doit satisfaire tout juré, pour s'assurer qu'on ne fera point figurer dans un tribunal un homme dont la présence serait un danger ou un scandale.

C'est parmi ceux qui satisfont à ces conditions qu'est dressée la liste annuelle. Elle ne comprend pas un très-grand nombre de noms : « Pour le département de la Seine, 3,000 jurés; pour les autres départements, un juré par 500 habitants, sans toutefois que le nombre des jurés puisse être inférieur à 400 et supérieur à 600. » L'expérience a prouvé qu'on ne pouvait en général demander aux populations un contingent plus fort, sans abaisser le niveau du jury.

La liste annuelle est dressée par deux commissions, d'après la connaissance que leurs membres ont des citoyens, d'après les renseignements qu'ils se peuvent procurer; il y a autant de choix individuels que de noms; chaque juré est désigné parce qu'on le juge apte à remplir sa fonction.

Une commission unique est exposée aux erreurs et peut se laisser aller aux négligences. Le travail passe par deux commissions, dont l'une doit réparer les fautes de l'autre. Celle qui revise est nécessairement investie de pouvoirs considérables.

La première siége au canton; c'est à elle qu'il appartient de rechercher, de rassembler et de fournir tous les éléments du travail définitif, en faisant la liste préparatoire; elle a cette compétence spéciale que donne la parfaite connaissance des localités et de leurs habitants.

La seconde siége à l'arrondissement; éclairée par le projet qui lui vient du canton, disposant de tous les moyens pour le contrôler, elle le juge avec l'impartialité qu'on n'a pas toujours sur les lieux mêmes et à côté des personnes intéressées; elle fait prédominer l'intérêt de la justice sur les préoccupations locales; elle est placée au-dessus des influences; elle connait la loi et en assure le respect.

La composition de l'une et de l'autre commission présente toutes les garanties désirables. Dans celle du canton se réunissent le juge de paix, président, ses suppléants et tous les maires; dans celle de l'arrondissement, tous les conseillers généraux et tous les juges de paix, sous la présidence du tribunal civil.

Ainsi les commissions se forment de deux éléments, l'élément électif et l'élément judiciaire. Le premier doit communiquer au jury et son indépendance et son autorité. Mais, si lui-même se laissait aller à des caprices injustes, à des entrainements passionnés, il serait arrêté. L'élément judiciaire connait les besoins de la justice; il les défendra. Tous les régimes qui se sont succédé jusqu'en 1848 ont fait intervenir les préfets dans la formation des listes, mais les préfets s'occupent avant tout de l'intérêt politique, ils n'ont pas et surtout l'on ne croit pas qu'ils aient le souci exclusif de l'intérêt judiciaire; leur œuvre peut n'être pas bonne et elle n'inspire jamais une entière confiance.

Au contraire les magistrats doivent avoir à cœur de bien composer un tribunal, ils cherchent et savent discerner les qualités nécessaires même à un juge d'un jour. Leur attachement au principe d'autorité ne les fait pas descendre à la complaisance envers le pouvoir.

Dans la commission cantonale, l'élément électif a une immense majorité; dans la commission d'arrondissement, l'élément judiciaire a une voix de plus.

Le système du projet se rapproche beaucoup de celui qui avait été adopté en 1853. En 1853 le législateur avait refusé de confondre l'électeur et le juré; il avait proclamé que ce dernier remplit une fonction pour laquelle il faut une aptitude reconnue; il avait confié le choix à une double commission, l'une siégeant au canton, l'autre à l'arrondissement.

Mais alors les maires étaient nommés par le pouvoir et pouvaient être pris en dehors du conseil municipal; il n'y avait nulle place pour l'élément électif dans la commission cantonale, composée de ces officiers municipaux sous la présidence du juge de paix. La commission d'arrondissement ne s'ouvrait qu'aux juges de paix et avait à sa tête le préfet ou le sous-préfet; l'élément électif en était également banni. Au premier et au second degré; l'élément judiciaire était sans doute représenté par les juges de paix, mais l'esprit général du régime d'alors tendait à faire de ceux-ci des agents administratifs, et la disposition particulière qui, pour la composition de la liste annuelle, les mettait exclusivement en rapport avec le préfet ou le sous-préfet, pouvait avoir pour effet de les subordonner à une autorité qui n'était nullement judiciaire.

On sait que leurs fonctions reprennent aujourd'hui le caractère qui leur est propre, et la loi qui vous est soumise les place en regard de la magistrature inamovible qui sera pour eux un soutien.

IV. — Nous avons maintenant à vous indiquer les modifications peu nombreuses que nous avons apportées au projet du Gouvernement, les propositions ou les objections qui nous ont été faites et auxquelles nous n'avons pu nous arrêter.

TITRE Ier. — *Des conditions requises pour être juré.*

Art. 1 et 2. Nous avons, dans ces deux articles, remplacé les mots indignité, indignes, par les mots incapacité, incapables, dont s'étaient servis les précédents législateurs. Les premiers impliquent l'idée d'une peine; ils n'ont sans doute rien de trop sévère pour la plupart des personnes dont s'occupe l'art. 2; ils ne conviennent cependant pas à toutes, à « ceux qui sont en état d'accusation » (§ 6), à « ceux qui sont sous son mandat d'arrêt ou de dépôt » (§ 10), et contre lesquels une sentence n'a pas encore été rendue. Le projet lui-même revient au mot incapables, dans le paragraphe 11, pour ceux qui sont condamnés à un mois d'emprisonnement au moins. Enfin, il nous a paru nécessaire de faire rentrer dans l'article 2 l'interdit, pour que sa présence fût une cause de nullité, comme dans la loi de 1853; nous avions le droit de proclamer son incapacité, non de le flétrir par une déclaration d'indignité.

Art. 2. Cet article contient l'énumération des incapacités.

§ 4. Nous vous proposons de modifier ce paragraphe ainsi conçu : « Les condamnés à un emprisonnement de trois mois au moins; toutefois les condamnations pour délits politiques ou de presse n'entraîneront l'incapacité qu'autant que le jugement l'aura prononcée. »

Toutes les fois que, à la suite d'un verdict, une condamnation à trois mois d'emprisonnement au moins aurait été prononcée pour un délit politique ou pour un délit de presse, la cour aurait eu à examiner si elle devait laisser ou retirer au délinquant la capacité d'être juré.

Ce droit nous a paru plus dangereux encore pour la magistrature que pour les condamnés; toutes les fois qu'elle en aurait usé, ne lui aurait-on pas reproché d'obéir à l'esprit de parti ou même à l'influence du pouvoir? Sans doute, la perspective de ce reproche ne l'aurait jamais empêchée de faire son devoir, mais ne lui aurait-il pas été pénible de laisser soupçonner son impartialité ou son indépendance? Peut-être la crainte de faire plus de mal en inquiétant l'opinion publique que de bien en prononçant une incapacité aurait-elle réduit le paragraphe final à n'être qu'une lettre morte.

Il nous a paru que l'incapacité devait être de plein droit attachée à la condamnation; mais on a représenté qu'il était difficile de la rendre perpétuelle, pour les délits de la presse comme pour les autres délits, sans s'exposer à faire peser sur toute une vie, qui pouvait être parfaitement honorable, les conséquences d'une ardeur de jeunesse excusable dans son principe; et même, chose plus grave, à servir la passion politique, qui aurait abusé des circonstances pour inspirer une poursuite et obtenir un arrêt. Nous avons seulement admis une incapacité qui durera cinq ans; le respect dû aux lois et aux tribunaux ne permet pas de faire siéger immédiatement parmi des juges celui qui a été condamné à trois mois d'emprisonnement au moins; les conditions dans lesquelles il se trouve ne permettraient pas d'espérer qu'il pût rendre à son tour une bonne justice; quelle impartialité attendre de lui dans les affaires politiques?

§ 5. Nous avons dû faire quelques additions au § 5, où sont énumérés les cas dans lesquels l'emprisonnement, quelle qu'en soit la durée, entraîne l'incapacité perpétuelle.

1. Sur un amendement de notre honorable collègue M. Boyer, et conformément à la loi de 1853, nous avons rétabli dans le projet, après le mot usure, les mots suivants : « outrage à la morale publique et religieuse, attaque contre le principe de la propriété et les droits de la famille. » Ce ne sont pas là des infractions commises contre les lois politiques, qui sont, dans notre pays, les plus contestées et les plus mobiles de toutes, mais des atteintes portées aux plus nécessaires et aux plus sacrées des lois sociales ou morales.

Nul ne fait plus de mal à la société que celui qui commet un de ces délits; nul n'est moins propre à la représenter dans l'exercice du pouvoir judiciaire.

2. Le projet indique « les délits commis contre les mœurs par la publication, l'exposition, la distribution et la mise en vente de dessins, gravures, lithographies, peintures et emblèmes. » Nous vous proposons cette rédaction plus large et plus simple : « par l'un des moyens énoncés en l'article 1er de la loi du 17 mai 1819. »

3. Les paragraphes 1 et 2 qui font résulter l'incapacité perpétuelle de tous les crimes commis, alors même qu'ils entraînent seulement une condamnation à des peines correctionnelles, ont aujourd'hui beaucoup moins d'étendue qu'en 1853.

La loi du 13 mai 1863 a, en effet, classé parmi les délits un grand nombre d'infractions dont le code pénal avait fait des crimes. Il nous a paru nécessaire de comprendre dans le § 5 toutes ces infractions en renvoyant aux articles où elles sont prévues. Il ne faut pas que la réforme de 1863 qui avait pour objet d'assurer et de fortifier la répression, ait pour objet d'améliorer sur un point important la condition des coupables.

4. Notre honorable collègue, M. Limperani, a demandé que l'usure fût effacée du § 5. L'Assemblée est saisie d'une proposition de notre honorable collègue, tendant à l'abrogation des lois relatives aux taux de l'intérêt et au délit d'usure. Une prise en considération ne suffit point pour modifier la législation.

Jusqu'à ce qu'une loi soit votée, conformément à la proposition de M. Limperani, nous devons laisser parmi les causes d'incapacité l'usure qu'y avaient placée et le décret de 1848 et la loi de 1853.

§ 8. Ce paragraphe est ainsi modifié, sur la proposition d'un de nos honorables collègues, qui nous a demandé de reproduire les termes du décret du 2 février 1852 sur les élections, articles 15, 17 : « Les faillis non réhabilités dont la faillite a été déclarée, soit par les tribunaux français, soit par jugements rendus à l'étranger, mais exécutoires en France. »

§ 11. Nous vous proposons de rédiger ainsi ce paragraphe : « Sont incapables, pour cinq ans seulement, à dater de l'expiration de leur peine, les condamnés à l'emprisonnement, quelle qu'en soit la durée et pour quelque délit que ce soit, même pour délit politique ou de presse. » .

Un de nos honorables collègues avait demandé que l'on frappât d'incapacité perpétuelle quiconque aurait été condamné à l'emprisonnement en police correctionnelle, et que cette incapacité ne pût être levée que par la réhabilitation. Tout juré doit être absolument pur, avait-on dit, pour que le jury soit honoré, pour que les sentences soient respectées.

Une condamnation à l'emprisonnement laisse toujours une tache sur le nom, le séjour des prisons en imprime trop souvent une à l'âme.

Cette proposition nous a paru sévère à l'excès. L'emprisonnement peut être prononcée pour des faits qui n'entachent nullement l'honneur, qui supposent l'imprudence plutôt que l'intention mauvaise, la vivacité des sentiments plutôt que la corruption de l'âme. Ce serait aggraver démesurément la peine que d'y ajouter une incapacité perpétuelle. La conscience publique sait distinguer entre les délits. Quelques jours de prison ne changent pas un homme.

Nous avons cependant reconnu une part de vérité dans la proposition de notre honorable collègue. Oui, le jury doit être relevé devant l'opinion; oui, celle-ci pourrait être étonnée, scandalisée de voir parmi les juges celui qui aurait été lui-même jugé et reconnu coupable d'un fait assez grave pour constituer un délit, dans des circonstances assez défavorables pour que la peine d'emprisonnement fût appliquée.

Mais, après un certain temps, le souvenir de l'action et du procès s'efface; le condamné reprend sa place dans la considération publique; il y a même des actes qui ne la lui font pas perdre un instant, quoique blâmables en eux-mêmes, puisqu'ils révèlent trop peu de respect pour les lois.

Cette même opinion, dont la présence d'un homme récemment condamné froisserait la délicatesse, serait blessée dans son équité par une exclussion irrévocable.

Il est donc à la fois juste et suffisant d'attacher à toute condamnation à l'emprisonnement pour un délit correctionnel une incapacité de cinq ans.

Votre paragraphe est plus sévère que la loi de 1853, que le projet du Gouvernement, qui bornaient l'incapacité de cinq ans à un emprisonnement d'un mois au moins. Mais, sous la loi même de 1853, une pratique constante excluait des listes quiconque avait été condamné à l'emprisonnement pour le temps le plus court, témoignage incontestable de ce que réclamait impérieusement la conscience publique !

§ 12. Nous formons un paragraphe 12 d'une partie de l'article 4 présenté par le Gouvernement : « Les interdits, les individus pourvus de conseils judiciaires, ceux qui sont placés dans un établissement public d'aliénés, en vertu de la loi du 30 juin 1838. »

La loi de 1853 plaçait l'interdit et celui qui est pourvu d'un conseil judiciaire parmi les incapables, d'où cette conséquence que leur présence était une cause de nullité. Le verdict auquel ils prennent part n'est pas en effet digne de ce nom. Nous avons tenu à consacrer la même règle et nous l'avons étendue à celui qui est placé dans un établissement public d'aliénés.

Art. 3. Nous avons cru être fidèles à l'esprit qui avait inspiré cet article, et nous avons voulu prévenir toute difficulté d'interprétation, en déclarant expressément que les fonctions de jurés étaient incompatibles avec celles de membre de la cour des comptes, de juge titulaire ou suppléant des tribunaux civils ou de commerce, de juge de paix.

Art. 4. Nous avons reporté à l'art. 2 la partie de cet article relative aux interdits, aux personnes pourvues de conseils judiciaires, à celles qui sont placées dans un établissement public d'aliénés.

Il nous a paru que la dernière phrase : « Les personnes affectées d'une surdité telle qu'elles ne puissent suivre les détails d'une instruction orale, » devait être supprimée. D'une part, elle pourrait donner lieu à des constatations difficiles; d'autre part, la surdité n'est pas la seule infirmité qui mette hors d'état de remplir les fonctions de juré, et l'on ne saurait entreprendre l'énumération des maux dont l'effet n'est pas moins fâcheux. C'est aux commissions à tenir compte de toutes les causes qui en fait ne permettent pas de porter ou de maintenir sur la liste des hommes, d'ailleurs honorables et intelligents.

Art. 5. Nous avons admis un troisième cas, pour ceux qui ont rempli les fonctions de juré pendant l'année courante et l'année précédente, reportant à l'article 5 la disposition de l'article 17 du projet et faisant une dispense de ce qui n'était qu'une excuse.

La liste annuelle doit être sérieuse, d'autant plus sérieuse qu'elle est restreinte. A quoi bon y porter les noms d'hommes qui seront certainement excusés? Ce serait en réalité la faire incomplète.

TITRE II. — *De la composition de la liste annuelle.*

Art. 6. Les chiffres de cet article ont été contestés dans le sein de la commission. Le nombre de 3,000 pour le département de la Seine a paru insuffisant aux uns, excessif aux autres. D'un côté, on a fait valoir l'immense population de ce département; de l'autre, on a pensé qu'il fallait avoir égard par dessus tout aux besoins réels du service et à la possibilité de bien composer le jury. La grande majorité de la commission a maintenu le nombre proposé; il n'est pas exagéré pour un service qui demande annuellement 804 jurés pour une population où l'instruction est très-répandue; il suffit pour que la charge soit équitablement répartie et pour que les noms de ceux qui doivent siéger dans chaque session échappent à toutes les prévisions.

Ces dernières raisons nous ont décidés à maintenir le maximum de 600 pour les autres départements, maximum qu'un de nos honorables collègues trouvait trop faible et voulait porter à mille.

Si un département peut en effet, fournir un contingent supérieur aux chiffres fixés par la loi, il sera facile aux commissions d'établir comme un roulement entre toutes les personnes aptes aux fonctions de juré; la charge s'allégera pour chacun en se divisant par année entre tous.

D'ailleurs, aux 400, aux 600, aux 3,000 indiqués il faut ajouter, pour avoir le contingent réel, ceux qui sont dispensés comme ayant siégé pendant l'année courante et pendant l'année précédente.

Art. 7, § 1er. Il n'y a pas de commission départementale dans le département de la Seine. Le préfet sera tenu de prendre et de suivre l'avis du bureau du conseil général pour la répartition du nombre des jurés.

§ 3. Le préfet doit envoyer au juge de paix les noms des jurés du canton désignés par le sort pendant l'année précédente comme pendant l'année courante.

Art. 8. Notre honorable collègue, M. Boyer, a proposé de modifier l'article, en laissant au conseiller général la présidence de la commission cantonale.

Nous avons posé les raisons alléguées en faveur de son amendement. Le conseiller général connaît le canton, il a reçu la plus haute marque de confiance que celui-ci pût donner; on doit croire que ses choix seront bons et qu'ils seront réputés tels. En face de lui, c'est peu de chose que l'autorité d'un juge de paix, magistrat amovible, dépendant du parquet, sinon de l'administration, souvent étranger au pays et alors possédé d'un trop vif désir de le quitter pour s'intéresser à ce qui le touche. Il est vrai que le projet appelle le conseiller général dans la commission d'arrondissement, mais quel rôle y jouera-t-il, n'ayant point pris part à la formation de la première liste?

Nous avons dû rejeter l'amendement. Il nous a paru exagérer la part qui revient à l'élément électif dans la commission cantonale. Les maires y sont déjà les plus nombreux et il leur est facile d'y être les plus forts. Est-il désirable qu'ils trouvent dans un président dont les pouvoirs auront la même origine que les leurs, un chef naturel autour duquel ils puissent se grouper? La politique est pendant longtemps restée étrangère aux élections du conseiller général, mais elle a fini par y pénétrer. Ce serait sous son influence que se dresserait la liste préparatoire. La même influence continuerait la lutte à l'arrondissement.

Il vaut mieux que le conseiller général, à qui ne manquera jamais l'indépendance, ait de plus l'impartialité en arrivant à la commission de révision. Il faut faire entrer deux éléments dans les commissions, mais il faut combiner leur action sans les mettre en conflit.

Art. 11. Deux modifications ont été apportées à la partie de cet article qui traite du département de la Seine et de la ville de Paris.

Dans le département de la Seine, comme dans les autres, il a paru que la présidence de la commission d'arrondissement ne devait être déléguée par le président du tribunal civil qu'à un juge titulaire, et la mention du juge suppléant dans les deux derniers paragraphes a été supprimée. Ainsi satisfaction a été donnée à un amendement de M. Boyer.

La commission a également supprimé la mention des adjoints dans la composition des commissions d'arrondissement à Paris. Les adjoints ne sont pas des représentants de l'autorité judiciaire, et leur présence, en augmentant le nombre des membres, affaiblit, par voie de conséquence, la part qui revient à l'élément électif.

Art. 12. Le nouvel article 12 prévoit le cas où le maire, investi de certaines fonctions par les articles précédents, est forcé de se faire remplacer.

Art. 13 (anc. art. 12.) Il nous a paru nécessaire de dire que la commission qui sera présidée par le président du tribunal civil se réunira au chef-lieu judiciaire de l'arrondissement. On sait que le chef-lieu judiciaire est, dans certains arrondissements, distinct du chef-lieu administratif.

Le projet voulait que la réunion se tînt « dans la première quinzaine de septembre. » Il n'y a aucun inconvénient et il peut y avoir avantage à laisser plus de latitude à ses membres; nous avons dit : « au plus tard dans le courant de septembre. » C'est au président du tribunal à choisir le moment le plus favorable, surtout pour les conseillers généraux.

En maintenant la faculté donnée à la commission d'arrondissement de porter sur la liste définitive des personnes qui n'auraient point été inscrites sur la liste préparatoire, nous l'avons limitée a'i quart du contingent cantonal.

La commission d'arrondissement « a également la faculté d'élever et d'abaisser, pour chaque canton, le contingent proportionnel fixé par le préfet, sans toutefois que la réduction ou l'augmentation puisse excéder le quart du contingent du canton ni modifier le contingent de l'arrondissement. » Elle l'avait déjà d'après la loi de 1853. On a manifesté la crainte qu'elle ne pût en abuser. Une longue pratique n'a révélé aucun abus dans le passé et peut rassurer sur l'avenir. Il est indispensable de tenir compte de ce fait que la population n'a point partout les mêmes lumières, qu'il y a des inégalités sensibles, même entre des cantons voisins, et, ne cherchant qu'à obtenir un bon jury, il ne faut point sacrifier au respect de la proportion numérique les vraies garanties de la justice.

Art. 15 (anc. art. 14), § 2. Le chiffre des jurés suppléants doit être pour Paris de 300 et non de 200, ce qui résulte, d'ailleurs, du § 4 de l'article.

Art. 16 (anc. art. 15). C'est dans la première quinzaine de décembre que le premier président de la cour et le président du tribunal chef-lieu d'assises doivent faire leur travail. S'ils le remettaient à une époque plus reculée, ils courraient le risque de le terminer trop tard pour les assises de janvier.

Art. 17 (anc. art. 16). Pour nous conformer à l'art. 1 de notre loi, comme à l'art. 390 du Code d'instruction criminelle, nous avons ajouté les incompatibilités aux décès et aux incapacités, dont le juge de paix doit instruire le premier président de la cour ou le président du tribunal.

TITRE III. — *De la composition de la liste du jury pour chaque session.*

Nous n'avons apporté qu'un changement à ce titre, nous avons supprimé l'art. 17 du projet, dont nous avons introduit la disposition dans l'art. 5.

Nous allions terminer nos travaux, quand plusieurs de nos honorables collègues nous ont demandé de déclarer la loi applicable à nos colonies, dont ils sont les représentants.

Nous n'avons pas encore réuni tous les renseignements nécessaires pour nous prononcer sur leur proposition, qui nous a paru digne du plus sérieux examen.

V. — Nous vous demandons d'accepter le projet que vous a présenté le Gouvernement, avec des modifications auxquelles il ne s'oppose pas. Ce n'est qu'une œuvre de justice et de vérité. Il consacre les vrais principes, il sert tous les intérêts légitimes. Qui oserait se plaindre de trouver dans les juges ou trop de lumières ou trop de fermeté? La mauvaise composition des tribunaux n'est désirable pour personne; elle nuit toujours à la société; certains accusés y voient une chance favorable, qu'on est en droit de leur retirer; mais pour d'autres elle devient un piége, et l'on est tenu de les en garantir.

L'un des premiers besoins de la société est d'avoir une bonne justice ; l'un des premiers devoirs du législateur est de la lui assurer. L'Assemblée en remplissant ce devoir, rendra au pays un service de plus.

PROJET DE LOI DE LA COMMISSION

Ce projet a été pour ainsi dire purement et simplement adopté par l'Assemblée.

Nous croyons donc inutile de le reproduire.

Voici les seules modifications qui ont eu lieu :

Art. 1er : Le projet du Gouvernement et celui de la commission portaient : « à peine de nullité des *sentences*. » Au moment de passer au vote sur l'ensemble de la loi, le rapporteur déclara que le Gouvernement et la commission étaient d'accord pour demander à remplacer le mot *sentences* par ceux-ci : *déclarations de culpabilité.*

Cette modification fut acceptée sans opposition (séance du 21 novembre). En effet le jury ne prononce pas de sentence; il se borne à déclarer l'accusé coupable ou non.

Art. 2 § 5 : Le paragraphe 5 de l'art. 2 du projet de la commission fut remanié par elle, au cours de la discussion.

L'inovation consiste dans l'exclusion des listes, de tous les condamnés soit à la prison, soit à une amende, pour un fait entachant la considération ou la probité, peu importe la durée de l'emprisonnement ou le chiffre de l'amende.

La Commission a ajouté au nombre des *inca-*

pables d'être juré, les personnes condamnées à l'emprisonuement par application de l'art. 400 § 2, C. p. (délit d'*extorsion*). — Voir les termes de cet article page 203.

Elle a au contraire retranché de l'énumération des incapables, les individus condamnés pour coups et blessures volontaires, délit prévu et puni par l'art. 309 du Code pénal.

L'exclusion, a-t-on dit, aurait, dans certains cas, été empreinte d'une trop grande sévérité (audience du 19 mai).

Art. 3 : Une seule modification y a été apportée.

On convint de mettre après les mots : *préfet, sous-préfet,* ceux-ci : *secrétaire général de préfecture,* (séance du 16 novembre).

RÉSUMÉ SYNOPTIQUE

DE CE QUE

DOIT SAVOIR UN JURÉ

Avant l'Audience

Dès qu'un juré apprend qu'il fait partie de la prochaine session, son devoir est — en cas d'empêchement — d'envoyer au parquet de la cour d'assises, un certificat *en règle* et toutes pièces justificatives de l'impossibilité absolue de remplir ses fonctions. — Voir notre Code-Manuel, p. 78 et 79.

L'absence non justifiée ferait condamner son auteur aux peines édictées par les articles 396, 397, I. C. et 20 de la loi du 21 novembre 1872. — Voir p. 77 et 68.

Mais le juré défaillant peut former opposition à l'arrêt dans les forme et délai indiqués p. 77.

Les fonctions de juré ne sont pas obligatoires pour : 1° les septuagénaires, 2° les manouvriers, 3° ceux qui ont *siégé* pendant l'année courante ou pendant l'année précédente, excepté toutefois lorsque ces derniers sont appelés comme jurés complémentaires. — p. 68.

On doit faire valoir les causes de dispense, à l'ouverture de la session.

Pendant l'Examen

Les jurés doivent :

Écouter l'interrogatoire de l'accusé, la déposition des témoins et les débats avec la plus scrupuleuse attention et un calme non moins grand, (p. 85);

Ne jamais manifester le moindre signe d'approbation ou d'improbation *(id)*;

Se garder de communiquer sur l'affaire, avec le public, (p. 84);

S'adresser au Président de la cour pour toutes les questions à poser soit à l'accusé, soit aux témoins ou aux experts, mais sans exprimer d'opinion. — p. 85 et 89.

Chaque juré a le droit de prendre des notes et de se faire représenter toutes les pièces à conviction. — p. 92.

Après les Débats

C'est au chef du jury (p. 98) que le président remet les questions écrites, l'acte d'accusation, les procès-verbaux qui constatent les délits et les pièces du procès autres que les déclarations écrites des témoins. — p. 97.

Le juré doit se prononcer d'après sa conviction personnelle et ne pas subir l'influence d'un collègue.

Il manque à son premier devoir, lorsque, pensant aux dispositions des lois pénales, il considère les suites que pourra avoir, par rapport à l'accusé, le verdict du jury.

La mission des jurés n'a pas pour objet la poursuite ni la punition des délits; ils ne sont appelés que pour décider si l'accusé est, ou non, coupable du crime qu'on lui impute. — p. 30 et s.

Les jurés ne peuvent sortir de leur chambre qu'après avoir achevé de délibérer et de voter.

Jusqu'à ce moment, leur chef a le droit de s'opposer à la sortie d'un juré et à ce que personne ne pénètre dans la chambre s'il n'est porteur d'une autorisation écrite du président des assises.

Le président lui-même ne peut y entrer s'il n'est muni d'une invitation écrite émanant du chef des jurés.

Ce dernier procède dans l'ordre ci-après :
Il lit d'abord
L'instruction prescrite par l'art. 342 Ins. Cr. (p. 99);
Puis, successivement chacune des questions posées. — p. 106.

Lorsque la discussion qui peut se produire ensuite (p. 106,) se trouve épuisée, le chef du jury fait voter par scrutins distincts et successifs sur le fait principal avant tout, et, s'il y a lieu, sur chacune des circonstances aggravantes, sur chacun des faits d'excuse légale, sur la question do discernement, et, enfin sur la question des circonstances atténuantes, mais seulement dans le cas où la culpabilité de l'accusé se trouve reconnue. — p. 107.

Les bulletins à remplir doivent être présentés ouverts, et remis fermés (id).

Au fur et à mesure du dépouillement de chaque scrutin, le chef du jury lit les bulletins à haute voix, sous les yeux des autres jurés, et, constate, sur le champ, au vu et au su de ses collègues, le résultat du vote en marge ou à la suite de la question résolue (p. 108), sans exprimer le nombre des voix.

Il met simplement l'une des quatre mentions suivantes :
Oui, à la majorité.
Si la question a été résolue affirmativement CONTRE l'accusé.
Non, à la majorité.
Si la question a été résolue négativement CONTRE l'accusé.
Oui.
ou
Non.
Selon que la question a été résolue affirmativement ou négativement EN FAVEUR de l'accusé. — Voir la mention spéciale au cas de circonstances atténuantes, p. 97 et 101.

Immédiatement après le dépouillement de chaque scrutin, les bulletins sont brûlés sous le regard des membres du jury. — p. 109.

Cela fait, les jurés viennent reprendre leur place dans l'auditoire.

Le président leur demande le résultat de leur délibération.

C'est alors que le chef du jury se lève, et que la main placée sur son cœur, il prononce les paroles sacramentelles de l'art. 348. — p. 110.

Ensuite et sans désemparer, le chef du jury remet la feuille de déclaration au Président en ayant eu soin de la signer et d'approuver les renvois, ratures ou surcharges; le tout en présence des autres jurés. — p. 112.

Une indemnité de déplacement est accordée aux jurés qui la réclament. — p. 81.

MEMENTO

Le doute s'interprète toujours en faveur de l'accusé. — p. 103.

C'est pourquoi :

1° Les bulletins blancs et les bulletins déclarés illisibles par six jurés au moins, doivent être comptés au profit du prévenu (p. 107);

2° Les bulletins défavorables à ce dernier doivent être formels, et qu'il faut au moins la majorité, soit sept bulletins bien explicites à cet égard, pour produire une réponse *contre* l'accusé;

3° Si dans un scrutin, il y a égalité de votes pour et contre, c'est l'avis favorable à l'accusé qui doit prévaloir.

N'oubliez pas, cependant!

Que le partage des voix ne suffit point pour l'affirmation des circonstances atténuantes. Sont alors nécessaires, *au minimum*, sept bulletins ou « oui », ou *blancs*, ou déclarés *illisibles*.

Retenez, en effet, que des bulletins douteux profitent à l'accusé, même au cas de circonstances atténuantes. — Voir, p. 109 de notre Code-manuel, l'erreur funeste qu'il importe de signaler en toute occasion.

FIN.

TABLE GÉNÉRALE

TABLE ALPHABÉTIQUE

BIBLIOTHÈQUE · R. F. · DICTIONNAIRE

FIN DES TABLES.

Coulommiers. — Imp. Typ. ALBERT PONSOT.

Déclaration de Culpabilité.

FAIT PRINCIPAL :

Si l'accusé est déclaré coupable du *fait principal* par une majorité de *sept voix formelles* ou plus, la réponse sera : *OUI, à la majorité.*

CIRCONSTANCES AGGRAVANTES :

Sur chaque circonstance aggravante admise par *sept voix formelles ou plus*, la réponse du jury sera également : *OUI, à la majorité.*

EXCUSE :

Sept bulletins *formellement négatifs* sont, au minimum, indispensables pour que la réponse du jury soit : *NON, à la majorité.*

DISCERNEMENT :

Sept bulletins *formellement affirmatifs* sont, au minimum, nécessaires pour produire cette réponse : *OUI, à la majorité.*

CIRCONSTANCES ATTÉNUANTES :

Si l'accusé est reconnu coupable, il faut au moins sept bulletins ou « oui » ou blancs ou déclarés illisibles par six jurés, pour que le jury déclare en ces termes : *A la majorité, il y a des circonstances atténuantes en faveur de* (tel) accusé.

Dans le cas contraire, le jury n'a aucune déclaration à faire à cet égard.

COUR D'ASSISES

DU

DÉPARTEMENT

Audience du

DÉCLARATION DU JURY [1]

Dans le Procès instruit contre

Déclaration de non Culpabilité.

FAIT PRINCIPAL :

Si l'accusé est déclaré *non coupable* du *fait principal* par *six bulletins ou plus*, soit négatifs, soit blancs, soit reconnus illisibles par six jurés, la réponse sera : *NON*, sans ajouter aucune mention.

CIRCONSTANCES AGGRAVANTES :

Si l'accusé est reconnu coupable du *fait principal*, il suffira de six bulletins négatifs ou blancs ou déclarés illisibles par six jurés, pour que la réponse du jury, sur chacune des circonstances aggravantes, doive être : *NON.*

EXCUSE :

Six bulletins affirmatifs, ou blancs ou reconnus illisibles par six jurés, suffisent pour donner cette réponse favorable : *OUI.*

DISCERNEMENT :

Six bulletins négatifs, blancs ou déclarés illisibles suffisent également pour fournir la réponse suivante : *NON.*

(1) Cette déclaration est lue à l'audience par le chef du jury, debout et la main placée sur son cœur ; puis remise par lui au président après l'avoir signée, le tout en présence des jurés.

QUESTIONS	RÉPONSES
I. Louis Corsio, accusé, est-il coupable d'avoir, à Nice, en 1876, contrefait des monnaies d'argent ayant cours légal en France, en fabriquant de fausses pièces de 5 fr. à l'effigie de la République et au millésime de 1875 ?	Sur mon honneur et ma conscience, devant Dieu et devant les hommes, la déclaration du Jury est : NON.
II. . . . . voir, le 21e mars 1876, à Cannes, participé à l'émission de monnaie d'argent ayant	

... le ... mars 1879, à Cannes, portée ... à l'émission de monnaie d'argent ayant cours légal en France, en remettant en paiement, à la femme ... onaco, une pièce de 5 francs à l'effigie de la République, sachant que cette pièce était contrefaite?

Oui, à la majorité.

A la majorité, il y a des circonstances atténuantes en faveur de Corsio, accusé.

Le chef du Jury,
Eugène BATAILLE.

Le Président des Assises.
Charles CANDELIER.

Léocadie Fauve, accusée, est-elle coupable d'avoir, le 15 avril 1870, à Agnières-lès-Aubigny, volontairement donné la mort à son enfant nouveau-né?

NON.

Question résultant des Débats.

Ladite Fauve est-elle coupable d'avoir ledit jour et au même lieu, par imprudence, inattention ou négligence, involontairement causé la mort de son enfant?

NON.

Le Président des Assises,
Isidore BERNARD.

Le chef du Jury,
Léopold CAUWET,

remplaçant le premier Juré sorti par le sort, sur sa demande, sur la désignation des autres Jurés et de mon consentement.

Autres espèces à titre d'Exemple.

Abus de confiance, (p. 207.) — N....., accusé, est-il coupable d'avoir à ....., le ....., détourné ou dissipé au préjudice de V....., qui en était propriétaire, des deniers qui ne lui avaient été confiés qu'à titre de mandat, à la charge de les rendre ou représenter audit V..... — L'accusé N..... était-il alors l'homme de service à gages dudit V.....?

Attentat à la pudeur, (p. 102.) — N....., accusé, est-il coupable d'avoir, à ....., le ....., commis un attentat à la pudeur consommé ou tenté avec violence sur la personne de V.....? — Ladite V....., était-elle alors âgée de moins de quinze ans accomplis? — L'accusé N....., était-il, à cette date, surveillant dans l'atelier où ladite V....., travaillait en qualité d'ouvrière?

Avortement, (p. 189). — N....., est-elle coupable d'avoir, à ....., le ....., soit par breuvages ou médicaments, soit par violence ou au moyen d'une opération chirurgicale, procuré l'avortement de C....., alors enceinte? — Ladite N....., était-elle alors sage-femme? — C....., accusée, est-elle coupable d'avoir, à ....., le ....., étant alors enceinte, consentie à faire usage des moyens à elle indiqués ou administrés, dans le but de la faire avorter et qui ont été suivis de son avortement?

Banqueroute frauduleuse, (p. 205). — N....., accusé, est-il coupable d'avoir, le ....., à ....., étant commerçant failli, détourné ou dissimulé une partie de son actif? — Est-il coupable d'avoir, le ....., à ....., étant commerçant failli, soustrait ses livres?

Concussion, (p. 168). — N....., accusé, est-il coupable d'avoir à ....., le ....., étant receveur de l'Enregistrement, exigé ou reçu de divers débiteurs du Trésor, des sommes qu'il savait n'être pas dues ou excéder ce qui était dû pour droits? — La totalité des sommes ainsi reçues ou exigées est-elle supérieure à 300 fr.?

Coups et blessures volontaires, (p. 186). — N....., accusé, est-il coupable d'avoir le ....., à ....., volontairement porté des coups ou fait des blessures à V....? — Ledit V....., est-il le père légitime de l'accusé N.....? — Est-il résulté de ces violences une maladie ou incapacité de travail personnel pendant plus de vingt jours? — Y a-t-il eu préméditation? — Y a-t-il eu guet-apens? — Les violences ci-dessus exprimées ont-elles été suivies de : — Mutilation? Amputation? privation de l'usage d'un membre? — Cécité? — Perte d'un œil? — Infirmité permanente?

Meurtre sans intention, (p. 181). — N....., est-il coupable d'avoir à ....., le ....., volontairement porté un coup de couteau et fait des blessures au sieur V.....? — Ce coup porté et ces blessures faites volontairement, mais sans intention de donner la mort audit V....., l'ont-ils pourtant occasionnée?

Vol qualifié, (p. 100). — N....., accusé, est-il coupable d'avoir, le ....., à ....., soustrait frauduleusement (tels objets) au préjudice de V.....? — Cette soustraction frauduleuse a-t-elle été commise la nuit? — A-t-elle été commise dans une maison habitée? — (Ou) dans des édifices consacrés aux cultes légalement établis en France? — A-t-elle été commise par deux ou plusieurs personnes? — Le coupable ou l'un d'eux était-il porteur d'armes apparentes ou cachées? — A-t-elle été commise à l'aide d'effraction extérieure? — d'escalade? — de fausses clefs? — en prenant le titre d'un fonctionnaire public? — Après s'être revêtu de l'uniforme ou du costume du fonctionnaire? — en alléguant un faux ordre de l'autorité civile? — de l'autorité militaire? — A-t-elle été commise avec violence? — avec menace de faire usage d'armes?

DU MÊME AUTEUR :

Les juges de commerce — Paris 1867, avec cette
épigraphe :

> « Le mal auquel il s'agit de remédier, c'est-à-dire
> « l'absence de connaissances juridiques chez les juges
> « de commerce, ce mal est très-grave. » — DEVANGEAT

Voir notamment l'approbation de M. Paringault, professeur
honoraire à la Faculté de Droit de Nancy, dans l'*Ordre*
d'Arras, n° du 31 octobre 1868 ; et celle de M. Chauveau
Adolphe, doyen de la Faculté de Droit de Toulouse,
dans le *Droit administratif*, janvier 1868. — Voir encore
la *Revue judiciaire du Midi*, fascicule de novembre
1867.

**Guerre aux abus ou Guide des commerçants
en matière contentieuse**, ouvrage pouvant en
outre servir de Manuel aux juges de commerce, aux
agréés, aux arbitres-rapporteurs et aux syndics. —
Paris 1868, avec l'épigraphe ci-après :

> « Un État ne serait plus en État, si tout ce qui
> « regarde les tribunaux n'y était pas réglé conve-
> « nablement. » — PLATON.

Principaux comptes-rendus : *Journal du Palais*, 1868.
10e livraison ; Sirey, *Recueil des lois et arrêts*, 7e cahier
1868.

Question de légitimité d'enfant. — (Extrait du
journal *Le Palais*, mars et avril 1870).

De la corruption électorale. — Bruxelles 18[..]
l'épigraphe suivante [...]

Lettre à M. le Ministre de l'Intérieur [...]
d'une brochure sur la corruption électorale [...]
la frontière belge. — Paris 186[.] [...]

Voir les organes libéraux de l'époque, principalement [...]
Siècle des 29 et 30 mars, *La Presse libre* du [...]
La Liberté, *La Tribune*, *Le Temps*, *La Nation* [...]
L'Électeur libre du 1er avril [...] *L'Émancipa-*
tion de Toulouse, la *Discussion* [...] du 3 [...]

De la corruption électorale [...]
çaise. — Paris 187[.]

Le grand baron Haussmann [...]
Job. — Paris 1870 [...]

[...]

Code-Manuel de la Famille, ou droits et actions
respectifs des pères et mères et des enfants, d'après
notre législation, Texte et motifs de la loi, décisions
jurisprudence [...]

<hr>

Coulommiers. — Imp. Typ. Albert PONSOT.

De la corruption électorale. — Bruxelles 18[illegible],
l'épigraphe suivante :

Lettre à M. le Ministre de l'intérieur [...]
d'une brochure sur la corruption électorale [...]
la frontière belge. — Paris 18[illegible], épigraphe

Voir les organes libéraux de l'époque, principalement
Siècle des 29 et 30 mars, *La Presse libre* du 31 mars,
La Liberté, *La Tribune*, *Le Temps*, *Le National*,
L'Electeur libre du 1er avril, *Le Palais*, *L'Émancipa-*
tion de Toulouse, la *Discussion de Lyon*, du 5 avril [...]

De la corruption électorale [...] française. — Paris 1871

Le grand baron Heckmann par [illegible]
Job. — Paris 1910

INCESSAMMENT

Code-Manuel de la Famille, ou droits et devoirs
respectifs des pères et mères et des enfants d'après
notre législation. Texte et motifs de la loi, doctrine et
jurisprudence.

Coulommiers. — Imp.-Typ. Albert PONSOT

www.ingramcontent.com/pod-product-compliance
Lightning Source LLC
LaVergne TN
LVHW021937030726
842523LV00001B/175